JN068064
スッキリわかる
古屋真一郎
インテリアコーディネーター
一次試験
第2版

はじめに

インテリアコーディネーターは、内装、ファブリックス、家具、照明器具、住宅設備機器等に関する豊富な商品知識を背景に、快適な住宅や店舗などの空間を提案、実現していく専門職といえます。

本書は、これからインテリアコーディネーターを目指す方々のために、身につけていただきたい知識を解説したテキストです。

はじめて学ばれる方にとっても取り組みやすいように、できるだけわかりやすい言葉で、丁寧に解説するよう心がけて記述いたしました。

また、テキストの解説部分でインプットした内容を、すぐにアウトプットして学習効果があげられるよう、各節の終わりには一問一答形式のチャレンジ問題を設けてあります。チャレンジ問題を解くことで、しっかりと知識の定着を図っていきましょう。

さらに、各章の終わりには、本試験形式の章末問題を用意してありますので、本試験の出題形式もあわせて身につけることで、より実践的な試験対策がたてられるようになっています。

社会や個人の価値観の多様性の進展にともない、インテリアコーディネーターは、今後ますます必要とされる職業になってくることと思われます。

本書を活用していただくことで、一人でも多くの方々が、魅力あるインテリアコーディネーターとして活躍されることを願っております。

受験案内

インテリアコーディネーターとは

インテリアコーディネーターとは、快適な住空間を作るために適切な提言・助言を行うプロフェッショナルとされています。インテリア（内装・家具・ファブリックス・照明器具・住宅設備等）に関して広い商品知識を持つことが必要とされます。住宅メーカー・インテリアメーカー・工務店・販売店において、あるいはフリーな立場で、インテリア計画や商品選択のアドバイスなどを行う、非常に魅力的な資格です。

受験資格

年齢・性別・学歴・職業・実務経験などの制限はありません。ただし、出題・解答は日本語のみとなります。

試験内容

〈一次試験〉学科試験が課されます。マークシートによる択一式です。
〈二次試験〉論文・プレゼンテーションが課されます。

試験日程

例年、一次試験は10月、二次試験は12月に全国主要都市にて実施される予定です。

問い合わせ先

公益社団法人　インテリア産業協会

〒160-0022
東京都新宿区新宿3-2-1　新宿三丁目ビル８Ｆ
TEL　03-5379-8600
FAX　03-5379-8605
https://www.interior.or.jp/

※例年、上記のように試験が実施されていますが、試験に関する詳細は必ず試験団体のインテリア産業協会にご確認ください。

目次

第1章 インテリアコーディネーターとは

第2章 インテリアの歴史

第3章 インテリアの計画

第4章 インテリアエレメント

第7章 インテリア関連の法規・規格・制度

第8章 インテリア関連の設計図書

第1章

インテリア コーディネーターとは

1 インテリアコーディネーターの役割と実務

まとめ & 丸暗記　この節の学習内容とまとめ

インテリアコーディネーターの仕事の流れ

	工程	内容
1	ヒアリング	カタログやサンプルを活用しながらイメージを把握する
2	プランニング・商品の選定	ヒアリングをもとにイメージプランを固め、商品の選択を行う
3	プレゼンテーション	ビジュアル化したわかりやすい資料で説明・提案する
4	実施計画・見積り	基本計画了承後、実施案を作成し見積書を提出する
5	契約	実施案と見積金額了承後、契約を行う
6	発注・納品・工事監理	納品された商品や、現場を確認する
7	アフターフォロー	不具合などが生じていないか、継続的に確認を行う

インテリア コーディネーターの役割

1 インテリアの役割

住宅を建築（設計）するということは、そこに住む住まい手の生活に合わせた適切な空間を具現化することといえます。

これらは、あらかじめ住まい手が特定できる注文住宅であれば比較的達成しやすい項目になります。

しかし、建売住宅などは大量供給が可能でコストを抑えられるといった長所がある一方、多様なライフスタイルを持つ住まい手にどれだけ適応できているか、といった課題は残ります。

さらに、住まい手が建築に求める機能やデザインは、住まい手の年齢や家族構成の変化に応じて、少しずつ変わっていきます。

したがって、そこで暮らす人々の「ライフスタイルの変化に合わせ、建築の内部空間を適切な家具や壁紙などのインテリアエレメントで整えていく」といったことが重要になるわけです。

このようなことから、インテリアの役割とは、建築の内部空間を「インテリアエレメントを活用しながら生活を支え快適に暮らせる場に仕上げること」と考えることができます。

補足

●インテリア関連資格には、インテリアコーディネーターのほかにインテリアプランナーといった資格もあります。

●わが国では「長期優良住宅の普及」を住宅政策の重要な柱と位置付けています。したがって、長く快適に住み続けるためにも、必要に応じてインテリアを自由に変えられる可変性が重要になってきます。

2 代表的なインテリアエレメント

インテリアに関わる主な製品を以下に記します。

① **家具**：収納家具、いす、テーブル、ベッド
② **寝装具**：マットレス、布団、シーツ、ベッドカバー
③ **インテリアファブリックス**：カーテン、カーペット、壁紙
④ **建具・造作部材**：内装材、ドア、間仕切り
⑤ **水回り機器**：キッチン、洗面、トイレ、浴室関連機器
⑥ **エネルギー関係機器**：冷暖房、換気、給湯機器
⑦ **電気製品**：照明、音響、テレビ機器
⑧ **ルームアクセサリー**：装飾雑貨、絵画、観葉植物

3 インテリアコーディネーターの役割

上記のように、インテリアエレメントには多種多様なものがあり、これら豊富なインテリアエレメントの中から、住まい手が必要としているものを適切に選択し、他のエレメントとコーディネーションしながら快適な生活の場を提案・調整していくことが求められます。

快適な生活の場の実現には、高度な知識と技術を習得した専門職が必要になります。そこで活躍するのが「インテリアコーディネーター」となるわけです。

インテリアコーディネーターの実務

1 見積もり・販売実務に関する用語

① **掛け率**

希望販売価格（希望小売価格）に対する仕入価格の比率になります。

② **利益率**

販売価格から仕入価格を差し引いた利益を、販売価格で割った比率です。

※　利益率＝利益（販売価格－仕入価格）÷販売価格

③ **現場経費**

工事原価のうち、労務管理費、保険料、人件費など、工事現場を管理運営するために必要な費用のことです。

④ **相見積もり**

価格の適正さや業者の技術力等を判断するために、複数の業者に見積もりを依頼することです。

⑤ **分離発注方式**（コンストラクションマネージメント）

各工事をそれぞれ専門工事業者ごとに、直接発注することです。

⑥ **オープン価格**

小売価格をメーカーではなく、小売業者の判断で設定したものです。

⑦ **VE（バリューエンジニアリング）提案**

商品性能の維持を前提とした工事費の低減提案のことです。

⑧ **CS**（カスタマーサティスファクション）

顧客満足のことです。

●人件費（現場職員の給料）は、一般管理費に計上される場合もあります。

●VP（ビジュアルプレゼンテーション）とは、企業やブランド、ショップなどのイメージやコンセプト、重点商品などを視覚的に表現することを意味します。または、そのスペースを指します。

●IP（アイテムプレゼンテーション）とは、品揃えした商品を分類・整理し、見やすく、選びやすく配置・配列した陳列方法のことです。または、そのように商品陳列されたスペースを指します。

2 仕事の流れ

① ヒアリング

インテリアコーディネーターの仕事は、まず依頼主のインテリアに関する希望や条件を把握することからはじまります。

② プランニング・商品の選定

ヒアリングに基づいて色や素材のイメージプランを固め、それに沿った、壁紙・照明器具・カーテン・家具などを選択します。

③ プレゼンテーション

プランニングされた計画や選択した商品を提案します。サンプルボードや色彩計画などをまとめたカラースキームボード、スケッチなどイメージの伝わりやすい資料を用意することが重要です。

④ 実施計画・見積もり

提案内容の承認を得たのち、見積もり用の図面などを整え、見積書を作成し依頼主に提出します。

⑤ 契約

実施案と見積金額が了承されたのち、契約を行います。

⑥ 発注・納品・工事監理

商品や素材の発注を行います。工事が必要な場合には、プランどおりに工事が行われているか、現場での管理が必要な場合もあります。

⑦ アフターフォロー

商品の品質保証や使い勝手の確認などを継続的に行っていきます。

3 業務上の留意点

① 現場を確認する

ヒアリングでは、依頼主のライフスタイル、インテリアに関する好み、価値観などを総合的に判断する必要があるため、対象となる現場の確認は不可欠です(依頼主の了承を得る必要はあります)。

② 具体的な資料でイメージを把握する

打合せでは、カタログや写真、実物のサンプルや色見本などを使って、依頼主が思い描いているイメージを具体化することが重要です。依頼主から希望に近い写真等を提示してもらうことも有効な手段といえます。

③ イメージの違いは必ず解決

プレゼンテーションは、プレゼンテーションボードなどを作成し、イメージしやすい手段で行います。この際、依頼主が思い描いていたイメージとの違いを感じているようであれば、説明や修正を行い必ず理解してもらうことが重要です。

④ 打合せ記録を残す

依頼主との打合せ内容、提示した資料、打合せ日時などを明確に記録しておく必要があります。記録は2部作成し、依頼主と確認事項を共有しておくことが重要です。

⑤ 現場を確認する

工事完了・納品時には、必ず現場確認を行います。

補足

●インテリア計画を進める際には、そこで生活する「人の動き」を把握することが重要になります。

●工事を伴う場合には、工事の作業予定(日時や期間)を組み込んだ工程表を作成し、依頼主に説明して了解を得る必要があります。

●現場を確認した際に、問題があれば、関係者に伝え補修工事等の段取りを決めます。

●引き渡し後に、効果的な顧客フォローを行うためには、「顧客情報の管理」が重要な要素となります。

チャレンジ問題

設問の正誤を答えて下さい。

問1 インテリアの役割とは、建築の内部空間を「インテリアエレメントを活用しながら生活を支え快適に暮らせる場に仕上げること」と考えられる。

問2 インテリアエレメントの色彩を体系的にボードにまとめ、コンセプトや色彩計画などのコーディネーションが確認できるようにしたものをカラースキームボードと呼んでいる。

問3 利益を販売価格で割った比率を掛け率という。

問4 インテリアコーディネーターのコンサルティング活動において、重視しなければならない内容の一つにCS（カスタマーサティスファクション）がある。

問5 見積もり金額が予算をオーバーしたときに、性能の維持を前提として工事費などの低減を行うことをCM（コンストラクションマネージメント）という。

問6 店頭では、商品の機能性やバリエーションのわかりやすい陳列、季節感や暮らしを楽しむコーディネーションを、ゾーンごとに視覚的に表現するIP（アイテムプレゼンテーション）なども重要である。

チャレンジ問題　解説

		[解答]
解説1	正しい記述内容です。	○
解説2	正しい記述内容です。プレゼンテーションボードの一部に該当します。	○
解説3	設問の内容は利益率に関する記述になっています。	×
解説4	正しい記述内容です。CSは顧客満足のことです。	○
解説5	設問の内容はVE（バリューエンジニアリング）に関する記述になっています。CMとは、コンストラクションマネージャー（発注者の代行者）が、技術的な中立性を保ちつつ、発注者側の立場から、設計や施工などのマネジメント業務を行うことを意味します。具体的には分離発注方式などがあげられます。	×
解説6	設問の内容はVP（ビジュアルプレゼンテーション）に関する記述になっています。	×

章末問題

問題 インテリアコーディネーターの実務や役割に関する次の1～5の記述のうち、最も不適当なものを2つ選びなさい。

1 **インテリアコーディネーターが依頼主の要望をもとに、さまざまなインテリア計画の提案を行う際には、十分なヒアリングを行い、依頼主との意思の疎通を欠くことがないよう努めなければならない。**

2 **インテリアコーディネーターが依頼主に計画案をプレゼンテーションする場合、インテリアに関する専門用語には、重要なキーワードが数多く含まれているので、できる限り専門用語を使って説明すべきである。**

3 **多種多様で豊富なインテリアエレメントの中から、依頼主が必要としているものを適切に選択し、他のエレメントとコーディネーションしながら快適な生活の場を提案・調整していくことがインテリアコーディネーターの役割の一つである。**

4 **商品の引き渡し後や工事完成後に、効果的な顧客フォローを行うためには、顧客情報の管理が重要になってくる。顧客情報は個人情報に関わる問題なので、情報の管理には十分留意しなければならない。**

5 **商品説明をする際に、さまざまな情報が一括して取得できるカタログがあれば、実物で確認する必要はなくなる。**

解答

2 依頼主が理解しやすいように説明するためには、専門用語の多用は避けるべきである。

5 大きさや素材のテクスチャー、色合いなどカタログでは正確にイメージできないことがあるため、実物での確認は重要である。

第2章

インテリアの歴史

1 日本のインテリアの歴史

まとめ & 丸暗記　この節の学習内容とまとめ

代表的な上流社会の住宅形式　平安時代〜江戸時代

■ **寝殿造**
平安時代の貴族の住宅形式
寝殿を中心に、付属的な建物を渡殿でつないだ形式
固定間仕切りはなく、屏風や几帳を仕切りに使用

〈「しつらい」に用いられる調度品〉
座臥具……置き畳
円座（わらなどで作られた円形の座布団）
収納具……厨子棚
屏障具……几帳（移動式の布製のついたて）
御簾（竹製のすだれ）

■ **書院造**
寝殿造から徐々に変化した武士の住宅形式
間仕切り壁が生まれ、障子や襖で区切られている
初期書院造の代表例……慈照寺東求堂の同仁斎

〈書院造の構成要素〉
建具……舞良戸
天井……竿縁天井、格天井
座敷飾り……床の間、違い棚、書院

■ **数寄屋造**
書院造や茶室の建築手法を取り入れた建築様式
格式を重んじた書院造に対し、自由さを求めた空間
数寄屋造の代表例……桂離宮、修学院離宮など

草庵茶室の構成要素と実例

■ **台目畳**　通常の畳の4分の3の大きさの畳

■ **にじり口**　幅60cm程度、高さ65cm程度の出入り口で、一般客が利用

■ **下地窓**　壁下地の格子状の竹が露出した窓

■ **草庵茶室の実例**　待庵（千利休）
如庵（織田有楽斎）

明治期以降の住宅形式

■ **中廊下式住宅**　廊下の南側に居室、北側に台所などの水回りを配置
玄関わきに応接間を設けた様式を文化住宅と呼ぶ
大正時代に生まれた住宅形式

■ **食寝分離**　食事室と寝室を分離
第2次世界大戦後、西山卯三が提唱
標準設計51C型はダイニングキッチン普及の原点

■ **小住宅**　戸建住宅において最小限住宅の試みが展開
斎藤助教授の家は、移動畳を設け「しつらい」の考え方を実践

日本を代表するインテリアデザイナー

■ **剣持　勇**　ジャパニーズモダンの礎を築く
スタッキング・チェアなどのデザインを手がける

平安時代

1 寝殿造

南の庭に面して寝殿を設け、その東西や北に付属的な建物（対屋）を配置して、これらを渡殿と呼ばれる廊下状のものでつないだ貴族の住宅様式です。庭には太鼓橋のかかった池（鑓水）がありました。

寝殿は主人の住む主殿で、塗篭という寝所や納戸以外は、固定された間仕切りがなく、必要に応じて屏風や几帳などを立てて、仕切っていました。

また、儀式や行事の際に調度により室内を装飾することを「しつらい」といい、座臥具（置き畳など）、屏障具（屏風や几帳など）、収納具などの調度が使われます。

なお、外部との仕切りに使う建具は、蔀戸という外側に向けて押し上げて開ける板戸が使われていました。

2 しつらいに用いられる主な調度品

① 座臥具

- 置き畳：厚さや縁は身分により異なります。最高位の場合、繧繝縁が使われます。
- 倚子：いすのことをいい、階位の高い者が使用できました。
- 茵：布製の座具で座布団のような使われ方をしていました。
- 円座：円形の座布団で、わらなどで作られており、階位の違いにより巻数や厚みが異なっていました。

② 収納具

- 櫃：ふたがついた大形の箱のことです。
- 厨子棚：一部に両開きの扉がついた置き棚のことです。

③ 屏障具（へいしょうぐ）

- 几帳（きちょう）：移動式の布製のついたてで、移動ができます。
- 壁代（かべしろ）：壁の代わりに長押（なげし）から垂らした布のことです。
- 御簾（みす）：竹製のすだれで、日光や視線を防ぐために使用されました。壁代と一対で使われました。

④ その他

- 高坏（たかつき）：一本の足の台座の上に円形などの板がついた小型の器のことです。
- 衝重（ついがさね）：方形角切の筒型の脚を備えた食器を載せる台のことです。

厨子棚

几帳

補足

●長押
柱と柱の上部を横方向に水平につなぐ部材です。

●繧繝縁
同じ色を濃から淡、淡から濃へと繰り返す彩色模様を繧繝（うんげん、うげん）といい、その間に花、鳥、菱などを配置した畳の縁（へり）を意味します。ひな人形を飾る置き台（畳）の縁をイメージしてみましょう。

鎌倉～室町時代

支配階級が貴族から武士へと変わっていく中で、建物の様式も寝殿造から書院造へと変化していきました。

寝殿造から**書院造**への様式の変化として、別々に分かれていた棟が一体化され、間仕切り壁が生まれ、屏障具で区切っていた空間が障子や襖で区切られるようになった点や、必要に応じてしつらえていた調度が造り付けられるようになった点が見られます。

1 書院造

書院とは、**床の間**、**違い棚**、**付書院**などの設備を備えた座敷や建物をいい、この書院を中心に構成された住宅の様式を**書院造**と呼んでいます。

2 書院造の構成要素

① 建具

外部には**舞良戸**（まいらど）形式の**遣戸**（やりど）と呼ばれる引き戸が、内部には障子、襖が設けられるようになりました。舞良戸とは、縦框の間に細い横桟を等間隔で並べて取り付けた板戸のことをいいます。

② 天井

竿縁天井（さおぶちてんじょう）、**格天井**（ごうてんじょう）、**折上格天井**（おりあげごうてんじょう）などが設けられるようになりました。竿縁天井とは天井板の下側に、竿縁と呼ばれる細い木材を45cm間隔程度で平行に並べて天井板を支える天井です。また、格天井とは格子状に組んだ木の上に板を張った天井です。

③ 座敷飾り

・　床の間：鎌倉時代の禅僧が三具足（みつぐそく）を置いた**押板**が原型とされています。

・ 違い棚：厨子棚が造り付けられたものなどと考えられています。

・ 書院：書斎として利用するために、広縁に張り出して設けられた**出文机**（いだしふづくえ）が原型で、次第に装飾性を強めていきました。付書院は、棚板と障子で構成され、棚板の部分が外部側に張り出しています。

銀閣寺として有名な**慈照寺**は、東求堂と観音堂（銀閣）から成っていますが、**東求堂**にある**同仁斎**という部屋が、付書院、違い棚のある最古の部屋といわれています。

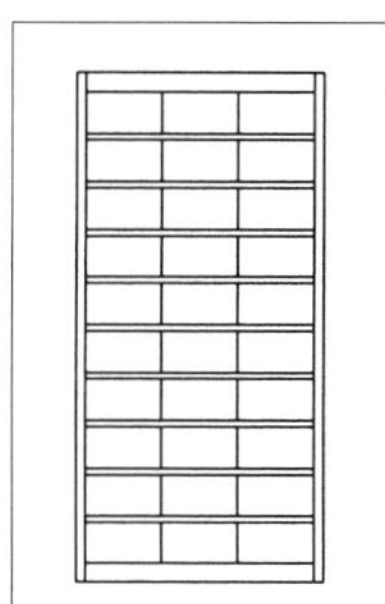

舞良戸

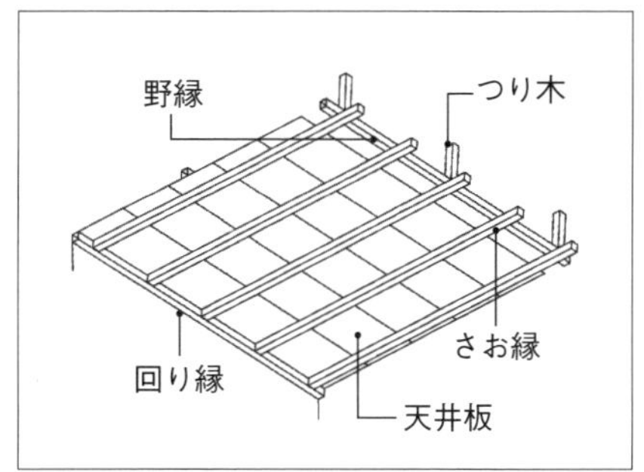

竿縁天井

●折上格天井
格天井の四周部分（天井と壁のつなぎ目）が曲線状に折り上げられた天井です。

●三具足
花瓶、香炉、燭台をいいます。

●出文机
だしふづくえ、いだしふづくえなどと呼びます。

桃山時代

1 草庵茶室

千利休は「草庵の茶（侘び茶）」を完成させるとともに、**草庵茶室**という新しい形の茶室を生み出しました。

4畳半を最小としていた茶室に、1畳台目の茶室を採り入れ、**にじり口**や**下地窓**、**土壁**などが使われています。以前は、茶室内の採光は縁側に設けた引き違い障子の一方向から採られていましたが、茶室をいったん土壁で囲い、そこに必要に応じて窓を開け、明り障子を取り付けることで、光をコントロールして、茶室内の明暗を効果的に演出することが可能になっています。以下に草庵茶室に関連する項目を記します。

① 台目畳

通常の畳の4分の3の大きさの畳で、1畳＋台目畳の大きさを**1畳台目**、2畳＋台目畳の広さを**2畳台目**と呼んでいます。

② にじり口

幅60cm程度、高さ65cm程度の出入り口で、一般の客が利用します。それに対して身分の高い客が立ったまま利用できる出入り口を**貴人口**（きにんぐち）と呼んでいます。

③ 下地窓

土壁の一部を塗り残し、装飾的に壁下地の格子状の竹を露出した窓のことです。

④ 連子窓

細い木や竹などを適当な間隔に並べた窓のことです。

⑤　**掛け込み天井**

屋根や庇がそのまま同じ勾配で室内へと続き、屋根裏がそのまま見える傾斜した天井のことです。平天井と組み合わされて使われることがあります。

2 草庵茶室の実例

①　**待庵**（たいあん）

妙喜庵待庵は、千利休の作と伝えられている現存する最古の草庵茶室です。畳の2畳敷で、採光のために連子窓や下地窓が設けられています。床（とこ）は、隅が局面に塗り回され、柱などを隠した室床（むろどこ）となっています。

②　**如庵**（じょあん）

如庵は織田有楽斎の作とされ、大きさは2畳半台目（ほぼ4畳半）と呼ばれています。開口部には連子窓や有楽窓（うらくまど）、屋根には突上窓などが設けられています。

江戸時代

書院造に茶室や草庵風茶室の建築手法を取り入れた住宅などの建築様式を**数寄屋造**と呼んでいます。書院が格式や形式を大切にしたのに対して、「もう少し自由に趣向を取り入れた空間を目指している」と、とらえることができます。数寄屋造の代表的な建築物として、**桂離宮**があげられます。

●1畳台目は、茶の手前に必要な台目畳の部分と、客が座る1畳分だけで構成された最も狭い茶室になります。

●有楽窓は、連子の竹をすき間なく密に配して光をかすかに通すようにした窓です。

●数寄屋造りに設けられた付書院として有名なものに、桂離宮の桂棚、修学院の霞棚などがあります。

●源氏襖
数寄屋造に多く見られる、中央部に明り障子が付いた襖のことです（265 ページを参照して下さい）。

明治時代

① **三菱一号館**（設計：ジョサイア・コンドル　東京都）

丸の内地区に建設された、煉瓦造、３階建ての日本初のオフィスビルです。現在は、美術館などとして復元されています。

ジョサイア・コンドルは、その他にも岩崎邸など多くの西洋館を設計しています。

② **開智学校**（設計：立石清重　長野県）

明治時代には、政府が官庁や学校の建築に西洋式を採用した結果、伝統的な和風に新しい洋風のスタイルをなぞらえた**擬洋風建築**が造られていきました。その代表例が開智学校です。

③ **グラバー邸**（長崎県）

日本最初の洋風住宅建築で、住宅に幅の広い庇を張り出してベランダを巡らせた形式になっています。

④ **明治宮殿**（東京都）

和風の外観に、いすやシャンデリアのある洋風の内装といった**和洋折衷様式**の木造建築物です。戦災で焼失しています。

⑤ **赤坂離宮**（設計：片山東熊　東京都）

外観は、バロック様式です。正面が**左右対称**となっており、正面玄関の中心性を強調しています。現在は迎賓館として保存修復されています。

大正時代

1 台所の改善

日本では、床座式の生活様式が一般的でしたが、台所も例外ではなく、かまどや流しも床に置かれ、炊事作業も座って行われていました。しかし、この時代になると都市部では、電気、ガス、水道などが普及し、「座り流し」から「立ち流し」へと、台所の改善がみられるようになりました。

2 建築

① **中廊下式住宅**

南側に居室、北側に浴室や台所などの水回りや女中部屋を配置した形式です。各室は襖により間仕切られることが一般的でした。

② **帝国ホテル**（設計：フランク・ロイド・ライト 東京都）

鉄筋コンクリート造のホテルですが、内外装に大谷石やテラコッタが使用されています。落成披露式当日（大正12年９月１日）関東大震災が起こりましたが、倒壊をまぬかれています。

帝国ホテル中央玄関

補足

●ジョサイア・コンドルの門下生に片山東熊、辰野金吾（東京駅や日本銀行を設計）などがいました。

●中廊下式住宅の玄関わきに、独立した洋風の応接間を設けた様式の住宅を文化住宅と呼んでいます。

●帝国ホテルは現在、中央玄関部分が明治村に移築・保存されています。

●テラコッタとは、イタリア語で「焼いた土」を意味します。

昭和時代（第二次世界大戦前）

1 建築

① **土浦亀城邸**（つちうらかめきてい）（設計：土浦亀城　東京都）

白い箱型の外観で、内部は居間の吹抜けを中心とした、複数の床レベルが連続的につながって、**立体的なワンルーム**のような構成になっています。木造の乾式工法を採用しています。

② **聴竹居**（ちょうちくきょ）（設計：藤井厚二　京都府）

伝統的な日本の住まいに見られる**外部空間との融合**を活かし、通風や換気を工夫した平屋建て住宅で、いす座、床座の生活を両立させるような床レベルの工夫が見られます。

2 家具・工芸

① **木のめ舎**

森谷延雄によって結成された家具の製作工房で、実用性と美しさを兼ね備えた芸術としての家具のデザインを始めました。

② **形而工房**（けいじこうぼう）

家具などの標準規格化を図り、量産製品の普及を目指したグループで、蔵田周忠、豊口克平らにより結成されました。

③ **柳宗悦**（やなぎむねよし）（そうえつ）

柳宗悦は生活に根ざした民芸品に注目し、**民芸運動**を起こし、後年の民芸家具を広める契機となりました。

昭和時代（第二次世界大戦後）

1 建築

① 食寝分離

公営住宅の標準設計51C型は、それまで食事と就寝を同じ畳の部屋で行っていた生活から、**食寝分離**を果たした2DKプランで、その後のダイニングキッチン普及の原点になりました。

② 立体最小限住宅・小住宅

戸建て住宅では最小限住宅の試みが展開され、新しい生活への提案が生まれました。池辺陽の**立体最小限住宅**、増沢洵の自邸、清家清の**斎藤助教授の家**などが該当します。

2 インテリアデザイン

剣持勇は日本を代表するインテリアデザイナーで、**ジャパニーズモダン**と呼ばれるデザインの礎を創ったといわれています。積み重ねができるスタッキングチェアなどのデザインを手がけました。

補足

●日本文化の独自性を評価した海外のデザイナーも多くおり、その一人であるシャルロット・ペリアンは、わが国の農村の工芸を現代的インテリアに活かした作品を創作するなど、工芸指導に携わってきました。

●第２次世界大戦後、西山卯三により「**食寝分離**」「**就寝分離**」「**住宅の定型化**」などが提唱されました。これを具現化したものに、51C型があります。

●昭和30年代から普及し始めたダイニングキッチンは、住宅の起居形式がゆか座式からいす座式へと変化するきっかけになりました。

●斎藤助教授の家では、２畳のキャスター付き移動畳を設けるなど「しつらい」といった考え方を実践しています。

チャレンジ問題

設問の正誤を答えて下さい。

問1 寝殿造の特徴は、各室が障子や襖といった間仕切り用の建具で仕切られていることである。

問2 しつらいに用いられる調度品の一つに高坏があるが、これは方形角切の筒形の脚を備えた食器を載せる台のことである。

問3 書院造に用いられた外部建具で、縦框の間に細かい横桟を等間隔で並べて取り付けた板戸を蔀戸という。

問4 初期の書院造に見られる縁側に突き出して作られた造作を出文机という。

問5 草庵風茶室に用いられた下地窓は、連子の竹をすき間なく密に配して光をかすかに通すようにした窓である。

問6 室床とは茶室にみ見られる床（とこ）の形式の一つで、壁および天井の入り隅をすべて壁土で塗り回したものである。

問7 数寄屋造は書院造に茶室の要素を取り入れた建築様式で、桂離宮や修学院離宮、西本願寺飛雲閣などが有名である。

チャレンジ問題 解説

		[解答]
解説1	寝殿造では、固定された間仕切りはなく、必要に応じて屏風や几帳などを立てて仕切っていました。なお、寝所である塗籠などは板壁で仕切られていました。	×
解説2	設問の内容は衝重に関する記述になっています。高坏とは、一本足の台座の上に円形の板がついた小型の器をいいます。	×
解説3	設問の内容は舞良戸に関する記述になっています。蔀戸は寝殿造に用いられた建具のことです。	×
解説4	正しい記述内容です。出文机は付書院の原型になりました。	○
解説5	設問の内容は有楽窓に関する記述になっています。下地窓は、土壁の一部を塗り残して、装飾的に壁下地の竹を露出させた窓のことです。	×
解説6	正しい記述内容です。床柱、床框、落掛を設け、床の内側の柱、廻縁などを見せないよう壁土で塗り回した形式です。妙喜庵の茶室である待庵に見ることができます。	○
解説7	正しい記述内容です。	○

チャレンジ問題

設問の正誤を答えて下さい。

問8 数寄屋造に多く見られる坊主襖とは、中央部に明り障子が付いた襖のことである。

問9 ジョサイア・コンドルの設計による旧赤坂離宮は、現在は迎賓館として保存修復されている。

問10 大正時代になると都市部では、電気、ガス、水道などが普及し、座り流しから立ち流しへと、台所の改善が見られるようになった。

問11 大正時代に普及した中廊下式の住宅は、南側に居室、北側に浴室や台所が配置された形式で、プライバシーが十分確保された住宅といえる。

問12 第二次世界大戦後、西山卯三が提唱した食寝分離の考え方を基本とした2DK型のプランが公営住宅に取り入れられた。

問13 木のめ舎は、ドイツ工作連盟やバウハウスの思想に基づき家具などの標準規格化を図り、量産製品の普及を目指したグループである。

問14 清家清が設計した斎藤助教授の家は、テラス、廊下、居間が連続する開放的な空間に、キャスター付き移動畳を配置した木造の平屋建て住宅である。

問15 剣持勇は、第二次世界大戦後にジャパニーズモダンと呼ばれるデザインの礎を創ったインテリアデザイナーである。

チャレンジ問題 解説

		[解答]
解説8	襖の一部に障子をはめ込んだ襖は、源氏襖と呼ばれています。坊主襖とは襖の周囲に縁のない襖のことです。	×
解説9	設計はジョサイア・コンドルの門下生である片山東熊になります。	×
解説10	正しい記述内容です。	○
解説11	間仕切りには襖が使われていたため、プライバシーが十分確保されていたとはいえません。	×
解説12	正しい記述内容です。	○
解説13	設問の内容は形而工房に関する記述になっています。	×
解説14	正しい記述内容です。	○
解説15	正しい記述内容です。渡辺力、柳宗理、長大作、水之江忠臣らとジャパニーズモダンの礎を創りました。	○

2 西洋のインテリアの歴史

まとめ & 丸暗記　この節の学習内容とまとめ

西洋建築・芸術における代表的な様式（古代・中世・近世）

■ **ギリシャ**
ドリス式、イオニア式、コリント式のオーダー
パルテノン神殿はエンタシスのある柱のドリス式神殿
代表的ないす……クリモス、ディフロス、クリーネ

■ **ローマ**
アーチ、ドーム形状などの技術が発展
トスカナ式、コンポジット式のオーダーが加わる
代表的な建築物……パンテオン
代表的ないす……レクタス

■ **ビザンチン**
ヘレニズム文化とオリエント文化の融合
代表的な建築物……ハギア・ソフィア

■ **イスラム**
植物などを図案化したアラベスク模様
代表的な建築物……アルハンブラ宮殿

■ **ロマネスク**
特定の様式ではなく、各地方の自然と融合した多様な形態
代表的な建築物……ピサ大聖堂

■ **ゴシック**
尖頭アーチ、フライング・バットレス
代表的な建築物……ノートルダム大聖堂

■ **ルネサンス**
古典文化の再評価・再生
代表的な建築物……テンピエット
代表的ないす……ダンテスカ、カクトワール

■ **バロック**
動的で誇張した様式
代表的な建築物……ベルサイユ宮殿鏡の間

西洋建築・芸術における代表的な様式（近現代）

■ **アーツ&クラフツ運動**　手工芸品に芸術本来の姿を求める
ウィリアム・モリスを中心とした運動

■ **アール・ヌーボー**　曲線を特徴とした優美な芸術
代表的な建築物……サグラダ・ファミリア教会（アントニオ・ガウディ）

■ **デ・スティル**　幾何学的で抽象的な構成
代表的な建築物……シュレーダー邸（ヘリット・トーマス・リートフェルト）

■ **アール・デコ**　幾何学的な線とパターン化された模様
代表的な建築物……朝香宮邸（現・都立庭園美術館）

建築家のデザインした家具（いす）

■ **チャールズ・レニー・マッキントッシュ……ヒルハウス**
■ **ヘリット・トーマス・リートフェルト……レッド&ブルーチェア**
■ **ミース・ファン・デル・ローエ……バルセロナチェア**
■ **ル・コルビュジエ……シェーズ・ロング**
■ **アルネ・ヤコブセン……エッグ・チェア、セブンチェア**
■ **ジオ・ポンティ……スーパーレジェーラ**

エジプト（古代）

エジプトの神殿などに見られる石材の柱には、パピルスやロータスといった植物を写実的に彫り出して表現しているといった特徴が見られます。

また、「ツタンカーメンのいす」などの家具は、生活の道具ではなく、権威の象徴としての意味を持っていました。

ギリシャ（古代）

1 建築様式

基壇から柱、軒までの構成形式をオーダーといい、建築物は比例と調和の美で構成されています。ドリス式、イオニア式、コリント式の３形式のオーダーがありました。

パルテノン神殿は、エンタシス（円形の柱の胴部がわずかに膨らんでいる）のある柱を持つドリス式の神殿で、法隆寺や唐招提寺の柱にも影響しています。

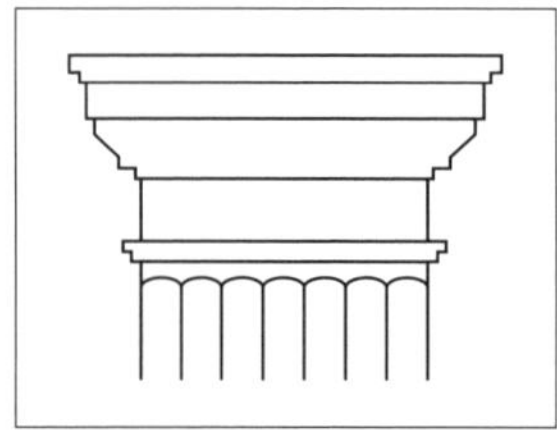

ドリス

イオニア

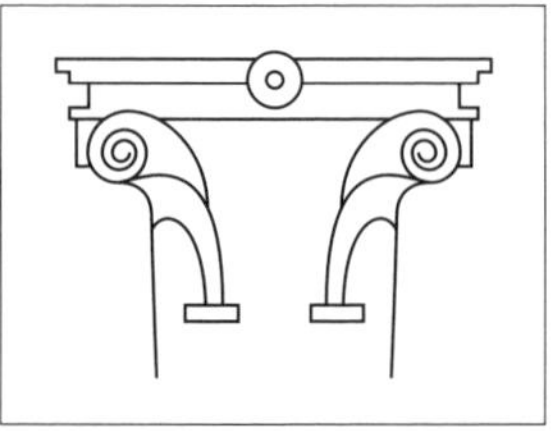

コリント

2 家具

家具には、クリスモス（反りのある脚や湾曲した背板を持ついす）、ディフロス（背もたれのない腰掛で折りたたみ式もありました）、クリーネ（休息用の寝いす）などがありました。

ローマ（古代）

1 建築様式

ローマ式コンクリートにより、ヴォールト、ドームなどの技術が生まれました。その代表的な建築物がパンテオン（イタリア：ローマ）です。また、ギリシャ時代のオーダーに加えて、トスカナ式、コンポジット式の２種類が加わりました。

・　ドリス式：お供え餅を逆さまにしたような柱頭で、簡素で重厚、男性的といわれています。
・　イオニア式：ドリス式よりも細くなり、羊の角のような渦巻型の柱頭になっています。女性的といわれています。
・　コリント式：アカンサスの葉の形をした柱頭で、より女性的、装飾的といわれています。
・　トスカナ式：ドリス式に似た柱頭ですが、柱の部分に溝彫りがない形式です。
・　コンポジット型：イオニア式とコリント式の複合型で装飾性が強く、アカンサスの葉飾りの上部に渦巻き模様を載せた柱頭になっています。

2 家具

家具には、セラ・クルリス（執政官などが執務用に使用した折りたたみ式のいす）、レクタス（横になりながら宴会などをした寝いす）などがありました。

補足

●パピルス
カヤツリグサ科の水草で、エジプトでは紙の原料として利用していました。

●ロータス
睡蓮（すいれん）のことです。

●ヴォールト
アーチを連続させてかまぼこ型にした天井。これらが発展し半球型のドームとなっていきました。
また、２つのヴォールトが直交した形状を交差ヴォールトと呼んでいます。

●アカンサス
ハアザミのことで、ギリシャの国花になっています。

●古代ローマ時代の住宅に、広間（アトリウム）と中庭（ペリスチリウム）で構成されたドムスがあります。中庭を囲んで家族の部屋が配置されていました。

ビザンチン（中世）

ローマ帝国の分裂により、ヘレニズム文化とオリエント文化が影響し合い、ビザンチン様式が生まれました。代表的な建築物には、ハギア・ソフィア寺院（トルコ：イスタンブール）やサンマルコ寺院（イタリア：ベネチア）があります。

教会建築には、平面が円形や十字形などを基本とする集中式教会堂と、東西に細長い平面形で内部に列柱が並ぶバシリカ式教会堂といった形式がありました。

代表的な家具に、直線的、面的な象牙彫刻のマクスミニアヌスの司教座があります。

イスラム（中世）

幾何学模様や植物の蔓（つる）や花を図案化した装飾模様をアラベスク模様と呼びます。イスラム建築としてはアルハンブラ宮殿（スペイン：グラナダ）などが代表例です。

イスラム建築には、さまざまな形状のアーチが用いられますが、オジーアーチや馬蹄形のアーチも一つの特徴といえます。

ロマネスク（中世）

ロマネスクは、「ローマ風」という意味ですが、特定の様式はなく、各地方の自然と融合したさまざまな特徴を備えています。代表的な建築物に、ピサの大聖堂（イタリア：ピサ）があり、半円アーチが特徴の一つとなっています。

家具では、チェスト、装飾品としてタペストリーが使用されました。

ゴシック（中世）

1 教会建築

教会建築の特徴として、天井がリブ・ヴォールトで架構されていること、外観に尖頭アーチやフライング・バットレスがあることなどがあげられます。ノートルダム大聖堂（フランス：パリ）などが代表例になります。

2 家具・装飾

家具では、チェストやハイバックチェアなどに、彫刻装飾（リネンフォールドと呼ばれるひだ模様の折布飾り）が施されたものが製作され、建物の窓にはトレサリー（装飾窓格子）やフランボアイヤンと呼ばれる火炎模様が装飾された格子が設けられました。

また、一般住宅においても柱や梁を外壁の表面に見せるハーフティンバーが流行しました。

ノートルダム大聖堂　フライング・バットレス

補足

●集中式教会堂は東方で、バシリカ式教会堂は西方で発展してきました。

●オジーアーチとは先端のとがったねぎ花状のアーチのことです。

●ゴシックとは「(野蛮な)ゴート族の」といった意味合いです。

●リブ・ヴォールトとは、大聖堂の天井を補強して支える構造形式の一つです。

●尖頭アーチとは、アーチの頂部が丸くなく尖っているアーチです。ポインテッドアーチともいいます。

●フライング・バットレスとは、建築物の外壁を支えるために、屋外に張り出すように設けられる柱や梁を意味します。

ルネサンス（近世）

ルネサンスは、ギリシャ・ローマ時代の文化を再生、復活しようとする運動で、14世紀にイタリアのフィレンツェを中心に始まり、次第に西欧各国に広まっていきました。レオナルド・ダ・ビンチやミケランジェロといった芸術家が活躍した時代です。

1 建築

代表的な建築物として２重殻構造のドームを持つブルネレスキのフィレンツェ大聖堂や、古代ローマの円形神殿をモチーフにしたブラマンテのテンピエットなどが有名です。

また、富豪が住む住宅（宮殿）をパラッツォと呼んでいます。パラッツォは、優雅な中庭があり、外観は石材の凹凸を際立たせるなど荒々しく力強い表情をもった３階建ての石造建築物です。フィレンツェの大富豪であるメディチ家の邸宅（パラッツォ・メディチ）などが有名です。

2 家具

カッソネ（チェスト）やカッサパンカ（長いす）、ダンテスカ（古代ローマ風のX脚のいす）、カクトワール（婦人用の肘掛けいす）などがあります。

バロック（近世）

宗教改革に対抗するカトリック教会や、絶対王政の威光を示したい宮殿などでは、劇的な演出をすることで人々の心をとらえようとしていました。この結果、動的で誇張した様式が生まれ、これをバロック様式と呼んでいます。

1 建築

ベルニーニなどによる荘厳なサンピエトロ大聖堂や、ヴェルサイユ宮殿の鏡の間など劇的なデザインが特徴です。

2 家具

装飾性が増し、引出し付きの低めのキャビネット（コモード）が使われるようになりました。また、精度の高いガラスや鏡、東洋の陶器の影響を受けたデルフト陶器（オランダ）、タイルなども生産されるようになりました。

ロココ（近世）

ロココはインテリアの様式で、曲線が多用され、淡い色彩でまとめられる室内装飾に、特徴が表れています。

家具ではコンソール（飾り台）、コモード（装飾用たんす）などが挙げられますが、家具の脚はカブリオール脚（猫脚）と呼ばれる曲線で作られることが大きな特徴です。

また、シノワズリ（中国趣味）が流行し、ロココ様式と融合して建築、家具、装飾などに取り入れられました。なかでも陶磁器は有名で、フランスのセーブルや、ドイツのマイセンなどが発展しました。

補足

●バロックとはいびつな真珠を意味します。

●ルネサンスが静的な円のモチーフだとすれば、バロックは動的な楕円のモチーフへと変化したといわれています。

●ロココとは、貝殻や石による曲線を多用した装飾を意味するフランス語のロカイユに由来しています。

●ロココ時代にイギリスで起こった様式をクイーン・アン様式と呼び、猫脚のいすなどが流行しました。

●マイセンはヨーロッパではじめて磁器製造に成功したブランドです。

ネオクラシズム（新古典主義）

18世紀中期以降には、バロック様式による過剰ともいえる表現への反動や、ポンペイなどの古代ローマ遺跡の発掘により、古典的な様式が再評価されました。フランスでは、ルイ16世の時代に当たるため、**ルイ16世様式**とも呼ばれています。

1 建築

イギリスに新古典主義の建築を広めた、**ロバート・アダム**（建築家：スコットランド）が有名です。代表例に**オスタレー邸**がありますが、室内の壁面は繰形で長方形に区分され、その中が花輪や月桂樹、楽器などの模様で飾られています。

また、ルイ16世様式の代表例としては、ヴェルサイユ宮殿内の**プティ・トリアノン**（ヴェルサイユ宮殿の庭園にある離宮の一つ）があります。

2 家具

家具の表面装飾は彫刻よりも寄木細工が好まれ、脚は曲線からフルーティング（縦溝）のある丸い断面の直線の脚に改められました（古代の柱を連想させます）。

その他、背もたれがハート形や卵形をしたジョージ・ヘップルホワイト（家具デザイナー：イギリス）のいすや、直線を取り入れ、シンプルなデザインのトーマス・シェラトン（家具デザイナー：イギリス）のいすなどが有名です。

ヘップルホワイト

19世紀初期の様式

19世紀の初期は新古典主義が引き継がれています。その一例に、フランスのナポレオン時代に古代エジプト、ローマ、ギリシャの様式を再現したアンピール様式があります。ライオン、スフィンクス、白鳥、女神、戦士、月桂樹などがモチーフとして多く使われ、いすも古代にならったX脚のタイプが好まれました。

イギリスでは、リージェンシー様式と呼ばれる軽快なデザインの家具が生まれました。エジプト風のデザインを取り入れたトーマス・ホープ（建築家）の家具が有名です。

なお、ドイツ・オーストリアではビーダーマイヤー様式と呼ばれる、より簡素で合理的なデザインが生まれました。

初期アメリカの様式

独立までの植民地時代をコロニアル（植民地）様式、独立後をフェデラル（連邦）様式と呼んでいます。

ハイボーイ（背の高い脚付き衣装たんす）、ローボーイ（背の低い脚付き衣装たんす）、簡素で実用的なウィンザーチェアなどが流行しました。

●コロニアル様式をアーリーアメリカン様式と呼ぶこともあります。

新しいデザインの動き

19世紀中頃は、時代に適合した新しいデザインが生まれず、復古調のデザインが主流になった時期がありましたが、工業の発展により、家具やインテリアに本質的な転換が生まれ始めました。

1 アーツ&クラフツ運動

19世紀末から20世紀初頭にかけて、イギリスで起こった工芸の革新運動です。機械による量産ではなく、手仕事による手工芸品の芸術本来の姿を求めました。ウィリアム・モリスを中心とした運動で、アール・ヌーボーに大きな影響を与えています。

2 アール・ヌーボー

19世紀末から20世紀の初頭にかけてフランスとベルギーを中心にヨーロッパ全土に広まった、うねるような曲線を特徴とした優美な芸術や装飾の様式で、ヴィクトール・オルタ（建築家：ベルギー）、アンリ・ヴァン・デ・ヴェルデ（建築家：ベルギー）、エミール・ガレ（ガラス工芸家：フランス）、ルイ・マジョレル（家具デザイナー：フランス）、エクトル・ギマール（建築家：フランス）などが活躍しました。

また、アントニオ・ガウディ（建築家：スペイン）は、バルセロナにおいて、波状の有機的なファサードを有する集合住宅のカサ・ミラやサグラダ・ファミリア教会などを手がけました。

また、チャールズ・レニー・マッキントッシュ（建築家、デザイナー：スコットランド）は、水平垂直を強調した直線的なデザインに、アール・ヌーボーの曲線美を融合させた個性的な家具をデザインしました。ヒルハウスと呼ばれる高い背もたれの付いたいすは有名です。

3 シカゴ派

19世紀末のアメリカのシカゴでは、産業発展を背景に構造と技術が融合した機能主義に基づく、鉄骨造による高層建築物が数多く建てられました。これらを推進した建築家の一派をシカゴ派と呼び、その中心的人物であるルイス・サリバンが残した「形態は機能に従う」という言葉は有名です。

4 ウィーン分離派（ゼツェッション）

グスタフ・クリムト（画家：オーストリア）は、ウィーン美術界のリーダー的存在として名声を得ていましたが、自身が会員であったアカデミックなウィーン美術家協会から分離し、過去の様式にとらわれない新しい造形表現を主張するウィーン分離派を結成しました。

5 ドイツ工作連盟

機械生産による工業製品の質的・デザイン的向上を図り、ドイツの産業振興を目指しました。ヘルマン・ムテジウス（建築家、行政官：ドイツ）らを中心に、工業化による規格化を提唱しました。

ヒルハウス

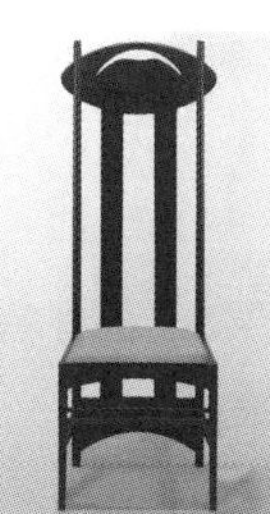
アーガイル

補足

●アール・ヌーボーは新様式と訳されますが、これと同じ芸術運動を、ドイツやオーストリアでは、ユーゲントシュティル（若い様式）と呼んでいます。

●エクトル・ギマールのパリ地下鉄の出入り口はアールヌーボー建築の代表作といえます。

●ヒルハウスはラダーバックチェアとも呼ばれています。マッキントッシュの設計した住宅であるヒルハウスに置かれたいすです。

第1次世界大戦後

1 デ・スティル

デ・スティルは、20世紀初頭の雑誌ですが、関係する人々の活動も意味します。特徴は幾何学的で抽象的な構成で、ピート・モンドリアン（画家：オランダ）の絵画やヘリット・トーマス・リートフェルト（建築家：オランダ）のレッド＆ブルーチェア、シュレーダー邸などが有名です。

2 アール・デコ

アール・ヌーボーとは対照的に簡潔さと合理性を目指したスタイルで、幾何学的な線とパターン化された模様が特徴です。フランスで生まれた考え方ですが、アメリカのクライスラービルやエンパイアステートビル、日本においては朝香宮邸（現・都立庭園美術館）などが有名です。

アール・ヌーボーが一品生産の芸術だとすると、アール・デコは大量生産を前提としたデザイン様式であると考えられます。

3 バウハウス

1919年ドイツで設立された工芸・美術の総合芸術学校で、初代の校長をヴァルター・グロピウス（建築家：ドイツ）が務めました。バウハウスは建築や家具のデザインばかりでなく、絵画や音楽、写真などさまざまな分野の専門家が指導者として活躍していました。作品としてはマルセル・ブロイヤー（建築家：ハンガリー）のワシリーチェアや、ミース・ファン・デル・ローエ（建築家：ドイツ）のバルセロナチェアなどが有名です。

バルセロナチェア

4 1900年代に活躍した建築家

① **ル・コルビュジエ**（1887 ~ 1965年）

フランスの建築家で、「ピロティ」「屋上庭園」「自由な平面」「水平連続窓」「自由な立面（ファサード）」といった近代建築の５原則を提案しています。この原則を具現化した住宅作品にサヴォア邸があります。

また、家具においてもスリングチェア（金属パイプのフレームを用い、座面や背もたれに革を張ったいす)、シェーズ・ロング（長いす)、グラン・コンフォール（ソファ）などを残しています。

シェーズ・ロング

② **フランク・ロイド・ライト**（1867 ~ 1959年）

アメリカの建築家で、初期においては、建物の高さを抑え、水平線を強調したプレイリースタイル（草原様式）の住宅を数多く残しています。代表作にロビー邸があります。また、カウフマン邸（落水荘）は、有機的建築物の代表作といえます。

③ **ミース・ファン・デル・ローエ**（1886 ~ 1969年）

ドイツ生まれの建築家、デザイナーです。バルセロナ・パビリオンや四方をガラスの壁で囲んだファンズワース邸などが有名です。

補足

●バウハウスの教授陣にはパウル・クレー（画家：スイス）やワシリー・カンディンスキー（画家：ロシア）などがいました。

●ワシリーチェアはスチールパイプを曲げてデザインしたもので、名前のとおりワシリー・カンディンスキーのために製作されたいすです。

●バルセロナチェアは、バルセロナ万博で、ドイツ館として建てられたバルセロナ・パビリオンに置かれたいすです。ギリシャ時代の腰掛けであるディフロスをモチーフにしたともいわれています。
なお、バルセロナ・パビリオンの設計もミース・ファン・デル・ローエです。

●ル・コルビュジエ、ミース・ファン・デル・ローエ、フランク・ロイド・ライトを近代建築の３巨匠と呼んでいます。

第2次世界大戦後

1 各国に見る代表的なデザイン

① **北欧**（スカンジナビア）

アルネ・ヤコブセン（建築家：デンマーク）は多くの優れた家具やいすをデザインしました。エッグチェアや使用しない時にはスタッキング（積み重ねる）することができるセブンチェアなどが知られています。

ハンス・ウェグナー（家具デザイナー：デンマーク）は無垢の木を使った家具を多くデザインしましたが、チャイニーズチェア（中国の明時代のいすがモチーフ）やピーコックチェア（座面が低く座りやすい）などが知られています。

ヴェルナー・パントン（建築家：デンマーク）はプラスチックの一体成型で作られたパントンチェアが有名です。

② **アメリカ**

建築では、ミース・ファン・デル・ローエの鉄とガラスによる単純明快な構成をしたファンズワース邸、フィリップ・ジョンソンのガラスの家などがアメリカにおけるモダニズム建築の代表的な住宅作品といえます。

家具では、成型合板やプラスチック、アルミニウム、ワイヤーメッシュなどの新素材を使った家具が量産されるようになり、チャールズ・イームズ（建築家）のLCM（成型合板+ステンレスパイプ）、エーロ・サーリネン（建築家）のチューリップチェア（FRP+アルミ脚）、ハリー・ベルトイア（家具デザイナー、彫刻家）のダイアモンドチェア（スチールワイヤーメッシュ）などが有名です。

同時期、ジョージ・ナカシマ（家具デザイナー）の、木の素材を活かしたクラフト的家具も注目されていました。代表作には、小さなテーブルとしても使用できる幅広のアームを備えたラウンジアームといったいすがあります。

③　イタリア

ジオ・ポンティ（建築家）のスーパーレジェーラは軽量ないすとして有名です。断面が三角形をした細い木製のフレームが特徴です。

その他、マリオ・ベリーニ、ヴィコ・マジストレッティ、喜多俊之などが活躍しています。

スーパーレジェーラ

2　様式の変遷

①　ポストモダニズム

1970年代から1980年代にかけて、これまでの機能主義や合理主義建築に対する反動から、ポストモダンの動きがみられ、次第に世界的な潮流となっていきました。

ポストモダニズムは建築から始まりました。モダニズムが装飾を排して、単純明快な箱を目指すような思想であったのに対して、多様性、装飾性などを目指す考え方です。

家具においては、スタジオ・アルキミアやメンフィスといったイタリアのデザイナーズグループが活躍しました。

②　ポストモダニズム後

1990年代に入ると、ポストモダニズムは退潮し、形態や色彩を最小限に抑えるミニマリズムや、モダニズムの復権と並行して、脱構築主義と呼ばれるアンバランスな形態をもつ建築物などが生まれています。

補足

●40ページのシュレーダー邸、41ページのサヴォア邸などもモダニズム建築の代表例になります。

●アルバー・アアルト（1898年～1976年）は、フィンランドの建築家、デザイナーです。アアルトの家具は、積層合板の成型と曲げ技法を活用した家具として有名です。

●FRPは、ガラス繊維で強化されたプラスチックのことです。

●スーパーレジェーラは、「小指一本でも持ち上げられる」といわれている超軽量いすです。

チャレンジ問題

設問の正誤を答えて下さい。

問1　パルテノン神殿は、ドリス式のオーダーによる周柱式を用いたギリシャ建築である。

問2　イオニア式のオーダーは、アカンサスの葉の形をした柱頭が特徴で、ドリス式やコリント式に比べ女性的・装飾的であるといわれている。

問3　古代ローマ時代において、貴族が横になりながら会食などをした寝いすのことをカッサパンカという。

問4　パンテオンは、れんがおよびコンクリートにより造られた大ドームを持つ、ローマ建築の代表的な建築物である。

問5　イスラム様式の特徴として、幾何学模様や植物の蔓(つる)や花を図案化したアラベスク模様や、オジーアーチ、馬蹄形アーチなどがあげられる。

問6　ノートルダム大聖堂は、側廊の控壁をつなぐフライング・バットレスや双塔形式の正面を持つ、ゴシック様式の教会建築である。

問7　大きく膨らんだスカートを着用した女性を考慮して、台形の座面を持つカクトワールという女性用の肘掛けいすが作られたのはバロック様式の時代である。

チャレンジ問題 解説

		[解答]
解説1	正しい記述内容です。エンタシスと呼ばれる膨らみのある柱を持つドリス式オーダーが特徴です。	○
解説2	アカンサスの葉をモチーフにしたオーダーはコリント式になります。イオニア式は柱頭が羊の角のような渦巻形をしています。	×
解説3	古代ローマ時代の寝いすはレクタスと呼ばれています。カッサパンカはルネサンス時代の長いすのことです。	×
解説4	正しい記述内容です。	○
解説5	正しい記述内容です。	○
解説6	正しい記述内容です。その他にポインテッドアーチやバラ窓などが使用されています。	○
解説7	カクトワールはルネサンス期にフランスで使われていたいすです。	×

チャレンジ問題

設問の正誤を答えて下さい。

問8 バロック様式は、動的で誇張された様式であり、有機的な流動感が強調されている。

問9 バロック様式では、家具の脚はカブリオール・レッグ（猫脚）と呼ばれる曲線で作られることが大きな特徴といえる。

問10 ロココ様式はフランスではルイ15世の時代にあたるためルイ15世様式、ネオクラシズムの時代はルイ16世の時代にあたるためルイ16世様式とも呼ばれている。

問11 ロココ様式は、曲線的で優雅さを求めた様式であり、イギリスでは当時の女王の名前にちなんでエリザベス様式と呼ばれている。

問12 アーツ＆クラフツ運動は、19世紀末から20世紀初頭にかけてイギリスで起こった工芸の革新運動で、機械による量産製品の普及を目指した。

問13 アーツ＆クラフツ運動は、ウィリアム・モリスを中心とした運動で、アール・ヌーボーに大きな影響を与えた。

問14 アール・ヌーボーは、有機的な曲線を特徴とした優美な様式で、建築家のミース・ファン・デル・ローエ、ガラス工芸家のエミール・ガレなどが活躍した。

問15 ウイーン分離派は、画家であるグスタフ・クリムトを中心に結成された。

チャレンジ問題 解説

		[解答]
解説8	正しい記述内容です。	○
解説9	カブリオール・レッグはロココ様式（クイーン・アン様式）に見られる特徴です。	×
解説10	正しい記述内容です。	○
解説11	当時の女王の名にちなんでクイーン・アン様式と呼ばれていました。カブリオール・レッグなどもクイーン・アン様式の特徴です。	×
解説12	機械による量産ではなく、手仕事による手工芸品の芸術本来の姿を求めた運動です。	×
解説13	正しい記述内容です。	○
解説14	建築家のエクトル・ギマール、ガラス工芸家のエミール・ガレ、家具デザイナーのルイ・マジョレルなどが活躍しました。ミース・ファン・デル・ローエは第一次世界大戦後の近代建築を代表する建築家です。	×
解説15	正しい記述内容です。	○

チャレンジ問題

設問の正誤を答えて下さい。

問16 フランスにおける有機的な曲線、流動的な装飾を特徴としたアール・ヌーボーと同じ芸術運動がドイツやオーストリアでも起こったが、これをユーゲントシュティルと呼んでいる。

問17 オランダの建築家ヘリット・トーマス・リートフェルトの代表作には、レッド&ブルーチェア、シュレーダー邸などがあるが、これらには画家であるピート・モンドリアンからの影響があらわれている。

問18 アール・デコは、アール・ヌーボーとは対照的に簡潔さと合理性を目指したスタイルで、幾何学的な線とパターン化された模様が特徴といえる。

問19 バウハウスは、1919年ドイツで設立された工芸・美術の総合芸術学校で、初代の校長を建築家であるミース・ファン・デル・ローエが務めた。

問20 ル・コルビュジエが設計したサヴォア邸は、中央コア部分以外に間仕切りがなく、外周部がすべてガラスでできた平屋建ての住宅である。

問21 多くの建築家が、いすのデザインを行っているが、チャールズ・レニー・マッキントッシュのヒルハウス（ラダーバックチェア）、ミース・ファン・デル・ローエのバルセロナチェア、ル・コルビュジエのシェーズ・ロング、ジオ・ポンティのスーパーレジェーラなどが知られている

チャレンジ問題 解説

		[解答]
解説16	正しい記述内容です。	○
解説17	正しい記述内容です。ともにオランダで起こった造形運動であるデ・スティルのメンバーでした。	○
解説18	正しい記述内容です。アール・ヌーボーが一品生産の芸術だとすると、アール・デコは大量生産を前提としたデザイン様式であると考えられています。	○
解説19	初代の校長は建築家であるヴァルター・グロピウスが務めました。	×
解説20	設問の内容は、ミース・ファン・デル・ローエの設計した、ファンズワース邸に関する記述になっています。	×
解説21	正しい記述内容です。	○

章末問題

問題　日本や西洋における建築やインテリアに関する次の記述の（　　）部分に、それぞれの語群の中から最も適当なものを選びなさい。

1　（　　）は、千利休の作と伝えられている現存する最古の草庵茶室である。床は、隅が局面に塗り回され、柱などを隠した室床となっている。

【語群】ア　如庵　　イ　待庵　　ウ　密庵

2　日本を代表するインテリアデザイナーの（　　）は、ジャパニーズモダンと呼ばれるデザインの礎を創ったといわれている。

【語群】ア　清家　清　　イ　西山　卯三　　ウ　剣持　勇

3　19世紀末から20世紀の初頭にかけてフランスとベルギーを中心にヨーロッパ全土に広まった、うねるような曲線を特徴とした優美な芸術や装飾の様式を（　　）という。

【語群】ア　アール・ヌーボー　　イ　デ・スティル
ウ　ポストモダン

4　軽量ないすとして有名なスーパーレジェーラは（　　）の作品である。

【語群】ア　ル・コルビュジエ　　イ　アルバー・アアルト
ウ　ジオ・ポンティ

解答

1－イ　　2－ウ　　3－ア　　4－ウ

第3章

インテリアの計画

1 インテリア計画における検討事項

まとめ & 丸暗記　この節の学習内容とまとめ

人体・動作寸法、視覚、聴覚の検討

- **略算値**　身長をHとすると、指先点高は0.4H､座高は0.55Hなど人体各部の寸法は身長と比例関係になっている。
- **水平作業域**　水平方向に手の届く範囲で、肩を中心に40cm程度
- **視野**　人が頭を動かさずに見ることのできる範囲は、横方向が200度、縦方向が130度程度
- **可視光域**　人の目で見える光の領域は380 ～ 780ナノメータ
- **音の大きさ**　人が聴くことのできる音の大きさは0 ～ 120デシベル
- **音の高さ**　人が聴くことのできる音の高さは20 ～ 20000ヘルツ

心理・行動特性の検討

- **ポピュレーションステレオタイプ**　人の動作や行動の共通の特性
- **ソシオペタル**　人と人とがコミュニケーションをとりやすい位置関係
- **ソシオフーガル**　人と人との交流を妨げ、プライバシーを保ちやすい位置関係

家具の検討

- **人体系家具**　いすやベッドなどで、アーゴノミー系家具ともいう
- **準人体系家具**　机や調理台などで、セミアーゴノミー系家具ともいう
- **建築系家具**　棚やたんすなどで、シェルター系家具ともいう

■ **調理台の高さ** 80、85、90、95cmの4種類がJIS規格

寸法の検討

■ **モデュール** 建築空間などの寸法を決めるための単位寸法
910mm（3尺）モジュールなど

■ **シングルグリッド** 910mm間隔のグリッド上に、柱や壁の中心を配置する方法
江戸間に見られる手法

■ **ダブルグリッド** 壁の厚みに相当する二重線を基準にする方法
京間に見られる手法

造形原理の検討

■ **黄金比** 縦を1とした時、横が1.618になる比率
パルテノン神殿など

■ **白銀比** 縦を1とした時、横が1.414（$\sqrt{2}$）になる比率
法隆寺金堂・五重塔など

色彩の検討

■ **光の三原色** 赤（R：レッド）・緑（G：グリーン）・青（B：ブルー）
光を混ぜて色をつくる加法混色

■ **色の三原色** 青緑（C：シアン）・赤紫（M：マゼンタ）・黄（Y：イエロー）
混合する色が増えるほど暗くなる減法混色

■ **色の三属性** 色相（色合い）・明度（明るさ）・彩度（鮮やかさ）

■ **マンセル表色系**
色相（H：ヒュー）・明度（V：バリュー）・彩度（C：クロマ）の3つの尺度で構成された世界共通の「色の物差し」

人体・動作寸法の検討

1 人体各部の寸法

人体の各部の寸法は、身長と比例関係にあることがわかっているため、その人の身長から、人体各部の主要寸法を求めることができます。これを**略算値**といい、おおむね下図のような関係になっています。

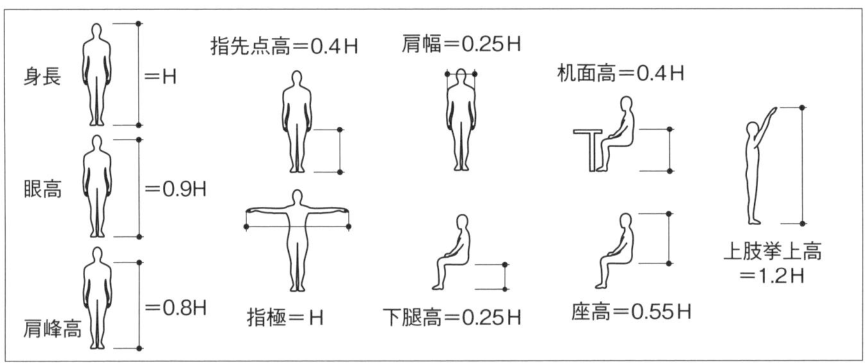

人体寸法の略算値

2 人体各部の重さの割合と重心

人体各部の重さの割合は成人の場合、頭部が**全体重の８％**、両上肢が16％などであることがわかっています。また、いすに座ったときにかかる重さは、**全体重の約85％**になることも推測できます（全体重から膝下の約15％分を引いた数値）。また身体の重心は、身長160cmの人であれば90cm（へその少し下）程度であることもわかっています。

3 生活姿勢

人間の基本姿勢には、**立位**（直立、前かがみ、中腰姿勢）、**椅座位**（壁に寄りかかったり、いすに座った姿勢）、**平座位**（しゃがむ、四つん這い、正座、立て膝などの姿勢）、**臥位**（寝ている姿勢）の４種類があります。

4 作業域

人が、一定の場所において身体各部を動かすことができる範囲を作業域（動作域）と呼んでいます。

作業域には、水平作業域と垂直作業域、その両者を組み合わせた立体作業域があります。

① 水平作業域

水平作業域は水平方向に手の届く範囲のことで、通常作業域（肘を曲げたまま楽に手が動かせる範囲）と、最大作業域（手を伸ばして届く範囲）に分けられます。おおむね通常作業域は肩を中心に半径40cm程度、最大作業域で50cm程度の範囲になります。

② 垂直作業域

腕を上下方向に動かすことができる範囲のことです。

5 動作空間と単位空間

人が作業するのに必要な空間を動作空間と呼びます。実際の生活場面では、いくつかの動作が同時に行われますので、一連の行為に必要な動作空間を集めたものを単位空間と呼んでいます。

動作空間や単位空間を適切に配置することが、機能的で快適な生活の場をつくることになります。これらの位置関係を検討する作業を動線計画と呼んでおり、建築物の設計上、非常に重要な意味を持っています。

●作業域を把握しておくことは、棚の高さやテーブルの大きさなどを決めるうえで重要な要素になります。

●動作空間は、最小空間（動作はできるが窮屈な空間）と必要空間（無理なく動作できる最小の空間）などに分かれます。
快適な単位空間とするためには、動作空間相互の位置関係が重要になります。例えば、キッチンには作業の三角形という考え方があり、シンク、レンジ、冷蔵庫を結ぶ三角形が大きすぎても小さすぎても使い勝手が悪く、3辺の和が360～660cmとなるような配置がよいとされています。

視覚の検討

1 視野

人が頭を動かさずに両目で見ることができる範囲は、横方向で約200度、縦方向が約130度（上方に46～55度、下方に67～80度）の範囲になります。

2 中心視と周辺視

視野には網膜の中心部を使って一点を凝視する**中心視**と、それ以外の部分で見る**周辺視**があります。中心視は物体の形や色、周辺視は物体の位置や動きを感知しています。中心視で見ることのできる範囲は視野のごくわずかですが、周辺視は空間全体の雰囲気を感じるうえで重要な役割を担っています。

3 視線角度と高さ

人の視線は、立位で約10度、椅座位で約15度水平よりも下向きになっています。したがって、展示物などは0～30度、パソコンなどの画面は20度程度下向きに見下ろすように設置するのが見やすい角度となります。

4 可視光域

例えば、虹を見たときに赤から紫までの色を見ることができます。このように人の目で見える光の領域のことを**可視光域**といって、電磁波の波長で表すと380～780ナノメータということになります。なお、これよりも短い波長が**紫外線**、長い波長が**赤外線**と呼ばれ、いずれも人の目では感知することができません（326ページも参照してください）。

5 プルキンエ現象

人の視覚には、暗い所では波長の長い赤は暗く、波長の短い青は明るく感じるといった特徴があります。これを**プルキンエ現象**といい、色彩計画において重要な要素になります。

6 順応

暗い所から明るい所に移動したときに周囲の明るさに慣れることを**明順応**、反対に明るい所から暗い所に移動したときの暗さに慣れることを**暗順応**といいます。暗順応に要する時間のほうが長くかかります。

明順応には１分程度、暗順応には30分程度の時間がかかります。

聴覚の検討

1 音の大きさ

音の大小で単位は**デシベル（dB）**で表されます。人の耳は**0～120dB**の範囲で音を聞くことができるといわれており、電車が通過時のガード下が100dB、一般的な会話が60dB、図書館の中が40dBなどとなっています（322ページも参照してください）。

2 音の高さ

音の高低の単位は**ヘルツ（Hz）**で表されます。

●音の大きさ、音の高さ、音色を音の三要素と呼んでいます。
音色とは、さまざまな周波数の音が混ざることでもたらされる音の感覚的な特性です。

●人が聞き取ることのできる最小の音の大きさを０dBとしています。したがって、温度計の０度のように、dBにもマイナスがあります。

●音の高低は音の周波数の大小で決まり、周波数が小さいと低い音、大きいと高い音として聞こえてきます。人の耳は**20～20000Hz**の範囲で音の高低を判断できるといわれています。

●人は加齢により高い音から聞こえにくくなるといわれています。

●補聴器が大きくできる音の範囲は、200～5000Hz程度となっています。

心理・行動特性の検討

1 ポピュレーションステレオタイプ

人の動作や行動の共通の特性をポピュレーションステレオタイプと呼んでいます。例えば、右利きの人がドアノブを無意識のうちに右に回してドアを開け閉めするなどといった傾向や癖のことをいいます。

2 人と人との距離

文化人類学者のエドワード・T・ホールは、人のコミュニケーションに関係する４つの距離（密接距離・個体距離・社会距離・公衆距離）を示しました。以下にその内容を記します。

①　密接距離

最も親密な関係で、身体を密接させるか手で触れ合える距離（45cm以内）です。

②　個体距離

親しい友人関係で、相手の表情やにおいが感じられる距離（45～120cm）です。

③　社会距離

個人的な関係のない人同士がとる距離（120～370cm）で、普通の声で会話ができます。

④　公衆距離

関わり合いの範囲外の距離（370cm以上）で、伝達も一方的なものになります。

3 パーソナルスペース

人は、他人との距離をとって快適な空間を保とうとします。このように、他人に近づかれると不快に感じる範囲をパーソナルスペースと呼んでいます（環境心理学者のロバート・ソマー）。

パーソナルスペースは、球形ではなく各方向に不整形に広がり、個人や性別などにより範囲は微妙に異なっています。

4 ソシオペタルとソシオフーガル

人と人とがコミュニケーションをとりやすい位置関係をソシオペタル（社会融合的）な配置、人と人との交流を妨げ、プライバシーを保ちやすい位置関係をソシオフーガル（社会離反的）な配置と呼んでいます。ソシオペタルは、会議や食事の場などでとられ、ソシオフーガルは、図書館や駅の待合室などでとられる配置形式です。

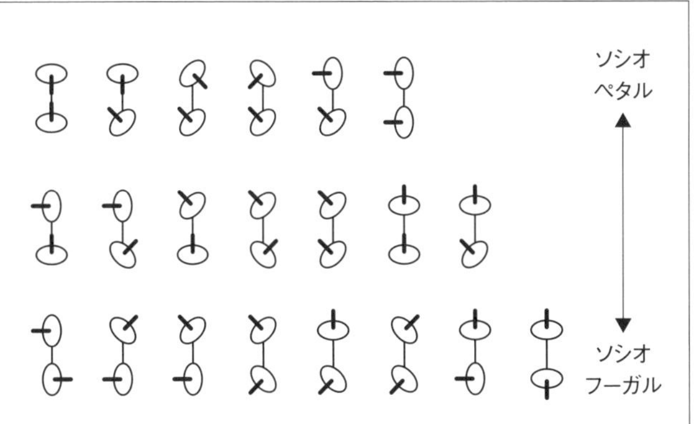

人間の集まりの形

補足

●ポピュレーションステレオタイプは、国際的に共通というわけではなく、地域や民族によっても異なってきます。
例えば、部屋の中に机を配置するとき、日本人は窓に向けて配置しますが、欧米では入口に向けて配置する傾向が見られます。

人間工学から見る家具の検討

1 家具の分類

家具は、人と物との関わりの度合いによって、人体系家具（アーゴノミー系家具：いす、ベッドなど）、準人体系家具（セミアーゴノミー系家具：机、調理台、カウンターなど）、建物系家具（シェルター系家具：棚、たんすなど）の３つに分類されます。

2 いす

いすの掛け心地を左右する要素には、①寸法・角度、②体圧分布、③クッション性の３点があり、使用目的によりこれらを適切に組み合わせることが必要になります。

①　寸法・角度

座面（高さ、奥行、傾斜角度）、背もたれ（角度、背もたれ点の位置）などの相互関係が重要で、作業用、休息用などの使用目的により数値が変わってきます。

・作業いす（事務用いすなど）

座面高さ：370～400mm　座面後傾斜角度：０～５度　座面と背もたれの角度：95～105度

・休息いす（ソファーなど）

座面高さ：280～340mm　座面後傾斜角度：10～15度　座面と背もたれの角度：110～115度

上記のように、休息用は作業用よりも座面が低くかつ後ろに傾き、背もたれも後ろに傾いてきます。また、背もたれにかかる荷重が大きくなるので背もたれの面積も大きくなってきます。

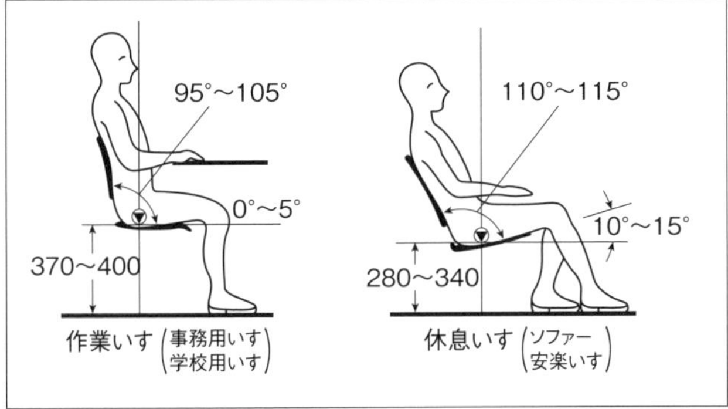

作業いすと休息いす

補足

●座面の高さの基準になる点を、**座位基準点**といいます。これは、左右にある座骨結節部（いすに座ったときに感じるお尻の尖った骨）を結んだ線の中央部分を指します。一般的に床面から座位基準点までの垂直距離が座面高さになります。

②　体圧分布

いすは、人の感覚が鈍感な部分で大きな圧力を支え、敏感な部分には小さな圧力しか加わらないような構造が望ましいと考えられます。そのためには体圧分布を計測・把握することが必要になります。

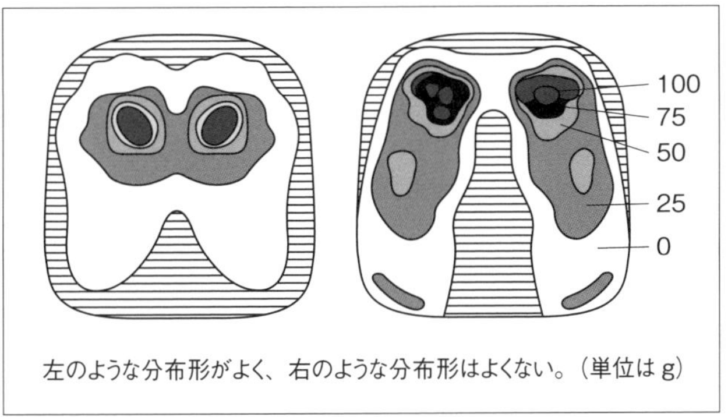

いすの座面の体圧分布図

③　クッション性

休息用のいすにはクッション性も必要になります。ただし、柔らかすぎる座面は、体が沈み込んで不安定になるため、柔らかくすることよりも、姿勢保持を第一に考えるほうが重要になります。

3 机

いすの高さ同様、座位基準点を基点に机の高さも決まります。座位基準点から机の天板までの垂直距離を差尺（さじゃく）といい、この差尺を決めることで机の高さが決まってきます。

例えば、筆記作業などを効率的に行うための差尺は、対象者の座高×1/3 cm、読書など長時間使用の場合は、座高×1/3－（2～3）cmなどとなっています（人の身長をHとしたとき、座高は0.55Hでしたね）。

これらの考え方に基づき、事務用机には70cm（主に成人男子用）と、67cm（主に成人女子用）の2種類の規格があります。

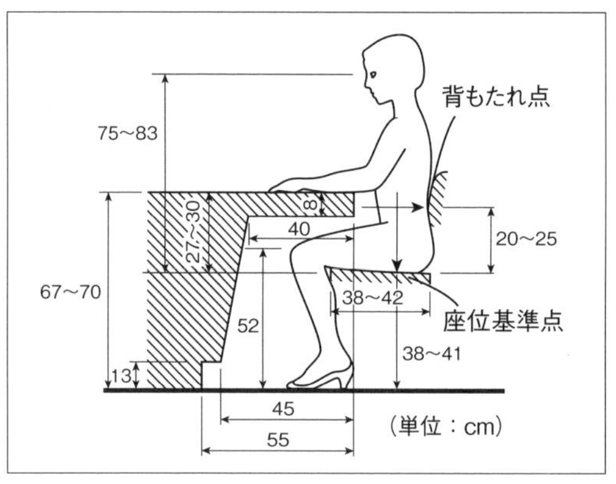

事務用いす・机の機能寸法

4 ベッド

① マットレスの役割とクッション性

人の背骨はまっすぐではなく、わずかに曲がっています。人が立った状態の背骨は40～60mm程度曲がっていますが、寝た状態では20～30mm程度の曲がりになるのがよいとされています。

このような姿勢を保つためには、軟、硬、軟の3層構造から成るマットレスが推奨されます。すなわち一番上の人体に触れる部分は柔らかく、中間層は姿勢を保つために硬くして、下層はコイルスプリングなどで中間層を平らに受けたまま上下できる（衝撃力を吸収する）構造が適しているということになります。

② マットレス（布団）の寸法

人の寝返りの範囲は横方向に広く、肩幅の2.5 ～ 3.0倍程度といわれています。これらをふまえて、マットレスの幅は一般的には肩幅の２～ 2.5倍とし、長さは身長＋40cm程度を目安にします。

5 作業台・その他

① キッチンカウンターの高さ

立位で調理などの作業を無理なく行う際、基準になるのが立位作業点（例えば、調理では手とまな板などとの接点）になります。成人男子の場合、高さが90cmの部分では、体の芯からおおむね20 ～ 30cm手前、高さが110cmならば20cm程度手前などといった組み合わせがわかっています（女子の場合は高さを５cm低く考えます）。

これらのことから、調理台の高さには、80cm、85cm、90cm、95cmの４種類が、洗面化粧台には68cmと72cmの２種類がJISの規格として用意されています。

② ドア取手・スイッチなどの高さ

インテリア空間には、人体寸法と関連するものが多くあります。動作のしやすさを考慮すると、ドアの取手の高さは90cm（幼児用は50cm）、スイッチは120cmなどになります。

補足

●机やテーブルの作業面（机面）といすの座面（座位基準点）との差尺は、一般的に270～ 300mm程度になります。

●マットレスの幅の最小寸法は70cm程度になります。これは、寝返りが可能な最小範囲ということになります。

●調理台の高さは、対象者の作業点からまな板の厚みを引いた高さが理想的ということになります。

寸法の検討

1 モデュール

モデュールとは、「単位」や「比率」を意味する言葉ですが、建築に関連する言葉としては、「建築空間や構成材の寸法を決めるための単位寸法または寸法体系」ということができます。

日本の住宅の場合、例えば6畳の広さの部屋は、2730mm×3640mm、一般的なトイレの広さは910mm×1820mmなどとなっています。ここで気がついていただきたいのが、すべて910mmの倍数で構成されているということです。すなわち、日本には、古くから**尺貫法**というモデュールがあり、3尺（910mm）を1モデュールとする考え方に基づいて建物がつくられているということがわかります。

2 ベーシックモデュール

ISO（国際標準化機構）は、10cm単位のモデュールを定めています。大文字のMで表され、2Mは20cmのことを意味します。

3 モデュラーコーディネーション

モデュールに基づいて建築やインテリアの設計を行い、モデュールに基づいてつくられた建築材料を使用して施工すると建築生産の合理化を図ることができます。この手法をモデュラーコーディネーションと呼んでいます。モデュールを使うことにより、単純化、量産化など均一で効率的な生産が可能になるわけです。

4 グリッドプランニング

木造住宅の建築やインテリア設計は、910mm（あるいは別のモデュール）間隔にひかれた縦横の格子状の線を基準にして進められていきます。

この格子状の線をグリッドといい、グリッドに基づいて設計することをグリッドプランニングと呼んでいます。グリッドには、シングルグリッドとダブルグリッドの2種類があり、住宅においてはシングルグリッドでつくられる江戸間、ダブルグリッドでつくられる京間などが知られています。

①　シングルグリッド

910mm間隔のグリッド上に、柱や壁の中心を配置して設計していく方法で、壁の厚みや柱の寸法により、廊下や部屋の内法寸法が変わってきます。関東を中心にした江戸間にみられる手法です。

②　ダブルグリッド

あらかじめ、壁の厚みを決めて、その厚みに相当する二重線を引いておく方法で、常に一定の内法寸法が確保できます（例えば、畳一枚の大きさが、1910mm×955mmに統一できる）。関西を中心にした京間にみられる手法です。

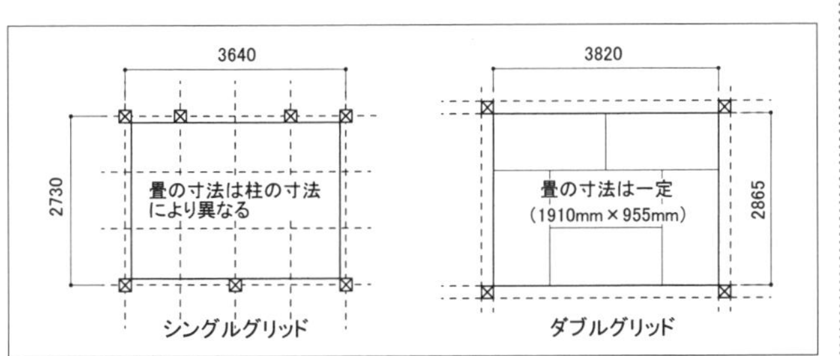

補足

●日本の住宅でも、1mを1モデュールとする、メーター・モデュールに基づいてつくられているものもあります。

●フランスの建築家ル・コルビュジエはモデュロールという寸法体系を考案し、設計する際に活用していました。
なお、モデュロールはフィボナッチ数列に基づいています。

●フィボナッチ数列とは、1，2，3，5，8…といった数列で、前の2項の和が次の項になるという数の集合体系です。

造形原理の検討

1 視覚の持つ性能

人の目には、①明暗を判断する明暗視、②色を識別する色彩視、③形の違いを認識する形態視、④動きを認識する運動視、の４つの性能があると考えられています。

2 恒常視

正円形のテーブルは真上から見ない限り正円形には見えないはずですが、斜め上から見下ろしても楕円形には見えず、人はこれまでの経験に基づいて正円形であると感じています。このような知覚の特性を恒常視と呼んでいます。

3 錯視

恒常視とは逆に、本来の形とは違った形に見えてしまうことを錯視といい、錯視を起こしやすい図形を錯視図形と呼んでいます。

① **ポッゲンドルフの図形**：同一線上にある直線がずれて見えます。
② **ミュラー・リアーの図形**：同じ長さの線が異なった長さに見えます。
③ **オービンソンの図形**：四角形が同心円の影響で湾曲して見えます。
④ **ヘルムホルツの図形**：平行線の方向で四角形の大きさが異なって見えます。

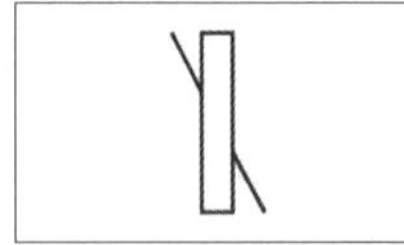
ポッゲンドルフの図形

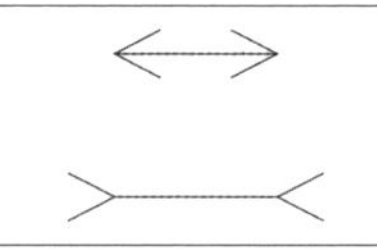
ミュラー・リアーの図形

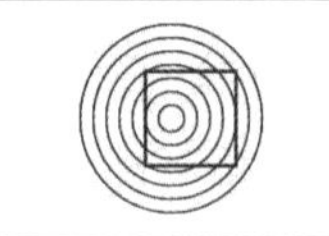
オービンソンの図形

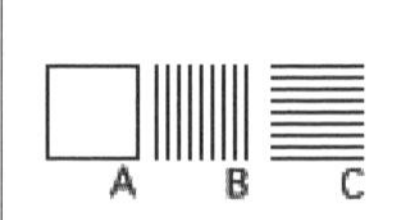

ヘルムホルツの図形

4 矛盾図形・多義図形・反転図形

その他にも錯視を起こす図形として、実際には存在しない図形を気づかずに見ている**矛盾図形**、同一の図形や絵でも見方によって異なったものに見える**多義図形**、背景（地）と図を逆に見ることで、異なった絵になる**反転図形**などがあります。

矛盾図形（ペンローズの三角形）

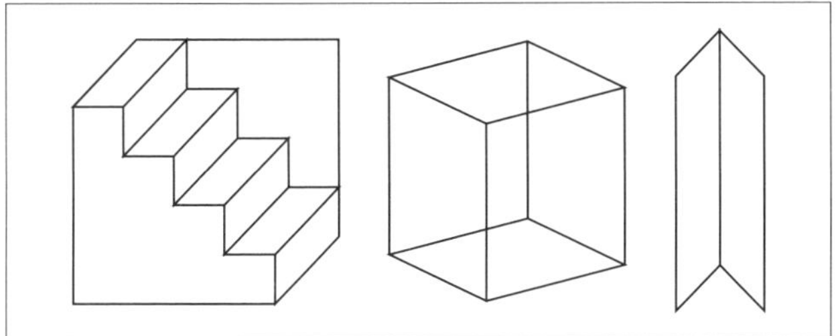

多義図形

反転図形

補足

●錯視はインテリアデザインやグラフィックデザインなどで広く利用されています。インテリア計画では目の錯覚を利用して狭い室内を広く感じさせるといった手法がよく用いられます。
例えば、手前に大きな家具を置いて、奥に行くほど背の低い家具を並べて、実際以上の奥行きを感じさせたり、部屋の壁面上部や天井面を明るい色で仕上げて開放的な雰囲気を感じさせることなどが活用されています。

5 造形美の原理

昔から美しいとされている造形美を知ることは、建築やインテリア設計を行う上で重要なことになります。そこで、以下に代表的な造形美について記していきます。

① **統一と変化**（ユニティとバラエティ）

統一（ユニティ）とは、全体として一定の秩序を感じさせる状態です。この統一の一部に、無秩序ではない一定の変化をもたせることを**変化**（バラエティ）と呼んでいます。統一だけでは、自由性に欠け単調な印象になりますが、ほどよい変化をつけることで和らいだ雰囲気をつくりだすことができます。

② **調和**（ハーモニー）

調和（ハーモニー）とは、形、色、材質などの全体と部分、部分と部分の相互関係が矛盾や対立がなく融合していることで、**類似調和**（シミラリティ：同質の要素の組み合わせで落ち着きや安定感をもたらす）と**対照調和**（コントラスト：正反対の要素の組み合わせで刺激的な印象をもたらす）があります。

③ **均衡**（バランス）

均衡（バランス）とは、形や色などが釣り合っていることで、代表的なものに**対称**（シンメトリー：中心線に対して左右が同一な造形）と**非対称**（アシンメトリー）があります。

西洋建築やインテリアの様式において、ギリシャ、ローマ、ゴシック、ルネサンス時代は対称が主でしたが、バロックやロココ様式になると非対称が多く見られるようになりました。

④　比例（プロポーション）

全体と部分、部分と部分の数量関係にバランスがとれていると美しく感じ、アンバランスだと違和感をもちます。美しく感じる**比例（プロポーション）**の代表的なものに、**黄金比**、**白銀比**、**木割**などがあります。

・　黄金比

縦を１としたとき、横が1.618になる比率で、均整のとれた美しい形とされています。ギリシャのパルテノン神殿などにみられます。

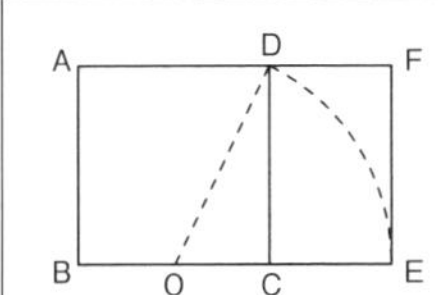

① 正方形ABCDをつくります。
② 辺BCの中点Oを中心にODを半径とした円を描きます。
③ 円弧と辺BCを延長した線との交点をEとします。
④ AB：BEが黄金比になります。

黄金比

・　白銀比

縦を１としたとき、横が1.414（$\sqrt{2}$）になる比率で、黄金比同様均整のとれた美しい形とされています。皆さんが現在お使いのこの本は、A５判（148mm×210mm）の大きさになりますが、このように紙の規格として白銀比が用いられています。

白銀比は日本古来から好まれており、法隆寺の金堂や五重塔はこの比率に基づいて作られています（白銀比は**大和比**などとも呼ばれています）。

・　木割

日本の木造建築物にも古来から、柱の幅を１としたときに、長押の幅を0.8の割合にするなどの比率が使われており、これを**木割**と呼んでいます。

●調和のとれていない組み合わせを**不調和（ディスハーモニー）**と呼んでいます。

●レオナルド・ダ・ビンチのモナ・リザも黄金比に基づいて描かれています。

●A5判は、短辺が148mmで長辺がその1.414倍になっています。
この本の見開きの大きさは、A4判で、210mm×297mmになっています。

●古代ギリシャにおいては、神殿の各部分の寸法は、柱の基部の直径（モデュルス）を基準に比例的に決められていました。

⑤　**律動**（リズム）

律動（リズム）とは、無秩序でない連続的な色や形の変化で、リペティション（反復：同じ色や形が繰り返される）とグラデーション（階調：色や形を少しずつ変化させる）などがあります。

6　日本の装飾模様

洋の東西を問わず、古くから植物や動物をモチーフにした装飾模様が使われてきました。以下に日本における代表的な装飾模様を紹介していきます。

①　**麻の葉**：正六角形の組み合わせで構成されています。

②　**七宝**（しっぽう）：同じ大きさの円の円周を四分の一ずつ重ねて組み合わせて繋いでいく模様です。

③　**まんじつなぎ**：卍の字を斜めにして四方に連続させた模様です。

④　**松皮びし**（まつかわ）：大きな菱形の上下に小さな菱形を重ねた連続模様です。

⑤　**市松**（いちまつ）：明暗２色の正方形を交互に連続して配置した模様です。

⑥　**鱗文**（うろこもん）：明暗２色の正三角形または二等辺三角形を交互に連続して配置した模様です。

⑦　**かご目**：竹かごの網目のような模様です。

麻の葉

七宝

まんじつなぎ

松皮びし

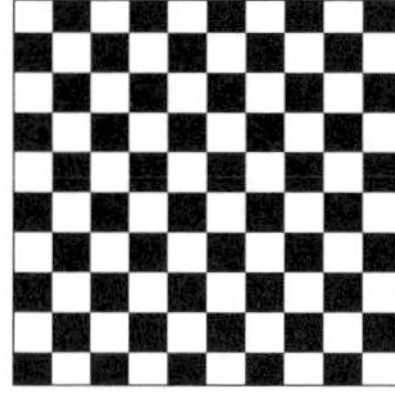
市松

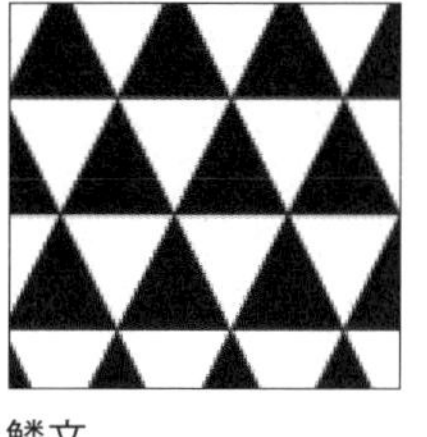
鱗文

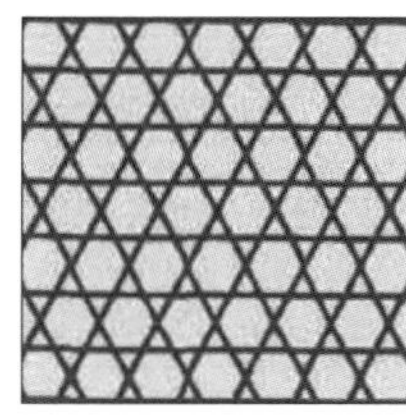
かご目

このほかにも、青海波、亀甲、唐草、雷文などの模様があります。

※　西洋とイスラムにおける装飾模様（アカンサス、トレサリー、アラベスクなど）に関しましては、31 ～ 33ページを参照してください。

●桂離宮の松琴亭一の間にある床と襖には青と白の和紙が市松模様に貼り合わされ、モダンで斬新な意匠となっています。

色彩の検討

1 可視光域と可視光線

人の目で見える光の領域のことを可視光域といって、電磁波の波長で表すと380～780ナノメータになります。この範囲の電磁波を可視光線と呼んでいます。この波長の違いが、人の目には色彩の違いとして感じられるわけです。なお、これよりも短い波長が紫外線、長い波長が赤外線と呼ばれ、いずれも人の目では感知することができません（56ページも参照してください）。

2 光源色と物体色

目に感じる色には、光源色と物体色があります。光源色とは、太陽や照明などのように自ら光を出すものの色をいい、物体色とは、他からの光（光源色）を反射や吸収することで現れる色のことです。物体色のうち、光を反射して現れる色を表面色、光が物体を透過することで現れる色を透過色と呼んでいます。

3 光と色の三原色

① 光（色光）の三原色

光源色を分解していくと、最後には赤（R：レッド）・緑（G：グリーン）・青（B：ブルー）の3色に分かれます。これを光の三原色と呼んでいます。この三色の組み合わせですべての色をつくることができ、赤・緑・青のすべてを混色すると色を感じさせない白色になります。このように、3つの光を混ぜて色をつくることを加法混色（光のエネルギーが加算される）といいます。

② 色（色材）の三原色

物体色は、青緑（C：シアン）・赤紫（M：マゼンタ）・黄（Y：イエロー）の三色を組み合わせることで、理論上あらゆる色をつくりだすことができます。これを色の三原色と呼んでいます。色を混ぜるほど暗くなり、青緑・赤紫・黄を混色すると黒色になります。このように混合する色が増えるほど暗くなる混色を減法混色といいます。

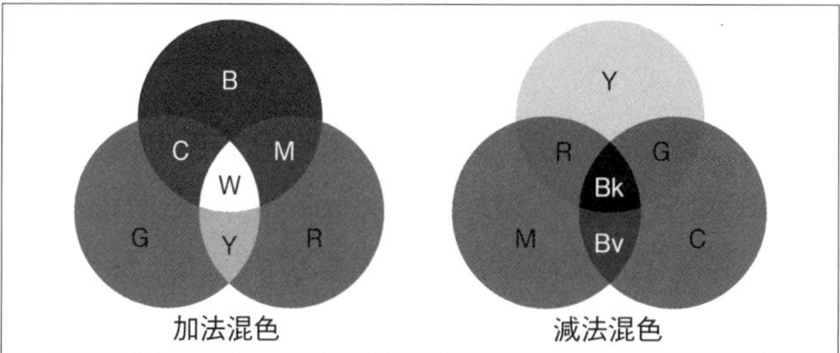

色の混合

4 色の三属性

色には、白・灰色・黒などの無彩色と、赤・青・黄などの有彩色がありますが、有彩色の色彩は、色相、明度、彩度の３つの尺度を使ってあらわされています。これを色の三属性と呼んでいます。

① **色相**：赤・黄・緑・青・紫といった色合いの違いをあらわします。

② **明度**：明るさの違いで、明度は白が最も高く、黒が最も低くなります。

③ **彩度**：鮮やかさの違いで、灰色がどれだけ含まれているかによって決まります。灰色を含まない色は彩度が高く、含む度合いが多くなるほど彩度は低くなります。

補足

●太陽の光は、人の目には見えない白色光となっていますが、これは各波長の色をほぼ同じ割合で含んでいるためで、プリズムなどで分光すると、7つの色に認識できるようになります。

●色には、光のように色を混ぜていくと白に近づく光の三原色と、絵具のように色を混ぜていくと黒に近づく色の三原色があります。

●最も彩度の高い色を純色といいます。

●色の混合には、加法混色、減法混色のほかに、中間混色があります。例えば、白と黒を半々に塗り分けたコマを回すと灰色に見える（混ぜ合わせた色の中間の明るさになる）といった混色です。

5 色のあらわし方

一言で「赤」といっても、思いうかべる色は人それぞれになります。そこで、色を記号や数値で表す「色の物差し」をつくることで世界共通の色を決めることができます。これを表色系といい、代表的なものにマンセル表色系があります。

① マンセル表色系

色相（H：ヒュー)、明度（V：バリュー)、彩度（C：クロマ）の３つの尺度で構成された表示方法で、HV/Cで表示されます。

色相は、赤（R)・黄（Y)・緑（G)・青（B)・紫（P）の５色を基本にして、それぞれの間に黄赤（YR)・黄緑（GY)・青緑（BG)・青紫（PB)・赤紫（RP）を加えた10色の主要色相で構成されています（さらにこれらは10分割され100色に分けられています)。

明度は、明度０の完全な黒から明度10の完全な白までの間を均等に11段階に分けています。

彩度は、彩度０の無彩色から彩度が高くなるにしたがって、１、２、３、…と段階的に鮮やかさが増していきます。それぞれの色相により最高値は異なっています（最高値はＲやYR系で14程度)。

② 慣用色名

数値や記号であらわされる表色系以外に、古くから一般的に使われてきた、動植物や鉱物などにちなんだ色の呼び名を慣用色名といいます。

センスのある呼び名で色のイメージを掴みやすいといった利点もありますが、人それぞれによって思いうかべる色が微妙に異なりますので、マンセル値などに置き換えられることがあります。

例　あかね色：４R3.5/11　沈んだ赤色
　　浅葱色（あさぎいろ)：2.5B5/8　薄い藍色、薄い青緑
　　利休ねずみ色：2.5G5/1　緑がかった灰色
などです。

6 色の対比と同化

① **同時対比**

２つ以上の色を同時にみるとそれぞれの色が影響し合って、本来の色とは異なった色に見えてきます。これを**同時対比**といって、代表的なものに**明度対比**、**色相対比**、**彩度対比**、**補色対比**があります。

・ 明度対比

明度が異なる２色を並べると、明るい色はより明るく、暗い色はより暗く感じられます。

・ 色相対比

色相が異なる２色を並べると、実際よりも色相差が大きく感じられます。

・ 彩度対比

彩度が異なる２色を並べると、彩度が高い色はより鮮やかに、低い色はより灰色がかって感じられます。

・ 補色対比

隣り合う２色が補色同士の場合、鮮やかさが増して感じられます。

補足

●表色系には、マンセル表色系以外に、オストワルト表色系、CIE表色系、日本色研配色体系（PCCS）などがあります。

●マンセル表色系の色相を赤⇒黄赤⇒黄…⇒紫⇒赤紫⇒赤と順番に時計回りに並べていったとき、180度反対側に位置する色と色を**補色**と呼んでいます（赤と青緑など）。なお、このように色相をまるく環状に表示したものを**色相環**といいます。

② 継時対比

ある色を見た直後に、別の色を見ると前の色の影響を受けて本来の色とは別の色に感じられる現象（初めに見た色の補色が残像として現れるため）で**継時対比**と呼んでいます。

③ 面積対比

同じ色でも面積が大きくなれば、小さな面積よりも明るく鮮やかに見える現象で**面積対比**と呼びます。

④ 視認性

黒地に白い文字を書いた場合と、灰色地に白い文字を書いた場合では、黒地に白文字のほうが目立って見えます。このように地と図（文字）の明度差が大きくなるほど**視認性**が上がってきます。

黒と黄、青と白、緑と白などの組み合わせは視認性が必要になる標識などで多く使われています。

視認性

⑤ 色の同化

２色を見たときに、お互いの色が近づく現象を**色の同化**と呼んでいます。例えば、ミカンは赤いネットに入って売られていますが、これは同化によってミカンがより赤く感じられるようにするテクニックといえます。

7 色の感情効果

色は人の感情にさまざまな影響を与えインテリア計画においても重要な要素となります。代表的な例を以下に記します。

① 暖色と寒色

暖かさを感じる色を**暖色**（赤・黄赤など）、冷たさや涼しさを感じる色を**寒色**（青・青緑など）といいます。また、暖色系の色は人の気持ちを高ぶらせることから**興奮色**、反対に気持ちを落ち着かせる効果がある寒色系の色を**鎮静色**などとも呼んでいます。

また、暖色系は手前に進出しているように感じられるため**進出色**、寒色系は遠ざかるように感じるため**後退色**ともいわれます。

② 膨張色と収縮色

明度や彩度が高い色は面積が大きく見えるため**膨張色**、反対に明度や彩度が低いと小さく感じるため**収縮色**といわれています。

8 配色と調和

２つ以上の色を組み合わせることを配色といい、調和のとれた配色は、人に快適性を与えます。

同じ色相で、明度や彩度が異なる色の間で生じる調和を**同一色相の調和**、近い色相同士で生じる調和を**類似色相の調和**、色相環で相対する位置にある色相同士で生じる調和を**対照色相の調和**と呼んでいます。

●継時対比は、青色の物体を見た後に、白い壁を見ると、補色の赤色系の残像が見えるといった現象です。

●彩度が低くなると、興奮性、鎮静性ともに弱くなるといわれています。

●明度が高いと明度が低い場合よりも手前に進出して見えてきます。

●色相では、寒色系よりも暖色系が膨張して見えるといわれています。

●リンゴが赤く見えるのは、主に赤の領域の波長の光のみを反射するからです。

9 インテリアの色彩計画

インテリアの色彩計画をカラースキームと呼んでいます。カラースキームで重要なのは、床や壁、天井といった面積の大きな部分の基調色（ベースカラー）、カーテンや家具など中面積で基調色に変化を与える配合色（アソートカラー）、絵画やクッションなどの小面積に使用する強調色（アクセントカラー）を適度に組み合わせることで、調和のあるインテリア空間を創り出すことといえます。

安全性の検討

1 非常災害

安全や健康といった観点からインテリア計画をとらえると、非常災害、日常災害、室内空気汚染の原因と防止対策を学んでおく必要があります。

非常災害には、火災や地震災害が考えられます。

① 火災への対策

建築基準法における内装制限、消防法における防炎対象物品の指定などが法的に整備された対策といえます（400、401、404、405ページを参照してください）。

② 地震への対策

建物自体の耐震性は向上してきましたが、家具の転倒などによる２次災害による人的被害が起こっています。したがって、家具などは転倒防止金具で固定したり、収納物が飛び出さないように耐震ラッチなどで扉や引き出しがロックできるシステムの導入が必要になります。

2 日常災害

日常生活の中で起こる事故で、落下型（墜落・転落・転倒）、接触型（ぶつかり・はさまれ・すりむき）、危険物型（感電・溺水）などがあります。

① 墜落

バルコニーの手すりから転落する事故が起きています。したがって、建築基準法施行令では、共同住宅など一定の用途と規模に該当する建築物に設ける手すりの高さを110cm以上と規定しています。また、手すり子の形状が横方向ですと、はしごのようによじ登ることができますので縦方向として、手すり子間隔も幼児の頭が入ってしまわないように内法で11cm以下とすることが必要になります。

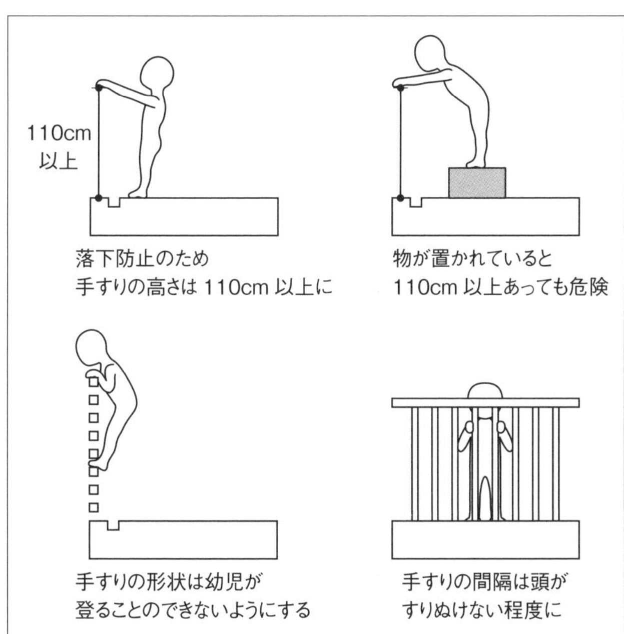

手すりの高さと手すり子の間隔

補足

●年間で１万２千人以上の高齢者（65歳以上）が家庭内事故で死亡しています。
事故原因には、転倒、転落などがありますが、一番多いのは浴槽内の溺死（年間約５千人）となっています。

●手すり自体に配慮をしても、手すりの周辺に物が置かれて危険な場合もありますので注意しなければなりません。これは２階以上の部屋の腰窓についても同じことがいえます。

② 転落

階段からの転落も家庭内事故の主たる原因になっています。建築基準法施行令では、住宅の階段の蹴上げを230mm以下、踏面を150mm以上と規定していますが、これはかなり急勾配であるため、**蹴上げを190mm以下で踏面を230mm以上**（勾配で40度以下）とするなどの配慮が必要です。

また、階段には手すりを設けなければならないとされていますが、取り付け高さは段鼻から測って、**750～850mm**程度（高齢者や幼児に配慮して上下２段に取り付けることも有効です）に設置します（245ページも参照してください）。

③ 転倒

床でつまずいたり、滑ったりすることで転倒が起こります。高齢者が大腿骨頸部骨折を起こすと長期臥床を余儀なくされることから、最悪の場合寝たきりになる可能性も否定できません。段差が生じる場所としては、玄関の上り框部分、和室と洋室の境界部分、建具の下枠部分などが考えられます。つまずきは僅かな段差でも生じるため、**手すり**を設ける、建具は**上吊り戸**などとして下枠をなくすなどの配慮が必要になります。

また、滑りは異なる床の仕上げ材料の境界部分で起こりやすくなりますので、浴室の出入り口付近には手すりを設置するなどの配慮が求められます。

④ はさまれ

扉の開閉時に指をはさんでしまうことが考えられます。したがって、開き戸の場合はゆっくり閉まることができる**ドアクローザー**などを付けることが有効です。また、引き戸の場合にもゆっくりと閉まることができる機構のついた製品もあります。

⑤　溺水

浴槽には、和式浴槽、洋式浴槽、和洋折衷式浴槽などがありますが、高齢者や障害者が出入りしやすく、浴槽内で安定した姿勢を保つことができるのは**和洋折衷式浴槽**であるといえます（108ページも参照してください）。

外形寸法で長さ1100mm～1300mm、横幅700mm～800mm、深さ500mm～550mm、またぎ越す高さは400mm程度が適切であるとされています。

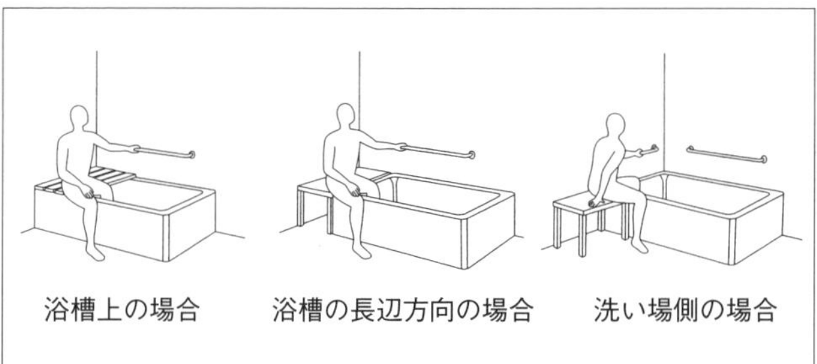

浴槽上の場合　浴槽の長辺方向の場合　洗い場側の場合

浴槽を座位でまたぐ場合には、まず座位位置を検討します。座位位置としては、浴槽上、浴槽の長辺方向、洗い場側の３か所が考えられます。座位位置が浴槽上の場合にはバスボードを、その他の場合は移乗台などを活用します。

3 室内空気汚染

室内空気汚染の対策としては、**建築材料**と**換気設備**に関する内容の検討が必要になります。建築基準法においても一定の規定がありますので、403ページ（シックハウス対策に関する規定）を参照してください。

●５mmを超える段差が生じるとつまずきの原因になるといわれています。

性能と評価の検討

1 住宅性能表示制度

住宅の取得者は、希望により取得する住宅の性能がどの程度のものかの評価を受けることができます。この評価の基準（日本住宅性能表示基準）となるものが住宅の品質確保の促進等に関する法律に規定されています。

日本住宅性能表示基準は以下の10項目です。

① **構造の安定**：地震や風などの力に対する建物の壊れにくさ

② **火災時の安全性**：火災発生時の避難のしやすさ、建物の燃えにくさ

③ **劣化の軽減**：木材の腐食や鉄のサビなど建物の劣化のしにくさ

④ **維持管理・更新への配慮**：給排水管、ガス管の点検など維持管理のしやすさ

⑤ **温熱環境**：冷暖房時の省エネルギーの程度

⑥ **空気環境**：内装材のホルムアルデヒド放散量の少なさや換気方法

⑦ **光・視環境**：居室の窓などの大きさや位置

⑧ **音環境**：サッシの遮音性能

⑨ **高齢者等への配慮**：加齢による身体機能が低下した時の移動や介助のしやすさ

⑩ **防犯対策**：開口部の侵入対策

例えば、⑨の高齢者等への配慮に関する評価基準は、等級１～５までの５段階で評価されており、数値が上がるほど高齢者に対する配慮がなされている住宅ということになります。

浴室の場合、等級５では出入り口段差を５mm以下、等級４では20mm以下と規定し、広さは等級５・４ともに面積が2.5㎡以上かつ短辺方向で1400mm以上とされています。

また、階段では等級５・４ともに勾配を６/７以下かつ蹴上げの寸法の２倍と踏面の寸法の和が550mm以上650mm以下としています。

2 建築環境総合性能評価システム(CASBEE)

省エネルギーや省資源などを行うことでどれだけ環境への負荷を低減しているかだけでなく、室内の快適性や景観への配慮といった、環境品質や性能の向上の程度を総合的に評価して、格付けするシステムのことです。

評価結果はＳランク（素晴らしい)、Aランク（大変よい)、B+ランク（よい)、B−ランク（やや劣る)、Ｃランク（劣る）の５段階で評価されます。

コストと維持管理の検討

建築物の一生は、企画、設計、建設（施工)、運用・維持管理、修繕・更新、解体・廃棄といった順番に流れ、これらすべてに要する費用を**ライフサイクルコスト（生涯費用）**と呼んでいます。ライフサイクルコストを分類すると、企画・設計コスト、建設コスト、保全・維持・管理コスト、解体・廃棄処分コスト、に分けられますが、割合としては**保全・維持・管理コスト**が最も高くなります。したがって、保全・維持・管理コストを軽減するための手段（省エネ性など）を検討することが重要になります。

補足

●住宅性能表示制度に関しては、406ページも参照してください。

●住宅性能表示制度では、段差５mm以下は段差なしと同等となっています。

●再生可能エネルギーの導入は、今後ますます必要性が高まってくることが考えられますが、導入時にイニシャルコストがかかることも考慮する必要があります。

●設備などの導入を検討する際には、**イニシャルコスト**（機器の代金や機器を設置するために必要な工事費用など）と**ランニングコスト**（電気代など実際の利用に必要となる日々の経費）を考慮する必要があります。また、保守点検のためのメンテナンス費用の把握もしておかなければなりません。

チャレンジ問題

設問の正誤を答えて下さい。

問1 人体各部の寸法は、身長と比例関係にあることが判っている。例えば、身長をHとしたときの座高は0.55Hであり、肩幅は0.25Hとなる。

問2 人間の基本的な生活姿勢には、立位、椅座位、平座位、臥位の４種類がある。

問3 水平作業域は、通常作業域と最大作業域に分けられるが、おおむね通常作業域は肩を中心に半径50cm程度、最大作業域で70cm程度の範囲である。

問4 キッチンには作業の三角形という考え方があるが、これはシンク・加熱調理器・冷凍冷蔵庫を結ぶ３辺の和が360cm以内に収まるような配置が望ましいことを意味している。

問5 人の視線は、立位で約10度、椅座位で約15度水平よりも下向きになっている。したがって、VDT作業のディスプレイ画面は20度程度下向きに見下ろすように設置するのが見やすい角度となる。

問6 人の動作や行動の共通の特性をパーソナルステレオタイプと呼んでいる。

チャレンジ問題 解説

		[解答]
解説1	正しい記述内容です。	○
解説2	正しい記述内容です。	○
解説3	通常作業域は肩を中心に半径40cm程度、最大作業域で50cm程度の範囲になります。	×
解説4	３辺の和が360～660cmとなるような配置が望ましいとされています。	×
解説5	正しい記述内容です。なお、展示物などは０～30度下向きに見下ろす角度が自然な設置となります。	○
解説6	ポピュレーションステレオタイプと呼んでいます。	×

チャレンジ問題

設問の正誤を答えて下さい。

問7 人は、他人との距離をとって快適な空間を保とうとするが、他人に近づかれると不快に感じる範囲をパーソナルスペースと呼んでいる。

問8 食事や団らんなどに適した、コミュニケーションがしやすい集合形態をソシオフーガルという。

問9 家具は、人と物との関わりの度合いによって、人体系家具（アーゴノミー系家具）、準人体系家具（セミアーゴノミー系家具）、建物系家具（シェルター系家具）の３つに分類されるが、机や調理台などは人体系家具に該当する。

問10 事務用など作業用のいすの座面高さは370～400mm程度であるが、ソファーなど休息用のいすになると、座面高さは280～340mm程度に低くなる。

問11 座位基準点から机の天板までの垂直距離を差尺といい、この差尺を決めることで机の高さが決まってくる。例えば、筆記作業などを効率的に行うための差尺は、対象者の下腿高×1/3となっている。

問12 事務机の高さは、JIS規格で700mmと670mmの２種類がある。

問13 クッション性の良いベッドのマットレスは３層構造から成るが、中間層には上部の軟らかい部分を支えるコイルスプリングなどが設けられている。

チャレンジ問題 解説

		[解答]
解説7	正しい記述内容です。	○
解説8	設問の内容はソシオペタルに関する記述内容になっています。空間には、人同士の交流を活発にするソシオペタルな配置と、交流を妨げるソシオフーガルな配置があります。	×
解説9	机、調理台などは準人体系家具（セミアーゴノミー系家具）に分類されます。人体系家具（アーゴノミー系家具）には、いすやベッドなどがあります。	×
解説10	正しい記述内容です。	○
解説11	筆記作業などを効率的に行うための差尺は、対象者の座高×1/3、読書など長時間使用の場合は、座高×1/3－(2～3)cmなどとなっています。	×
解説12	正しい記述内容です。	○
解説13	中間層は姿勢を保持するために平らな形のまま硬くして、下部に中間層を平らに受けたまま、上下するコイルスプリングなどを設けます。	×

チャレンジ問題

設問の正誤を答えて下さい。

問14　調理台の高さには、80cm、85cm、90cm、95cmの４種類が、洗面化粧台には68cmと72cmの２種類がJISの規格として用意されている。

問15　モデュール寸法を基準とした格子状の線をグリッドといい、グリッドに基づいて設計することをベーシックモジュールと呼んでいる。

問16　一般的にわが国では、１モデュールを910mmとすることが多く、910mm間隔のグリッド上に、柱や壁の中心を配置していくダブルグリッドを用いる手法が普及している。

問17　モデュールに基づいて建築やインテリアの設計を行い、モデュールに基づいてつくられた建築材料を使用して施工すると建築生産の合理化を図ることができるが、この手法をモデュラーコーディネーションと呼んでいる。

問18　西洋建築やインテリアの様式において、ギリシャ、ローマ、ゴシック、ルネサンス時代は非対称が主であったが、バロックやロココ様式においても非対称が多く見られる。

問19　黄金比とは、縦を１としたとき、横が1.618になる比率で、ギリシャのパルテノン神殿、法隆寺の金堂や五重塔はこの比率に基づいて造られている。

問20　日本の木造建築物にも、柱の幅を１としたときに長押の幅を0.8の割合にするなどの比率が使われているが、これを木取りと呼んでいる。

チャレンジ問題 解説

		[解答]
解説14	正しい記述内容です。	○
解説15	グリッドに基づいて設計することをグリッドプランニングと呼んでいます。	×
解説16	910mm間隔のグリッド上に、柱や壁の中心を配置していくシングルグリッドを用いる手法が普及しています。	×
解説17	正しい記述内容です。	○
解説18	ギリシャ神殿など、ギリシャ、ローマ、ルネサンス時代には対称形が用いられ、バロックやロココ様式では非対称が見られるようになりました。	×
解説19	法隆寺の金堂や五重塔は、白銀比（大和比）に基づいて造られています。	×
解説20	記述は木割に関する内容になっています。木取りとは、原木を板や、角材などに歩留まり良く製材するための計画や作業のことを意味します。	×

チャレンジ問題

設問の正誤を答えて下さい。

問21 わが国における伝統的な装飾模様のうち、麻の葉とは同じ大きさの円の円周を四分の一ずつ重ねて組み合わせて繋いでいく模様である。

問22 わが国における伝統的な装飾模様のうち、市松とは明暗２色の正方形を交互に連続して配置した模様である。

問23 人の目で見える光の領域のことを可視光域といって、電磁波の波長で表すと380～780ナノメータになる。これよりも短い波長が赤外線、長い波長が紫外線と呼ばれ、いずれも人の目では感知することができない。

問24 色光の三原色は、赤、緑、青であり、これらをすべて混ぜると色を感じさせない白色になるが、この混合を中間混色という。

問25 色材の三原色は、青緑、赤紫、黄であり、これらをすべて混ぜると黒色になるが、この混合を減法混色という。

問26 染料など色材の三原色のうち、マゼンタとは青紫のことである。

問27 緑がかった灰色を利休ねずみというが、標準的なマンセル値で表すと2.5G5/1となる。

問28 左官材料や塗料の打合せをする際、同じ色でも面積の違いにより明るさや鮮やかさが異なって見えるので、ある程度の面積のあるサンプルを用意することが望ましい。

チャレンジ問題 解説

		[解答]
解説21	記述は七宝に関する内容になっています。麻の葉は正六角形で構成された装飾模様です。	×
解説22	正しい記述内容です。	○
解説23	380 ～ 780ナノメータよりも短い波長を紫外線、長い波長を赤外線といいます。	×
解説24	加法混色と呼んでいます。中間混色とは、白と黒を半々に塗り分けたコマを回すと灰色に見えるといった混色です。	×
解説25	正しい記述内容です。	○
解説26	マゼンタは、日本語の色名では赤紫に相当し、青紫はシアンになります。	×
解説27	正しい記述内容です。	○
解説28	正しい記述内容です。同じ色でも面積が大きくなれば、小さな面積よりも明るく鮮やかに見える現象で面積対比と呼んでいます。	○

チャレンジ問題

設問の正誤を答えて下さい。

問29 暖色系は手前に進出して見えるため進出色、寒色系は遠ざかるように感じるため後退色と呼ばれている。

問30 一般的に膨張色と呼ばれるものは明度や彩度が低い色である。

問31 インテリアの色彩計画において、カーテンや家具など中面積で基調色に変化を与える色をアソートカラーと呼んでいる。

問32 インテリアの色彩計画において、絵画やクッションなど小面積に使用する色をアクセントカラーと呼んでいる。

問33 共同住宅など一定の用途と規模に該当する建築物のバルコニーなどに設ける手すりの高さは90cm以上と規定されている。

問34 厚生労働省の統計によると、住宅内で発生する死亡事故のうち、65歳以上の高齢者に多く見られる事故はトイレで発生することが多い。

問35 高齢者に適した浴槽は、外形寸法で長さ1100mm ～ 1300mm、横幅700mm ～ 800mm、深さ500mm ～ 550mm程度の和洋折衷式浴槽で、またぎ越す高さは400mm程度が適切であるとされている。

チャレンジ問題 解説

		[解答]
解説29	正しい記述内容です。	○
解説30	明度や彩度が高い色は面積が大きく見えるため膨張色、反対に明度や彩度が低いと小さく感じるため収縮色といわれています。	×
解説31	正しい記述内容です。床や壁、天井などの基調色（ベースカラー）に変化を与える色で、適度に組み合わせることで調和のとれたインテリア空間を創り出すことができます。	○
解説32	正しい記述内容です。	○
解説33	共同住宅など一定の用途と規模に該当する建築物に設ける手すりの高さは110cm以上と規定されています。	×
解説34	多くは浴室で起こっています。	×
解説35	正しい記述内容です。	○

2 生活場面の構成手法と設備機器

まとめ & 丸暗記　この節の学習内容とまとめ

リビングの家具配置

■ **ソファー**　対面型配置よりもＬ型配置の方が「くつろぎ」感が生まれる

キッチン設備のレイアウトパターンと基本モデュール

■ **1列型**　ワークトップを直線的に配置
背面との間隔を1000mm程度確保する

■ **2列型**　シンクとコンロを対向して配置
間隔を900mm程度確保する

■ **Ｌ型**　ワークトップをＬ字型に配置
移動距離を短くできるので車いす使用に適している

■ **ペニンシュラ型**
ワークトップの左右どちらかが壁に接した対面式
ダイニング側から使用できる収納も付けられる

■ **アイランド型**　ワークトップが壁に接しない独立した対面式
コンロを壁付け、シンクをアイランド型とする２列型もある

■ **基本モデュール**
生産の品質向上と機器の互換性を高める目的
間口100mmまたは150mm

トイレの設備機器

■ **洗浄方法**	洗い落し式、サイホン式、サイホンゼット式など 溜水面が広いのはサイホンゼット式

高齢者に配慮したトイレ

■ **広さ**	介助スペースを考慮した広さは、壁芯一芯で1515mm×1515mm
■ **横手すり取付け位置**	長さ600mm程度 便器座面より220～250mm程度上方
■ **縦手すり取付け位置**	長さ800mm程度 便器先端より200～300mm前方
■ **手すりの直径**	28～32mm程度

高齢者に配慮した浴室

■ **広さ**	介助スペースを考慮した広さは、壁芯一芯で1820mm×1820mm
■ **横手すり**	浴室内移動用・浴槽内姿勢保持用
■ **縦手すり**	浴室・浴槽出入り用
■ **手すりの直径**	28～32mm程度

高齢者に配慮した玄関

■ **上がり框段差**	180mm以下
■ **式台**	上がり框段差を2等分する高さで、奥行400mm
■ **縦手すり**	上がり框ぎわの壁面の鉛直線上に取り付ける 下端は土間部分から750～800mm程度 上端はホールに立った人の肩より100mm程度上方

LDK（リビング・ダイニング・キッチン）の構成

1 LDKタイプ

L・D・Kでは、団らん、食事、調理、家事、接客などの生活行為が行われます。また、L・D・Kはそれぞれの部屋のつながりによってさまざまな組み合わせが考えられます。

LDKタイプは、L・D・Kが一体となった部屋で開放的な空間とすることができます。ただし、調理台や食器棚などの機器が見えますので、収納方法や内装仕上げ、換気などに留意する必要が生じます。調理台などのキッチン用キャビネットを壁に面して配置する（背を向けて調理する）場合と、LD側に向けて配置するオープンキッチン型にする形式などがあります。

2 L＋DKタイプ

リビングとダイニングキッチンの組み合わせです。リビングを独立させていますので、落ち着いた空間が得られます。また、普段はLDKタイプとして使用し、来客時などにスライディングドアなどの可動間仕切りでDKと分離して使用する方法もあります。また、DK部分を対面型のキッチンとして、それぞれをある程度独立させた例なども見られます。

3 LD＋Kタイプ

リビングダイニングとキッチンの組み合わせです。ただし、キッチンが完全に独立しているわけではなく、ダイニング側に向けて開口部を設けたり、対面型のキッチンにするなどセミオープンな形式をとることが多く見られます。

4 L+D+Kタイプ

それぞれの空間がある程度区切られています。比較的大きな住宅に適した形式といえます。

各室の計画と設備機器

1 リビング

リビングは、家族にとって大切な空間になります。したがって、家族それぞれのライフスタイルを考慮しながら、有効に使えて、かつ「くつろぎ」を感じられるような空間構成が望まれます。「くつろぎ」の姿勢は個人個人で異なりますので、それぞれに合った姿勢を確認することも重要です。

ソファーを置く場合、**対面型配置**や**L型配置**などが考えられますが、視線が90度に交差するL型配置のほうが、つねに相手を正面に見据える対面型配置よりも、「くつろぎ」の空間を創り出すことができます。

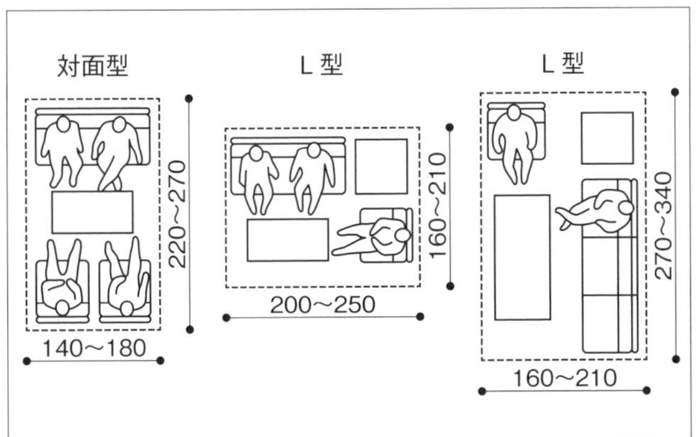

リビングのソファー配置と寸法

補足

●ガス調理器などを使用したキッチンは火気使用室として、内装制限の規制を受けることになります。また、ダイニングと一体とした計画では、ダイニングも内装制限の対象になる場合があります。(400ページも参照してください)。

2 ダイニング

現在のダイニングは、リビングやキッチンと組み合わせて使用することが一般的になっています。

したがって、キッチン側に立って作業している家族のアイレベルと、ダイニングテーブルに座って食事をしている家族のアイレベルの差に不自然さを感じる人もいます。

また、対面型のキッチンでダイニング側にカウンターを設ける場合には、アイレベルの違いだけでなく、カウンターの高さをダイニングテーブルに合わせるのか、キッチン側から使いやすい高さに合わせるのか、といった検討も必要になります。

さらに、ダイニングテーブルで子供が勉強や作業をするといった使い方も考えられますので、テーブルのサイズを大きめにしたり、照明器具も照度を高めにして、かつ調光装置（使用目的ごとに照度を変えることが可能）付きにするといった配慮も必要と思われます。

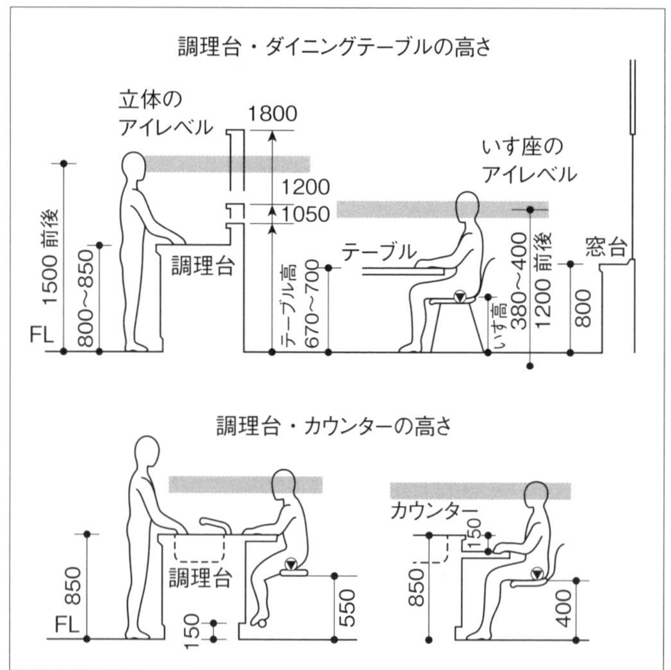

調理と食事の場の
アイレベル

3 キッチン

キッチンには、クローズドキッチン、オープンキッチン、セミオープンキッチンといった形式があります。

① クローズドキッチン

ドアなどで区切り、完全に独立した空間になります。キッチン内が見えないので、不意の来客時などには有効ですが、調理時のコミュニケーションは取りにくくなります。

② オープンキッチン

キッチン部分を壁で仕切らずに、リビングやダイニングと一体的な空間にしたものです。

③ セミオープンキッチン

リビングやダイニングと空間的にはつながりを保ちながら、腰下の壁や垂れ壁、収納家具などで一部を遮る形式です。オープンキッチンよりもにおいや音の遮断がしやすくなります。

一部を対面式としたセミオープンキッチン

補足

●アイレベル
人が立った時の視線の高さのことです。

●オープンキッチンは料理をしながらコミュニケーションが取れるといったメリットがありますが、視線を遮るものがありませんので整理や清掃の頻度は上がります。

●セミオープンキッチンを対面型のキッチンにすると、コミュニケーションを図ることもできます。

4 キッチン設備のレイアウトパターン

キッチン設備のレイアウトパターンを平面型で分類すると、1列型・2列型・L型・U型の4種類、壁との接し方で分類すると、ウォール型・ペニンシュラ型・アイランド型の3種類に分類できます。

① 1列型（I型）

ワークトップ（シンク・調理台・加熱調理器）を直線的に1列に配置したタイプです。背面の収納棚との間隔が1000mm程度あると作業しやすい空間になります。対面式のキッチンやクローズドキッチンなどで多く採用されています。

② 2列型

シンクとコンロなどを対向して配置するタイプです。2列の間隔は900mm以上必要になります。

③ L型

ワークトップをL字型に配置した形式です。ダイニングテーブルを囲むオープンキッチンや、車いす使用に向いています。

④ ペニンシュラ型

ワークトップの左右どちらかが壁に接した対面式のキッチンです。ワークトップのカウンターの奥行きが広いタイプが多く、ダイニング側にも収納を付けることができます。I型、L型、U型いずれのタイプでも採用することができます。

⑤ アイランド型

ワークトップが壁に接していない独立した対面キッチンです。どの方向からもキッチンを囲むことができ、多人数で調理する時などに適しています。

Ｉ型キッチン

写真は、１列型のキッチンをセミオープンの対面式としています。

補足

●さまざまなキッチンの形式と、キッチン設備の組み合わせが選択できますので、顧客のニーズに基づく適切な提案を行う必要があります。

●ペニンシュラとは「半島」を、アイランドとは「島」を意味しています。

Ｌ型キッチン

写真は、Ｌ型キッチンを壁付けとし、一部を対面式としています。

ペニンシュラ型キッチン

写真は、壁の反対側を歩けるようにして、アイランド型としての使い方もできるようになっています。

5 キッチン設備機器の構成材

システムキッチンを構成する主要な設備機器には、**フロアキャビネット、ウォールキャビネット、ワークトップ、シンク、水栓金具、加熱調理機器、食器洗い乾燥機、換気用機器、照明機器**などがあります。

① ワークトップ（キッチンカウンター）

調理作業台となる部分で、ステンレス・人造大理石・メラミン化粧板などが使われています。奥行きは**650mm**が一般的ですが、ペニンシュラ型などには奥行が1000mm前後の商品もあります。

② シンク

ステンレスのヘアライン仕上げ・エンボス仕上げ、樹脂製などのシンクがあります。また、ワークトップと一体型（ステンレス製のワークトップとシンクなど）になっているタイプもあります。

③ 水栓金具

シングルレバー水栓が多く用いられています。現在ではシングルレバーを上げて吐水、下げて止水に統一されています。

④ ビルトインタイプの加熱調理機器（クックトップ）

ガスコンロには、鍋の種類を問わず調理できるといった長所があり、ハイカロリーバーナー（火力は1時間あたり4000kcal以上と標準の2倍程度となっています）など強い火力を持つバーナーもあります。また、調理油加熱防止機能、立ち消え安全装置、消し忘れ消火機能などの付いた**Siセンサーコンロ**などがあります。

電気コンロの代表的な機器に電磁調理器（IHヒーター）があります。ガスコンロのような五徳がないため、鍋の滑らし移動やコンロ周囲の清掃が容易であるといった長所があります。

⑤　換気用機器

プロペラファン、シロッコファン、ターボファンなどがありますが、外壁に接する場合にはプロペラファン、アイランド型キッチンなど外壁に接しない場合には、シロッコファンやターボファンを排気ダクトに接続します。

⑥　食器洗い乾燥機

ビルトイン型の食器洗い乾燥機には、前扉を開けて内部トレイを引き出すフロントオープン（フロアタイプ）と、食器洗い乾燥機自体を手前に引き出すプルオープン（スライドタイプ）があります。

食器洗い乾燥機がキッチンキャビネットと一体的に設置されたキッチン設備機器

6　キッチンキャビネットの基本モデュール

システムキッチン生産の品質向上と機器の互換性を高めるため、キャビネットの基本モデュールは、間口が100mmまたは150mm単位になっています。また壁との取り合い部分などで、モデュール単位以下の部分が生じる場合には、フィラーと呼ばれる、キッチン本体と同じ素材で同じ色の調整材ですき間をふさぐことができます。

●一般的にシステムキッチンとは、シンク、調理台、加熱調理器、フロアキャビネット、食器洗い機などを組み合わせて、継ぎ目のないワークトップで一体化したキッチン用設備のことを表します。

●システムキッチンの価格は、どのような設備機器を設置するか、ワークトップの素材を何にするかなどによって異なってきますが、扉の色や素材によっても大きく金額が変わってきます。

●クックトップの幅（間口）寸法には、60cmと75cmのタイプがありますので、調理スペースとの兼ね合いで使いやすい大きさを選択します。

7 高齢者の居室

ここでは、身体機能の低下した高齢者を対象とした居室の計画のポイントを以下に記します。

① 視覚機能の低下

夜間や暗がりの照明対策が必要になります。また、階段を下りる際に、段鼻と踏面の境が見えにくくなり、転倒の危険性が増すため段鼻部分の色を変えたり、足もと灯の設置を検討します。なお、光量は若者の２～３倍必要になります。

② 聴覚機能の低下

加齢性難聴の特徴は、高い音域の聴力から低下すること、声は聞こえるが、言葉の聞き取りが難しくなることなどがあげられます。したがって、音の情報だけでなく、点滅ランプと同調させるなど視覚にも働きかけることが求められます。また、高齢者本人は気づかなくても、大きな音で周囲に迷惑をかけることも考えられますので、防音対策にも配慮する場合もあります。

③ 触覚機能の低下

握力や皮膚感覚の低下が考えられますので、操作しやすいレバーハンドル式の水栓金物や、ドア把手を検討します。また、各種スイッチは大型のものにしてON/OFFの状態が確認しやすいようにします。なお、IHヒーターは炎を出しませんので安全と思われがちですが、鍋ややかんは熱くなっていますので火傷などしないよう十分な注意が必要になります。

④ 嗅覚機能の低下

ガス漏れなどに対しては、警告音や点滅ランプの併用、生ゴミやトイレの臭気には、消臭内装材や換気設備の設置を検討します。

⑤　基礎体力の低下

加齢に伴う諸機能の低下には、段差の解消、手すりの設置（階段、廊下、浴室、トイレなど）、空調管理（水回りの補助暖房、寝室の冷暖房など）、寝室環境の整備（防音、遮光、照明、スイッチの位置、適切な寝具の選択など）収納家具の扉の開閉機構（プッシュラッチの採用など）を考慮する必要があります。

●シングルレバーハンドル式の湯水混合水栓は、ハンドル部分を握って回すといった動作を省くことができるため、握力が小さい高齢者などには便利な水栓といえます。

8 トイレ

トイレは快適な在宅生活をおくるうえで重要な場所であり、高齢化にともなうさまざまな配慮も必要になります。トイレを計画する際の留意点を以下に記します。

① 便座からの立ち上がりを補助する縦手すり、座位保持用の横手すり（カウンターを兼用しても良い）を設置します。

② 室内の温度差を軽減するために、**補助暖房設備**を設置します。

③ 通常の照明では覚醒してしまうため、夜間専用の照度の低い**補助照明**を設置します。

④ ペーパーや清掃用具などの収納スペースを設置します。

⑤ 狭い空間なので、壁紙などでイメージを変える工夫をします。

⑥ その他、寝室の近くに配置したり、出入り口は開閉動作が容易な**引き戸**にするなどの検討を行います。

⑦ 緊急時の通報を考慮し、一定時間以上入室したままの場合、外部へ自動通報する人感センサーなどを用いたシステムの導入を検討します。

手すりとしても使用できる手洗い器つきカウンター

9 トイレの設備機器

わが国では、住宅でも公共の場でも、大小兼用の腰掛便器が広く使用されるようになってきました。

便器への給水方法には、ロータンク式とフラッシュバルブ式があります。また、洗浄方法には、洗い落し式、サイホン式、サイホンゼット式などがあります。

① 洗い落し式

水の落差による流水作用で汚物を押し流すタイプです。溜水面が小さいため、汚物が付着しやすいといった欠点があります。

② サイホン式

サイホン作用を起こさせることで、汚物を吸い込むように排出するタイプです。溜水面は洗い落し式より広くなります。

③ サイホンゼット式

ゼット穴と呼ばれる穴から吹き出す水流が強いサイホン作用を起こして汚物を吸い込むように排出するタイプです。溜水面が広いため、汚れにくい便器です。

10 節水型便器の普及

従来の腰掛便器では、洗浄時に13L（リットル）の水を必要としていましたが、節水タイプでは、3.8Lの洗浄水で汚物を排出する製品も販売されています。

●トイレ、洗面・脱衣室、浴室などのキッチン以外の水回り空間の総称をサニタリーと呼んでいます。

●サイホン作用に、渦巻作用を加え、排出能力を高めた腰掛便器をサイホンボルテックス式と呼んでいます。溜水面が広く、洗浄音も静かなタイプです。

11 洗面・脱衣室

洗面所は、洗面コーナーとして独立した部屋にしない場合や、脱衣室と兼用するタイプ、洗濯機置場を設けユーティリティ的な要素をもつタイプなどさまざまな形式が考えられます。洗面・脱衣室とした場合の留意点を以下に記します。

① 暖房設備の設置を検討します。

② 生活関連用品や脱衣かご、洗濯物、タオルなどの収納場所を設置します。

12 浴室

浴室は、滑って転倒する、脱衣室との温度差や湯との温度差で体調不良を起こす、浴槽内で溺死するなどの危険性が潜んでいます。特に高齢者になるとその危険性が増してきます。浴室を計画する際の留意点を以下に記します。

① **浴室乾燥暖房設備**の設置を検討します。

② 手すり（出入り口付近に縦手すり、洗い場や浴槽内に横手すり、浴槽出入り用のL型手すりなど）を設置します。

③ 備品の収納スペースを設置します。

④ 備品類や内装仕上げ材の色彩計画を工夫します。

13 浴槽の種類

浴槽には、**和式浴槽**、**洋式浴槽**、**和洋折衷式浴槽**などがありますが、和洋折衷式浴槽が一般的に普及しています。

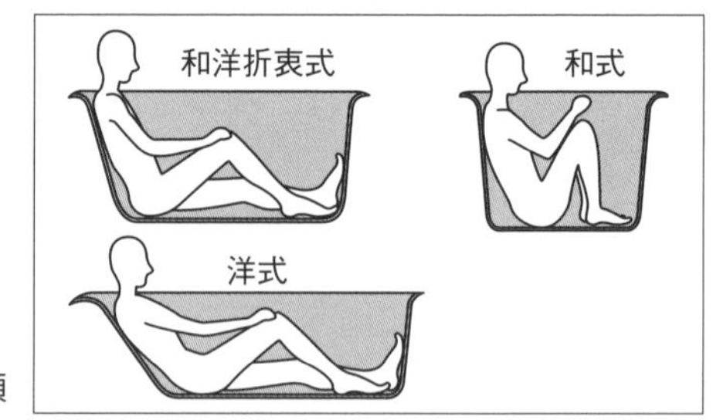

浴槽の種類

14 浴槽の材質

浴槽の材質は、木、鋳物ホーロー、ステンレス、人工大理石、FRP（ポリエステル）製などがあります。現在では、人工大理石製やFRP製（ポリバス）などが多く使われています。

15 ユーティリティ（家事室）

洗濯機や洗濯流しが独立して置かれ、アイロン掛けなどができる作業台や室内物干しなどがある部屋やコーナーのことです。

建物北面に設けられたユーティリティ
トップライト下部に物干し用のバーが取り付けられている

補足

●洗濯流し
洗濯機の横などに配置して、洗濯物や靴などを手洗いする流しのことです。

●65歳以上の家庭内事故死亡者数は年間約１万３千人程度で、その約33％が溺死となっています。

●介助スペースを考慮した浴室の広さは、壁芯寸法で1820mm×1820mm、又は2020mm×1620mm程度は必要になります。

●一般的にFRP製の浴槽は、人工大理石製浴槽よりも価格が低めに設定されています。

16 玄関

日本の玄関は、来客者を招き入れて接客する場といった意味合いも持っています。玄関を計画する際の留意点を以下に記します。

① 対面する相手の顔が暗くならないように照明器具や開口部を設置します。

② 空気がこもらないように換気に配慮します。

③ 鍵を上下２か所に設けるなど、防犯性の高い建具を設置します。

④ 上がり框部分の段差を**180mm以下**にするなど、段差の解消や手すりの設置を検討します。

⑤ 式台を設置する場合には、上がり框の段差を等分する寸法で設置し、奥行きは昇降しやすさを考慮して400mm以上とします。

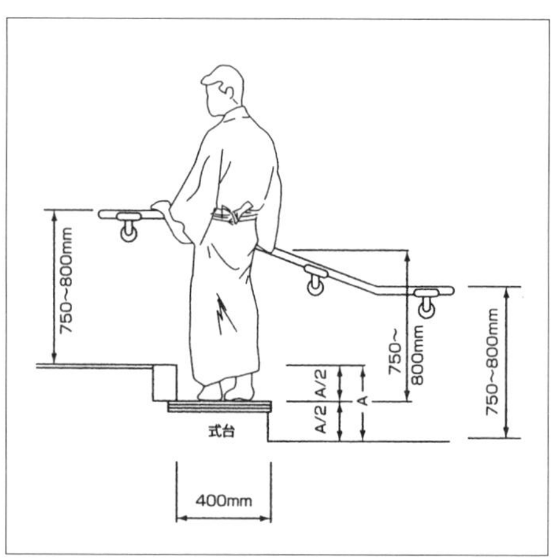

斜めに設置した手すりの例

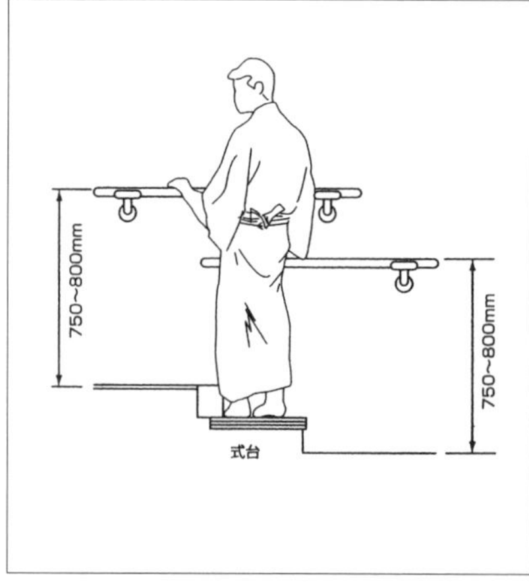

上下２段に設置した手すりの例

17 階段

階段は、転倒・転落などの家庭内事故が起こりやすい場所ですので、最も安全性に配慮する必要があります。

階段の形状では、階段の途中で180度折り返す踊り場付きの階段が最も安全になります。また、階段には、手すりを段鼻から測って850mm前後の高さに取り付けます。なお、高齢者などの利用にも配慮して、750mm前後の高さにもう一段手すりを取り付けておくと、より安全な移動ができるようになります（245ページを参照してください）。

18 その他

車いすを使用している家庭では、廊下や居室の壁に車いすの車輪やフットレストが当たって、壁を汚したり破損させる可能性があるので、壁の下部にキックプレートを取り付けることを検討します。キックプレートの高さは、車いすの車軸やフットサポートの高さを測って決めますが、通常は350mm程度になります。

19 高齢者の住まい（施設）

軽費老人ホームのうち、食事や生活・介護などのサービスを受けられる施設をケアハウスといい、高齢者向けに設定された公営の賃貸住宅をシルバーハウジング、認知症の高齢者が、少人数の家庭的な雰囲気で共同生活を送ることができるように支援する介護サービス施設をグループホームと呼んでいます。

補足

●高齢者に配慮した階段では、手すりの取り付けや、階段の勾配に配慮するほか、蹴込み寸法にも留意する必要があります。つま先を引っ掛けないようにするためには、蹴込み寸法は30mm以下となるようにします。

●階段に手すりを設置する場合、手すりの出幅が100mm以下であれば、その手すりは無いものとして階段の幅員を計測することができます（247、399ページも参照してください）。

●キックプレートは、幅木を何段か重ねて設けるといった方法もあります。

チャレンジ問題

設問の正誤を答えて下さい。

問1 居間にソファーを置く場合、くつろぎを重視した配置は対面型配置である。

問2 キッチン設備のレイアウトパターンのうち、ワークトップの左右どちらかが壁に接した対面式のキッチンをペニンシュラ型キッチンと呼んでいる。

問3 都市ガスを使用する家庭用のガスコンロには、１時間あたり約2000kcalの熱量を発生するハイカロリーバーナーなど、火力の異なるバーナーが配置されている。

問4 キッチンのワークトップの奥行きは650mmが一般的であるが、ペニンシュラ型などには奥行が1000mm前後の商品もある。

問5 食器洗い乾燥機には、ビルトインタイプのフロントオープン式とプルオープン式があるが、食器洗い乾燥機自体を手前に引き出すタイプを、フロントオープン式と呼んでいる。

問6 腰掛便器の洗浄方法のうち、洗い落し式、サイホン式、サイホンゼット式を比較すると、溜水面が最も広く、洗浄力が高いのは洗い落し式である。

チャレンジ問題 解説

		[解答]
解説1	くつろぎを重視する場合には、L型配置が望ましいと考えられています。対面型配置は会議や商談などに適した配置です。	×
解説2	正しい記述内容です。	○
解説3	ハイカロリーバーナーの火力は、標準的なコンロの２倍以上の4000kcal以上の火力を有しています。	×
解説4	正しい記述内容です。	○
解説5	前扉を開けて内部トレイを引き出すフロントオープン式（フロアタイプ）と、食器洗い乾燥機自体を手前に引き出すプルオープン式（スライドタイプ）があります。	×
解説6	サイホンゼット式になります。	×

チャレンジ問題

設問の正誤を答えて下さい。

問7 高齢者は視覚機能が低下しているので、段差のある出入り口や階段などの照明計画では照度を高める工夫が必要である。

問8 加齢性難聴の特徴は、低い音域の聴力から低下すること、声は聞こえるが言葉の聞き取りが難しくなることなどがあげられる。したがって、音の情報だけでなく、点滅ランプと同調させるなど視覚にも働きかけることが求められる。

問9 高齢者は臭覚機能が衰え、ガス暖房機器などの故障に気づくのが遅れる場合が考えられる。したがって、警告音や光サインなどを併用した警報機付きの機種を選択するのが望ましい。

問10 大小兼用の腰掛便器が洗浄時に使用する水量は節水型便器の場合で約13L（リットル）となっている。

問11 浴槽には、和式浴槽、洋式浴槽、和洋折衷式浴槽などがあるが、一般的に高齢者にとって使いやすい浴槽は和洋折衷式浴槽である。

問12 浴槽の材質のうち、人工大理石製とFRP製を比較すると、人工大理石製のほうが、一般的に値段が安価である。

チャレンジ問題 解説

		[解答]
解説7	正しい記述内容です。その他にも段差のある部分には足元灯を設置したり、明度差や色彩によってコントラストをつけるといった工夫も有効です。	○
解説8	加齢性難聴の特徴は、高い音域の聴力から低下することです。他は正しい記述内容になっています。	×
解説9	正しい記述内容です。	○
解説10	洗浄時に使用する水量は、従来型で約13L（リットル）、節水型では約４L（リットル）程度になっています。	×
解説11	正しい記述内容です。	○
解説12	一般的には、FRP製の浴槽の方が安価な値段設定になっています。	×

チャレンジ問題

設問の正誤を答えて下さい。

問13 高齢者は握力も低下してくるので、ドアの把手は操作がしやすいドアノブ（握り玉）など、使い勝手に注意して選択する。

問14 玄関の上がり框部分の段差は、230mm以下にすることが望ましく、230mmを超えるような場合は、式台設置を検討する。

問15 階段の形状は、踊り場付き階段か吹き寄せ階段が望ましい。吹き寄せ階段では、180°回り部分を60°＋30°＋30°＋60°の４つ割りにすることでテンポよく昇降でき、転落の危険性が少ない。

問16 一戸建て住宅の階段の幅員は建築基準法によって750mm以上としなければならないが、手すりの壁面からの出が120mm以下であれば、幅員の算定時に手すりの出幅部分を除くことができる。

問17 階段を上がる際、加齢などにより脚を上げる力が弱まり、段鼻部分につま先を引っかける危険性が増すため、蹴込み板を設け、蹴込み寸法は50mm以下とする。

問18 車いす使用者の住宅は、壁に車いすのフットサポートなどが当たり、壁を汚したり破損させる場合があるので、壁と床の取り合い部分にキックプレートを取り付けることを検討する。

チャレンジ問題　解説

		[解答]
解説13	ドアノブは、握って、回して、押し引きするといった動きになるため、握力の低下した高齢者などには向いていません。レバーハンドルなど開閉しやすい把手を選択することが重要になります。	×
解説14	上がり框部分の段差は、180mm以下が望ましい数値です。	×
解説15	正しい記述内容です。	○
解説16	手すりの出幅が100mm以下であれば、階段の幅員を算定する際除くことができます。	×
解説17	蹴込み寸法は30mm以下とします。住宅品確法に基づく「高齢者等への配慮に関する評価基準」の等級２～５に規定されている数値です。	×
解説18	正しい記述内容です。キックプレートの高さは、車いすの車軸やフットサポートの高さを測って決めますが、通常は350mm程度になります。	○

3 リフォームの計画

まとめ & 丸暗記　この節の学習内容とまとめ

リフォームの意義

■ **LCCとは**　ライフサイクルコスト
建物や製品が企画から廃棄されるまでの間に要する総コスト

■ **LCCの低減**　リフォームはLCCの低減に役立つ

分譲マンションリフォームの留意点

■ **区分所有法**　区分所有法では、建物を専有部分、専用使用部分、共用部分に分けている
リフォームの対象は専有部分のみ

〈専有部分〉……住戸内の床、壁、天井の躯体部分を除く部分

介護保険制度による住宅改修

■ **要支援・要介護認定者に対して6項目の住宅改修費が支給される**

① 手すりの取付け
② 段差の解消
③ 滑りの防止および移動の円滑化等のための床または通路面の材料の変更
④ 引き戸等への扉の取り替え
⑤ 洋式便器等への便器の取り替え
⑥ その他①～⑤の住宅改修に付帯して必要となる住宅改修

リフォーム

1 リフォームの意義

現在の建築物に関する社会的な考え方は、スクラップアンドビルドといった従来のフロー消費型社会から、適切なメンテナンスを行うことで長期にわたり使用していくストック型社会へと移行してきました。その意味においても、建築物をリフォームすることで長く使い続けることは今後ますます重要性が増し、結果としてライフサイクルコストの低減にも寄与することになります。

2 リフォームの目的

リフォームには、住宅部品や設備機器などの劣化や破損による更新、断熱性や遮音性など室内環境の性能向上、バリアフリー化などの安全性の向上、家族構成やライフスタイルの変化に伴う間取りの変更などが考えられます。

建物の構造躯体と内装部分を明確に分けたスケルトン・インフィル型の住宅は、時代の変化に対応できる一つの住宅スタイルと考えられます。

3 リフォームの留意点

既存部分を解体すると、予想外の問題が発生することがあります。このように、新築する場合とは異なり不確実な要素が多くなるため、十分な事前調査と診断

●10㎡を超える増築や住宅から店舗への用途変更の場合には、増築後や用途変更後の規模に応じて確認申請が必要になる場合があります。

●建物の一生は規格・設計に始まって、建設、維持管理、解体、廃棄といった過程をたどりますが、これらに要するすべての費用を（LCC：ライフサイクルコスト）と呼んでいます。リフォームの場合であってもこの観点に立って考える必要があるといえるでしょう。

が必要になります。

また、リフォームであっても、用途地域や建ぺい率、容積率といった**建築基準法の規定**も**遵守**しなければなりませんし、あらかじめ確認申請などの手続きが必要になる場合もあります。

4 分譲マンションのリフォーム

分譲マンションのリフォームでは、**区分所有法**による規制を守らなくてはなりません。区分所有法では、建物を専有部分、専用使用部分、共用部分に分け、リフォームの対象となる部分は**専有部分**のみと規定しています。

専有部分には以下の部分が該当します。

① 住戸内の床、壁、天井の躯体部分を除く部分

② 玄関扉の錠および室内側の塗装

③ ガス、給排水、電気などの配管で、専有部分にある枝管

バルコニーやルーフテラスは、専用使用部分（共用部分のうち、特定の区分所有者が使用できる部分）に該当するため、リフォームを行うことはできません。

また、マンションには管理規約があり、リフォーム工事の許可を管理組合から受ける必要があります。

5 バリアフリーリフォーム

段差の解消や手すりの取り付けなど、高齢者の安全性に配慮したリフォームがあります。介護保険制度における住宅改修では、要支援・要介護認定者に対して、①手すりの取り付け、②段差の解消、③滑りの防止および移動の円滑化等のための床または通路面の材料の変更、④引き戸等への扉の取り替え、⑤洋式便器等への便器の取り替え、⑥その他①～⑤の住宅改修に付帯して必要となる住宅改修の６項目について住宅改修費（支給限度基準額20万円）の９割相当額が償還払いで支給されています。

改修・減築

1 耐震改修

旧耐震基準（1981年５月以前）で建てられた住宅や１階部分の壁が少ない住宅などは、耐震診断を受け状況により耐震改修工事を行うことを検討します。

2 減築

リフォームというと、増築や改築を思い浮かべますが、高齢者にとっては減築といった選択肢もあります。減築することで、日照や通風が得られる、耐震性が向上する、冷暖房費が軽減できるなどのメリットも生まれます。

●介護保険制度における住宅改修費の支給では、左ページの②段差の解消に「傾斜の解消」④に「扉の撤去」が、⑥に「②の段差の解消におけるスロープの設置に伴う転落や脱輪防止を目的とする柵や立ち上がりの設置」が追加されています。

●分譲マンションなどの区分所有建物の登記簿上の床面積は、建築基準法上の床面積より小さくなります。建築基準法では、床面積は壁の中心線で囲まれた部分の水平投影面積になりますが、登記簿上は壁に囲まれた内側の部分の面積（内法面積）で表されるからです。

チャレンジ問題

設問の正誤を答えて下さい。

問1 集合住宅の建築方法の一つに、建物を躯体・共用スペースなどの共用部分と住戸内部の設備・内装などの専有部分とに分離して設計・施工するスケルトン・インフィル方式がある。

問2 一戸建ての住宅に増築する場合、増築部分が10㎡以内であれば、防火地域や準防火地域に関係なく確認申請は不要である。

問3 分譲マンションのリフォームにおいて、各住戸の窓ガラスを複層化することは区分所有法上認められていない。

問4 分譲マンションのリフォームにおいて、玄関扉の鍵を新しいものに交換し、室内側の塗装を塗り替えることは区分所有法上可能である。

問5 分譲マンションのリフォームにおいて、居間の天井を撤去したのち、梁やスラブといった躯体部分を変更することなく天井仕上げ面を高い位置に変えることは区分所有法上可能である。

問6 分譲マンションのリフォームにおいて、バルコニーの床の塗布防水が老朽化したため防水工事をやり替え、その上に新規にタイルを張ることは区分所有法上可能である。

チャレンジ問題 解説

		[解答]
解説1	正しい記述内容です。	○
解説2	増築を行う場合には、規模や用途により、あらかじめ確認申請が必要になりますが、防火地域及び準防火地域以外で10㎡以内の増築であれば確認申請は不要になります。	×
解説3	正しい記述内容です。区分所有法上、窓は共用部分に該当します（なお、問３～問６に関しましては、マンションの管理規約等に基づいた制限や手続きも検討する場合があります)。	○
解説4	正しい記述内容です。区分所有法上、玄関扉の鍵と室内側の塗装は専有部分に該当します。	○
解説5	正しい記述内容です。区分所有法上、住戸内の床、壁、天井の躯体部分を除く部分は専有部分に該当します。	○
解説6	区分所有法上、バルコニーは共用部分のうちの専用使用部分に該当しますので、勝手にリフォームすることはできません。	×

章末問題

問題 インテリア計画における検討事項に関する次の記述の（　　）部分に、それぞれの語群の中から最も適当なものを選びなさい。

1 人と人とがコミュニケーションをとりやすい位置関係を（　　）な配置と呼んでいる。

【語群】 ア ソシオペタル　イ ソシオフーガル
ウ ソシオメトリー

2 一般的にわが国では、1モデュールを910mmとすることが多く、910mm間隔のグリッド上に、柱や壁の中心を配置していく（　　）を用いる手法が普及している。

【語群】 ア シングルグリッド　イ ダブルグリッド
ウ ベーシックグリッド

3 光源色を分解していくと、最後には赤、緑、（　　）の3色に分かれるが、これを光の三原色と呼んでいる。

【語群】 ア 黄　イ 青　ウ 白

4 高齢者や障害者が出入りしやすく、浴槽内で安定した姿勢を保つことができるのは（　　）浴槽である。

【語群】 ア 和式　イ 洋式　ウ 和洋折衷式

5

解答

1－ア　2－ア　3－イ　4－ウ

第4章

インテリア
エレメント

1 住宅用家具・素材

まとめ & 丸暗記 この節の学習内容とまとめ

住宅用家具

【ダイニングの家具】

■ **ダイニングテーブルにいすに腰掛けたときの寸法**
- 肘無し：600mm/人
- 肘付き：750mm/人

■ **ダイニングテーブルに対面して座る場合の対面距離**　750～800mm

■ **ダイニングテーブルの高さ**　700mm程度

■ **いすの高さ**　400mm程度

【リビングの家具】

■ **ソファー**　3人掛けで2000mm、2人掛けで1500mm程度

■ **ソファー**　L型配置の方が対面型配置よりも、会話しやすい

【寝室の家具】

■ **ベッドの寸法**
- W950～1050×L1900～2050mm程度
- W1300～1500×L1900～2050mm程度
- W1800～2100×L1900～2050mm程度

■ **マットレスの種類**
- ボンネルコイル…コイルを横に連結して配置
- ポケットコイル…コイルをひとつひとつ袋で包んで配置
- ウレタンフォームマットレス
- ウォーターマットレス

【個室・子供室の家具】

■ **デスクの寸法**
- 片袖机　W1200×D700×H700mm程度
- 両袖机　W1400×D700×H700mm程度

■ **いす座面高さ**　430～530mm程度で高さが変えられるもの

住宅用家具に使用される材料

【木材】

■ 合板（プライウッド）　単板を繊維方向が直交するように交互に張り合わせる

■ LVL（単板積層材）　単板を繊維方向と平行に張り合わせる

■ 集成材　小角材を繊維方向と平行に張り合わせる

■ パーティクルボード　木材チップなどに接着剤を加えて板状に熱圧成型

■ ファイバーボード
- 硬質繊維板（ハードボード）
- 中密度繊維板（MDF）
- 軟質繊維板（インシュレーションボード）

家具金物

■ スライド丁番
- 丁番が外から見えない
- 扉を上下・左右・前後に微調整可能
- 回転軸が移動して、キャビネット枠幅からはみ出さない

■ キャッチ
- マグネットキャッチ
- ローラーキャッチ
- スプリングキャッチ

■ 引き出し用スライドレール
- 固定式
- 伸縮式
  - 二段引き
  - 三段引き（全開が可能）

リビング・ダイニングの家具の選び方

1 ダイニングの家具

家族全員が同時に座ることのできるいすとそれらを収める大きさのテーブルを選択することが基本になります。また、来客が多い家庭では、その際の対応方法も検討しておく必要があります。

① ダイニングテーブル寸法と座席数への対応

いすに腰掛けたときにどのくらいの幅が必要になるかといえば、肘無しのいすで600mm、肘付きでは750mmが基準寸法になります。また、対面して使用する場合の対面距離は、750mm ～ 800mm程度とされています。

したがって、1200×800mmのダイニングテーブルでは、肘無しいすを使用して４人が着席できます。

また、1800×900mmのダイニングテーブルでは、肘掛けいすを使用して４～６人まで着席できます（6人掛けはテーブルの短辺方向も使用します)。

テーブルといすの高さ関係は、いすが400mm前後、テーブルが700mm前後となりますが、テーブルの高さを若干低めに設定すると落ち着いた感じが出せます。選択する際には、必ず実際に着席して間隔を確認する必要があります。

来客時の対応としては、テーブルの大きさを変えられるエクステンションテーブルなどの活用も考えられます。また、いすは重ねて収納できるスタッキングチェアなどを用意しておくと良いでしょう。

キッチンカウンターで食事をする場合には、キッチンカウンターの高さが800mm ～ 850mm程度になりますので、座面の高さが500 ～ 550mm程度の脚かけ付きのハイチェアとの組み合わせになります。

② **食器類の収納**（カップボード）

カップボードの奥行きは一般的に350～450mm程度になりますが、食器等の出し入れという点では、浅めのほうが使い勝手がよくなります。

また、新築や増改築などでカップボードを設置する場合には、カップボード上部に上置き用の収納棚を設け、天井面まで一体の収納棚とすることも可能です。この場合、アイレベルよりも高い位置の収納は使い勝手が悪いため、軽量で使用頻度の低いものを収納すると良いでしょう。

キッチンキャビネットと統一されたデザインのカップボード

●アイレベル
人が立った時の視線の高さのことです。

●大きさを変えられるダイニングテーブルには、エクステンションテーブルのほか、折りたたみ式の天板がつき、必要に応じて天板を水平に伸ばして広く使えるようにしたバタフライテーブルなどがあります。

2 リビングの家具

① ソファー

ソファーは３人掛けで2000mm前後、２人掛けで1500mm前後が必要になります（600mm/１人）。

ソファーを置く場合、対面型配置やL型配置などが考えられますが、視線が90度に交差するL型配置のほうが、つねに相手を正面に見据える対面型配置よりも、会話がしやすくなるといわれています。

② リビングのテーブル

ソファーとセットで使用されるテーブルには、サイドテーブル、センターテーブル、コーナーテーブルなどがあります。

サイドテーブルの高さは、ソファーの肘高よりも20～30mm低く設定します。センターテーブルの高さは、座面よりも若干高い450mm程度を標準としますが、軽食を取る場合には550mm前後、座卓としても利用する場合には350mm前後のものを選択します。

また、同じ素材、デザインで大きさが少しずつ異なる小型のテーブルを組みにして、重ねて置けるようにしたテーブルをネストテーブル（組子テーブル）といい、それぞれが、ミニテーブルにも使える省スペースのテーブルもあります。

③ その他

リビングボード、サイドボード、TVボードなどがあり、インテリア小物や薄型テレビなどが置かれます。

寝室の家具

1 ベッド

(1) ベッドの構造

ベッドは、本体のフレームとマットレスからなり、フレームはボトム、ヘッドボード、フットボード、サイドレールで構成されています。

① ボトム

ボトムは、マットレスを支える平面上の部分で、非弾性ボトム（床板、すのこ、畳など）と弾性ボトム（スプリングなどでクッション性を持たせたもの）があります。弾性ボトムには、スプリングボトム、ボンネルコイルボトム、ポケットコイルボトム、ウッドスプリングボトムなどがあります（133ページのマットレスの種類も参照してください）。ここでは、ウッドスプリングボトムについて説明いたします。

・ ウッドスプリングボトム：ブナやビーチの薄板を何枚も重ねて作った幅10cm程度の板を、短手方向にアーチ状に渡し、マットレスにかかる荷重を吸収します。

② ヘッドボード・フットボード

マットレスのズレ防止などの機能を持っています。フットボードの無いタイプをハリウッドスタイルといい、ヘッドボードとフットボードが付いているタイプをヨーロピアンスタイルと呼んでいます。

補足

●センターテーブルのことを、コーヒーテーブル、ティーテーブルともいいます。

●クッション性のあるマットレスと弾性ボトムを組み合わせたものを、ダブルクッションタイプ、非弾性ボトムの上にマットレスを置いたものをシングルクッションタイプと呼んでいます。

（2） ベッドのサイズ

JIS規格によってマットレスは、長さが1950mmと2050mmの２種類、幅は、820mm、980mm、1100mm、1200mm、1400mm、1520mmの６種類が決められています。したがって、ベッドの外形寸法もマットレスの寸法からおおむね、シングルベッドが幅950～1050mm×長さ1900～2050mm程度、ダブルベッドが幅1300～1500mm×長さ1900～2050mm程度、キングサイズで幅1800～2100mm×長さ1900～2050mm程度となっています。

（3） ベッドの種類

① ソファーベッド

居間などに置かれ、主としてソファーとして使用されますが、バックレストを倒して平面状にしてベッドとして使用します。

② 可動ベッド

角度を変える機能を持ったもので、就寝だけでなく休憩などにも利用できます。

③ 介護ベッド

分割されたボトムが可動することで、背部や脚部の傾斜角度が変化し、起き上がりなどを補助したり、ベッド全体が昇降して車いすへの移乗や、介助者の介助負担を軽減し、腰痛などを防止する機能を備えたベッドです。

④ ウォーターベッド（ウォーターマットレス）

寝たときにかかる体圧が均等に分散されるため、身体を自然に近い状態で保つことができます。ヒーター付きで温度調節できるものもあります。

2 マットレス

マットレスに求められる機能は、無理のない寝姿勢を支えること、適切な体圧分散ができること、保温性・保湿性に優れている、横揺れが少なく振動が伝わりにくいなどの点があげられます。

① **ボンネルコイル**（マットレス）：身体を面で支える

らせん状に巻いたひとつひとつのコイルスプリングを立てたものを横に連結して全面に配置したもので、コイルが一体化しているので身体を面で支えることができます。

② **ポケットコイル**（マットレス）：身体を点で支える

コイルスプリングをひとつひとつの円筒形の小さな袋で包んですき間なく敷きつめたマットレスです。スプリングが独立しているため、睡眠中の動きに反応してその部分をぴったりと支えることができます。振動が伝わりにくいのでダブルベッドなどに向いています。

③ **ウレタンフォームマットレス**

体圧をウレタンフォームが体型に合わせて変形しながら支えることで、体圧分散ができます。表面に凹凸を付けて通気性を得たものなどがあり、自由な動きに対応できることから可動ベッドに使われています。

④ **ウォーターマットレス**

ウォーターベッドと同義です。

●寝室の家具には、ベッドのほか、ナイトテーブルやドレッサーなどが考えられます。ナイトテーブルは、ベッドサイドに置く引き出しなどが付いたテーブルで、大きさは400×400mm程度、高さが500mm前後のものです。

●ベッドの周囲には、ベッドメイキングをするための300mm程度のスペースが必要になるため、これらも考慮してレイアウトする必要があります。

個室・子供室の家具

① デスク

成人用で作業性を考慮すると、引き出しが左右どちらか片方についた片袖机の場合、一般的に、W1200mm×D700mm×H700mm程度、両袖机で、W1400mm×D700mm×H700mm程度が望ましい大きさといえます。

子供の学習机は、W1000mm×D550mm×H750mm程度の平机と、その下部に納まるキャスター付きの脇机（引き出し付き）の組み合わせなどが考えられます。また、天板の上に本棚などが取り付けられるタイプなどもあります。

② いす

一般的にいすの座面高さは430～530mm程度になりますが、成長や使用目的に合わせて座面高さを簡単に変えられる事務用回転いすを選択します。成人用では肘付きのハイバックチェアの選択も検討します。

③ 本棚

代表的な書籍のサイズは、A４判（210mm×297mm）、B５判（182mm×257mm）、文庫本（107mm×152mm）、新書版（110mm×174mm）となりますので、これらを収める大きさが必要になりますが、子供用の本棚で、W900mm×D250mm×H1800mm程度、一般用としてW900mm×D300mm×H1800mm程度が標準的な大きさになります。なお、一般用の本棚は、本を満載すると300kg以上の重量になります。子供用、一般用に限らず転倒防止のための固定方法を検討する必要があります。

④ ベッド

シングルクッションタイプを標準とします。狭い部屋を有効に使うためには、ロフトタイプのベッドにして、ベッド下部に収納棚や学習机を置くといった方法もあります。

いす・テーブル類の構造

1 木製いすの構造

無垢材のいすは、直線的なラインを生かしたデザインになりますが、ナラやブナなどの粘りがある1本の棒状の木を曲げ加工した曲木のいすもあります。

成型合板（曲面に成型加工した合板）のいすは、フレーム（前脚・座受け・後脚）を一体で製作できるので、軽量で耐久性に優れています。

無垢材を接合する方法として、ダボ接ぎや枘接（ほぞつ）ぎがあります。

2 ソファー等の構造

① 張りぐるみいす

構造部との間にクッション材などを挟んで、直接上張り材を張り込む方法で、クッションの厚みが50mm以上のものを**厚張り**と呼んでいます。また、座枠や肘掛け板の上に、小巻のスプリングを取り付けて、クッション性を増したものを**あおり張り**と呼んでいます。

② カバーリング式のいす

いす本体から上張りを着脱しやすいようにした張り方で、上張りの取り替えが容易に行えます。上張り（カバー）の固定は、マジックテープやファスナーで行います。

補足

●デスクの天板部分の幅はさまざまありますので必要に応じて選択します。

●ダボ接ぎは、ダボと呼ばれる細い丸棒を、材に開けた穴に差し込んで材同士を接合する方法です。
枘接ぎは、片方に枘、もう片方に枘穴を作って角材を接合する方法です。

●あおり張りは、総張りぐるみともいい、座枠の上に巻数の少ないスプリングを取り付けることで、着席時の当たりを柔らかくした、クッション性の高い張り方といえます。

3 いすの張り材料

いすの張り材には、上張り材、クッション材、衝撃吸収材の３つがあります。

① **上張り材**

繊維織物、天然皮革、合成皮革などがあります。天然皮革では牛革が使われることが多く、クロームなめし（化学薬品を使用します）とタンニンなめし（植物のタンニンを使う伝統的な加工方法です）があります。クロームなめしは、軽くて丈夫、柔軟で伸縮性に富むといった特徴があります。

② **クッション材**

クッション材に求められる性能には、座り込む際の衝撃の吸収性や静止状態における感触などが考えられます。

ポリウレタンフォーム（ポリウレタンを主体とする発泡剤で、発泡率により硬さが異なります。軟質フォームは軽くクッション性に富み、硬さのバリエーションも豊富です）や、ポリエステル綿（軽量な合成繊維の綿）などで構成されています。

③ **衝撃吸収材**

衝撃吸収材の代表例は、スプリングとウェビングです。スプリングにはコイル状に巻いたスプリングを垂直に並べて構成されたコイルセットスプリングと、連続するＳ字状のフラットなバネを平行に何本か張ったスネークスプリングがあります。また、ウェビングは幅が50mm程度の帯状に織ったゴムなどのテープを、フレームにタッカーで格子状に留めたものです。これらの衝撃吸収材をクッション材などで包みます。なお、ウェビングテープを意匠的にそのまま仕上げ材としているいすもあります。

4 ダイニングテーブルの構造

ダイニングテーブルには4本脚やT字型の脚のものなどがあり、目的に合わせて最適なものを選択する必要があります。

① 4本脚のダイニングテーブル

天板の四方の角に、円柱や角柱の脚が付くもので最もポピュラーな形状です。脚が四隅につきますので、安定感があり、耐久性も高くなります。また、ダイニングテーブルの4方向にいすが置けるといった長所もあります。

② T字型の脚のダイニングテーブル

T字型の脚が左右に1本ずつのタイプで、床面との設置面積が広くなるためぐらつきは少なくなりますが、横揺れには若干弱くなります。

③ 伸縮タイプのダイニングテーブル

テーブル面の伸縮方式には、エクステンション式（拡張式）とフォールディング式（折りたたみ式）があります。

エクステンション式には、天板だけを伸ばすタイプと、脚ごと伸ばすタイプがあり、拡張した部分に補助の天板を追加します。

④ テーブルやデスクの木製甲板（天板）の構造・材料

木製甲板にはさまざまな種類があります。138ページを参照してください。

●ポリウレタンフォームには、硬質フォームと軟質フォームがあり、硬質フォームは断熱性に優れています。

●折りたたみ式テーブルの代表的なものにバタフライテーブルがあります。

●回転いすのクッション材には、モールドウレタンが用いられることがあります。モールドウレタンは、ポリウレタン樹脂を金型の中で成型発泡させて作られます。

5 収納家具

ユニット家具やシステム家具と呼ばれるものが普及しています。ユニット家具は、基本になる寸法で作られたキャビネットやボックスなどの箱型収納を必要に応じて組み合わせて作る家具です。上下左右の箱型収納を金物で連結する方式が一般的です。台所に設置するカップボードなどにも見られる形式です。また、システム家具は、標準化されたフレームを組み上げ、そこに扉、棚板、引き出しなどを適宜組み込んで作っていきます。部屋の間仕切りとして使用できるタイプもあります。

家具に使われる材料

1 家具用材としての木材

木材には、熱を伝えにくく保温性がある、調湿・吸放湿性があり結露しにくい、軽くて強いなどの性質があるため、家具の構造材や表面材として多く利用されてきました。また、針葉樹よりも広葉樹のほうが硬く強度があるため、家具には適しています。

① **合板**（プライウッド）

木材を回転させながら薄くスライスした単板（ベニヤ）を、繊維方向が90度に直交するように交互に張り合わせた板のことです。普通合板や天然木化粧合板、特殊加工化粧合板と呼ばれるものがあります。

普通合板は、ラワンやシナなど広葉樹が主な原木で、接着耐久性区分（耐水性）により、**１類合板**（タイプⅠ）、**２類合板**（タイプⅡ）などに分けられ、**家具の多くは２類合板**が使われています。なお、天然木化粧合板とは、普通合板の表面に、美観を目的として天然木の突板を貼ったもの、特殊加工化粧合板は、表面を印刷加工したり、印刷した紙を貼った特殊合板のことになります。

② LVL（単板積層材）

小径木や間伐材などの短い材料から、細長い部材を作るために、単板の繊維方向を長さ方向に平行そろえて張り合わせた部材です。家具の芯材や、ドア枠に使用されます。

③ 集成材

木材の繊維方向に長く切り出した小角材（ランバー）を、繊維方向に合わせて接着した材料で、建築物の柱や梁、家具ではテーブルの甲板、カウンターなどに使われます。

集成材を芯材として、その両面に突板を貼ったものをランバーコア合板と呼んでいます。扉や収納家具の側板などに使われています。

④ パーティクルボード

木材の小片（パーティクル、チップなど）に接着剤を加えて、熱圧して板状に成型した製品です。パーティクルボードは、目が粗く内部に空気を含むので断熱性や遮音性はありますが、湿気を吸って変形する可能性があります。

表面に突板などを貼れば、テーブルの甲板などに使うこともできます。

●接着耐久性区分は、JASにより1類が、断続的に湿潤状態になる場所（環境）において使用することを目的とした合板、2類が時々湿潤状態となる場所（環境）において使用することを目的とした合板、などと分類されています。

●合板は、単板を貼る接着剤に、ホルムアルデヒドの発散がほとんどないものを使用している、F☆☆☆☆を選択しましょう。

⑤ ファイバーボード（繊維板）

繊維化した木材に接着剤を加えて、熱圧して板状に成型した製品です。比重の違いにより、ハードボード、MDF、インシュレーションボードの3種類に分類されます。

※ インシュレーションボードは熱圧成型ではなく、高温高圧で蒸してほぐした木材チップの繊維をすき出して乾燥して固めたものになります。

・ ハードボード（硬質繊維板）：滑らかな表面で縦横の強度差が少なく、曲げ加工、焼き付け塗装が可能です。製品には厚さが2.5～7mm程度のものがあります（**比重：0.8以上**）。

・ MDF（中密度繊維板）：やはり、緻密で滑らかな表面で強度があるため、家具材の仕上げ材や基材として使われています。製品には厚さが2.5～30mm程度のものがあります（**比重：0.35～0.8未満**）。

・ インシュレーションボード（軟質繊維板）：軽くて断熱性や吸音性に優れています。畳の芯材などに使われています。製品には厚さが9～20mm程度のものがあります（**比重が0.35未満**）。

⑥ 無垢板

テーブルの甲板などに使われる無垢材の多くは数枚の無垢材を、幅方向に矧(は)いで（接合すること）一枚の甲板を製作してあります。

矧(は)ぎとは、板の接合方法の一つで、一方の板の側面に彫った溝に、他方の板に作った突起（実(さね)）を差し込んで接合する**本実矧(ほんさねは)ぎ**と、両方の板に溝を彫り、細い棒（雇(やと)い実(さね)）を差し込んで接合する**雇(やと)い実(さね)矧(は)ぎ**などがあります。

⑦　その他

天然木粉と合成樹脂を複合して成型した、木材とプラスチックの複合材WPC（ウッド・プラスチック・コンビネーション）は、天然木に比べて色あせなどが起こりにくく、メンテナンスが楽なため外部のウッドデッキなどに使用されています。

また、建材としては利用しにくい低質の広葉樹を細長く薄い木片にしたものと、接着剤を熱圧して成型した構造用の木質ボードをOSB（配向性ストランドボード）と呼んでいます。

⑧　植物系材料

・　籐：家具用の籐は、太さと形状により、太民籐（たいみんとう）、丸籐、皮籐、芯籐などに分類されています。

・　竹：いす、テーブル、収納家具のほか、近年ではフローリングとしての需要も高くなっています。

●ファイバーボードは未利用の廃材などを原料としたリサイクル製品といえます。

●OSBは、内装材料として壁などに直接使われることもあります。

●無垢材の甲板では、「両端を平矧ぎ、中間は雇い実矧ぎ」として、強度と美しさを備えた方法が用いられています。

●平矧ぎとは、2枚の板材を縦に直角に突き付けて矧ぎ合わせたものをいいます。

●雇い実矧ぎ（やといざねはぎ）とは、両方の板の接合面の同じ位置に溝を彫り、これに別につくった小幅の薄板を核として入れて接合したものです。

2 金属材料

① **鋼**（はがね）

家具に最も利用されている金属で、圧延、成型加工した鋼材などの一次製品を、さらにプレス加工・溶接・表面処理などを施して製品化されます。

塗装には、メラミン焼き付け塗装、粉体塗装、メッキはクロームメッキが一般的です。

- メラミン焼き付け塗装：メラミン樹脂塗料を塗布後、30分ほど素材が120～150℃になるように加熱して緻密な塗膜を形成します。
- 粉体塗装：粉末状の塗料を高温の炉内で焼き付ける方法です。
- クロームメッキ：金属クロームを薄い膜状に密着させたもので、銀色に輝きます。

② **ステンレス**

鋼に一定量のクロームやニッケルを添加したさびにくい合金です。一般に18-8（じゅうはち・はち）ステンレスと呼ばれているものは、クローム18%、ニッケル８%が含有されているという意味で、SUS304（JISによる呼び方）と同義です。SUS304は、キッチンのシンク、浴槽、いすやテーブルの脚、などに使われます。

キッチンの天板（ワークトップ）には、表面に長い直線状の模様を付けるヘアライン仕上げや細かい凹凸を付けるエンボス加工などの仕上げ方法が多く使われます。

③ **アルミニウム**

アルミニウム合金は、比重が小さい、耐食性がある、加工性が良い、毒性がないといった長所をもつ金属です。表面処理はアルミニウムを酸化被膜したアルマイト加工が一般的です。

3 樹脂（プラスチック）材料

プラスチックは、**熱可塑性樹脂**と**熱硬化性樹脂**に大別できます。熱可塑性樹脂は、熱を加えると溶融し、冷えると硬化しますが、再度加熱すると軟化する樹脂です。

熱硬化性樹脂は、加熱すると次第に硬くなり元に戻らなくなる樹脂です。

① 熱可塑性樹脂の成形法

- **射出成型**（インジェクション成型）：加熱溶融した樹脂を金型内に流し込み、一定時間冷却して成型する方法です。洗面器などの日用品から工業用部品まで幅広く利用されています。

- **押出し成型**：加熱溶融した樹脂を加圧して金型から連続して押し出すことにより、一定の断面形状をもつ製品を製造する方法です。チューブやパイプ、テーブルのエッジなどが作られています。

- **中空（ブロー）成型**：チューブ状の半溶融樹脂を金型の中に入れ、チューブ内に空気を吹き込んで樹脂を膨らませて成型する方法です。ペットボトルなどの製法です。

- **真空成型**：シート状の樹脂板を、空気の圧力で引き伸ばし、型に吸いつけて密着させることで成型します。照明器具のカバーやコンビニエンス・ストアなどで見られる弁当の容器などがこの製法で作られています。

補足

●キッチンのワークトップ部分は、傷が付きやすいため、あらかじめヘアライン仕上げなどとして、傷を目立たなくしています。

●ステンレスには、SUS303もありますが、切削性を向上させるために硫黄が添加されたもので、SUS304よりも耐食性は劣ります。

② 熱可塑性樹脂の種類

ポリエチレン樹脂、ポリプロピレン樹脂、塩化ビニル樹脂、ABS樹脂、ポリアミド樹脂、ポリカーボネート樹脂、アクリル樹脂などがあります。

- **ポリエチレン樹脂**：最も多く生産されている樹脂で、耐衝撃性・耐薬品性に優れています。
- **ポリプロピレン樹脂**：耐熱性・耐衝撃性にやや優れています。フラワーポットやコップなどの素材としてよく目にします。
- **塩化ビニル樹脂**：可塑剤を含んだ軟質塩化ビニル製品と可塑剤を含まない硬質塩化ビニル製品があります。柔らかいホースやチューブ、硬い配管や雨樋などの製品があります。
- **ABS樹脂**：不透明な樹脂です。電気製品等の外装に使われています。
- **ポリアミド樹脂**：一般にナイロンと呼ばれている樹脂です。
- **ポリカーボネート樹脂**：耐熱性・耐衝撃性に優れ、自動車の車庫の屋根や家具の扉の面材などに使われています。
- **アクリル樹脂**：高い透明性・耐候性に優れ、ガラスに準ずる素材として、自動車部品、光学製品、家具などさまざまな分野で使われています。

③ 熱硬化性樹脂の種類

フェノール樹脂、不飽和ポリエステル樹脂、メラミン樹脂、ポリウレタン樹脂などがあります。

- **フェノール樹脂**：耐熱性、電気絶縁性に優れている樹脂で、自動車部品、電気機器の基盤や配線機器などの工業用部品として使われるほか、耐水合板の接着剤としても使用されています。
- **メラミン樹脂**：耐熱性・耐薬品性・耐水性に優れ、食器やメラミン化粧板として、テーブルやカウンターの表面に使われています。
- **不飽和ポリエステル樹脂**：不飽和ポリエステル樹脂をガラス繊維で補強したものがFRP（繊維強化プラスチック）で、浴槽やユニットバス、いすなどに使われています。また、ポリエステル化粧板として、棚板などにも利用されています。

・　ポリウレタン樹脂：耐摩耗性・耐油性に優れ、合成皮革・塗料・家具のクッション材など多くの分野で使われています。

④　生分解性樹脂

自然界の微生物によって、最終的には炭酸ガスと水に分解されるプラスチックです。農林水産業用の資材や、食品トレーなどでの利用が考えられます。

⑤　エンジニアリング・プラスチック

プラスチックは本来、熱には弱い素材ですが、100℃以上の耐熱性を持った樹脂が開発され、機械、自動車、電気部品などに使われています。

●メラミン化粧板は、メラミン樹脂を浸み込ませた薄い紙を重ね合わせ、高温高圧で固めた樹脂成型板です。表面が硬く、耐熱性に優れています。

●ポリエステル化粧板は、合板に化粧紙を貼り、その上にポリエステル樹脂を塗って、表面をフィルムで覆った化粧板です。強度や耐熱性はメラミン化粧板よりも劣ります。

家具に使われる金物

家具の使い勝手は、家具金物の良否によるともいわれ、「家具機能の要」と考えられるようになっています。

1 扉、引き出しの開閉機構等の金物

① 丁番

収納家具の扉には、本体のキャビネットの内側に扉が納まるインセット型とキャビネットの枠部分を隠すように付くアウトセット型（かぶせ扉）があります。アウトセット型の場合にはスライド丁番が使われていると考えられます。

スライド丁番の長所は、丁番が外側から見えないこと、丁番に扉を上下・左右・前後に微調整できる機能が付いていること、回転軸が移動してキャビネットの枠幅からはみ出すことなく開閉できること、などがあげられます（なお、スライド丁番にもインセット型もあります）。

② ステー

扉を上下に開く場合に使われる金具です。ゆっくり開閉できる機能や、途中でとめることのできる機能が付いたものなどがあります。フラップステーまたはリッドステーと呼ばれています。

③ キャッチ

閉めた扉が自然に開いてしまわないようにする金具で、マグネットキャッチ、ローラーキャッチ、スプリングキャッチなどがあります。

また、プッシュキャッチ（プッシュラッチ）を使用すると、ワンタッチで扉が開閉（扉を軽く押すことで開閉する）でき、扉面の取っ手やつまみが不要になりますのですっきりした仕上がりにすることができます。

④ **ハンドル**

取っ手や引き手のことです。プッシュつまみは、つまみを押し込むことができるため、扉からの突起物がなくなり、安全かつフラットな外観にすることができます。

⑤ **スライドレール**

引き出し用の金具で、固定式とベアリングを使用した伸縮式があります。伸縮式には、二段引きと三段引きがあり、三段引きは引き出しを全て引き出すことができます。セルフ&ソフトクローズ機構のある製品もあります。

⑥ **家具用錠**

引き出し錠、ロッカー錠、ガラス錠などさまざまなタイプがあります。

⑦ **ドアレール金物**

引き戸、折り戸、フリッパードア（開けたときに扉がキャビネットの中に収納できるもので、上部に納めるものと左右に納めるものがあります）用のレールやガイドレールです。

2 その他の家具金物

① **キャスター**

いすやキャビネットなどの下部に取り付ける小さな車輪で、家具の移動を容易に行うことができます。

●フリッパードアは、仏壇の扉をイメージしてみましょう。

●キャスターの車輪には2輪のもの（双輪キャスター）や、車輪の向きが動く自在型、向きが変えられない固定型などがあり、車輪部の材質には、硬い床向けのゴムやウレタン製、カーペット床などに適したポリアミドやナイロン製があります。

② アジャスター

テーブルの脚の下部や洗濯機などに取り付けられている高さ調整金物で、床面とのがたつきの解消や水平を出すために使用します。

③ 地震対策金物

セーフラッチは、通常プッシュボタンなどで開閉しますが、地震時の揺れに対しては、扉が急に開くことを防止する地震対策用金物です。

また、家具自体の転倒を防ぐために、家具をL型金物などで壁面下地材に堅固に固定する必要もあります。

家具の仕上げ

1 木製家具の表面仕上げ

木材の反りや狂い、変色、汚れや傷の防護のほか、木肌や木目などの材質感を生かし、より美しく仕上げるための一つの方法として塗装があります。従来の木材塗装は、薄い突板張りの保護といった目的から塗膜をつくる塗装が多かったわけですが、近年では、無垢材など自然素材の質感を生かした仕上げが増え、塗膜をつくらない仕上げも見られるようになりました。

① 塗膜をつくる表面仕上げ

透明塗装（クリアー塗装）と**不透明塗装**（エナメル塗装）の二種類があります。木製の場合には透明塗装、MDF製は不透明塗装が多く使われます(MDFは、小口面と板目面の組織が均質であるために、不透明塗装が適した素材といわれています)。

木製家具に透明塗装を行う場合で色味を加える場合には、あらかじめ下地の段階でステインなどを用いて着色しておきます。

② 塗膜をつくらない仕上げ

無垢の木地の雰囲気をそのまま伝えることができ、近年人気のある仕上げで、オイルフィニッシュ、ソープフィニッシュ、ワックス仕上げなどがあります。

オイルフィニッシュは、亜麻仁油などを塗り、木材に浸透させる塗装仕上げです。ソープフィニッシュは、石鹸水で洗った後、乾いた布でふき取ります。木肌に石鹸成分が浸み込んでいきますので汚れにくくなります。オイルフィニッシュは、濡れたような色味になりますが、ソープフィニッシュは白っぽい色味になります。

2 金属家具の表面仕上げ

表面処理による仕上げと、塗装による仕上げがあります。

① 表面処理による仕上げ

- アルマイト仕上げ：アルミニウムの耐食性を高めるため、表面に酸化被膜を形成した仕上げです。
- サンドブラスト：砂状の研磨材などを表面に高速で吹き付ける加工法で、つや消し～梨地のような仕上がりになります。
- ヘアライン仕上げ（ステンレス）：表面に長い直線状の模様を付けて、つや消しの仕上げにする方法です。
- エッチング：金属表面をマスキングして、露出部分を薬品で腐食させて図柄を表出させる方法です。マスキングとサンドブラストで仕上げる方法もあります。

●アルマイト仕上げは、アルミサッシをイメージしましょう。

●サンドブラストはショットブラストともいいます。

② 塗装による仕上げ

・ 静電塗装：静電気で帯電させた塗料を霧状にして塗装する方法です。自動車のボディーの塗装をイメージしてください。

・ 電着塗装：水溶性塗料に浸した対象物に電流を流して電気化学的に塗膜をつくる方法です。工場のライン生産で使われています。

・ 粉体塗装：粉末状の塗料を対象物に付着させ、高温の炉内で焼き付けて塗装する方法です。

家具の手入れ

① 木製品、プラスチック製品

木製家具、プラスチック製品、メラミン化粧板、ポリエステル化粧合板などの汚れは、中性洗剤で布拭きした後、水拭きして、最後に乾拭きします。

② 金属材料

通常は乾拭きを行います。メッキ仕上げの場合は、専用クリーナーで汚れを落としてから乾拭きします。

③ 石、ガラス系材料

大理石の床は、油性のワックスを塗った後、乾拭きします。シーラーで下地処理をしておくという方法もあります。酸性の洗剤は使えません。

花崗岩のカウンターなどは、普段から水とスポンジで手入れをすると美しさが保てます。酸性、アルカリ性洗剤の両方に耐性があるといわれています。

④　**ガラス、鏡**

通常は乾拭きを行います。汚れが目立つ場合は、中性洗剤や専用のクリーナーで布拭きした後、水拭きして、最後に乾拭きします。

⑤　**布張地**

普段からブラッシングや、掃除機でゴミを取り除いておきます。汚れが目立つ場合は、薄めた中性洗剤液に浸した布を軽く絞り、叩くように拭きとっていきます。

⑥　**皮革**

通常は柔らかい布で乾拭きを行います。汚れが目立つ場合は、専用のクリーナーで布拭きします。

⑦　**合成皮革**

通常は水拭きします。汚れが目立つ場合は、中性洗剤で布拭きした後、水拭きして、最後に乾拭きします。

⑧　**その他**

箪笥などに用いられる桐材は、柔らかく傷がつきやすいため、乾いた柔らかい布で乾拭きをし、水分がついた時には、布などでそっと吸い取るようにします。桐箪笥に施される塗装面を守るためにも、水拭き等は避けるようにします。

●家具は、直射日光のあたる所、冷暖房機の近くなど温度差の激しい所、湿気の多い所への設置は避けるようにします。

●屋外用の家具素材に用いられるチーク材は、腐朽に強い樹脂や油分を多く含むので、特に手入れは必要ありませんが、食べ物の油分などはシミになるので拭き取る必要があります。

チャレンジ問題

設問の正誤を答えて下さい。

問1　ダイニングテーブルの大きさが1200×800mmの場合、肘無しいすを使用して４人が着席でき、1800×900mmの場合には、肘掛けいすを使用して４～６人まで着席できる。

問2　来客時や用途に応じて、テーブルの大きさを変えられる伸長式のダイニングテーブルをバタフライテーブルと呼んでいる。

問3　スタッキングチェアとは、積み重ねることができるいすで、収納や運搬が便利ないすのことである。

問4　ソファーは３人掛けで2000mm前後、２人掛で1500mm前後の長さが標準になる。

問5　ソファーを置く場合、対面型配置やＬ型配置などが考えられるが、相手を正面に見据える対面型配置の方が会話がしやすくなるといわれている。

問6　ベッドにはヨーロッピアンスタイルやハリウッドスタイルと呼ばれるものがあるが、フットボードの無いタイプはヨーロピアンスタイルである。

チャレンジ問題 解説

		[解答]
解説1	正しい記述内容です。ただし、1800×900mmのダイニングテーブルに６人掛けの場合は、テーブルの短辺方向も使用します。	○
解説2	伸長式のダイニングテーブルをエクステンションテーブルと呼んでいます。バタフライテーブルは、折りたたみ式の天板を水平にして大きさを変えられるようにしたダイニングテーブルです。	×
解説3	正しい記述内容です。	○
解説4	正しい記述内容です。休息いすの一人分の腰幅が600mmになります。	○
解説5	視線が90度に交差するＬ型配置のほうが、つねに相手を正面に見据える対面型配置よりも、会話がしやすくなるといわれています。	×
解説6	フットボードの無いタイプをハリウッドスタイルといい、フットボードとヘッドボードの両方があるものをヨーロピアンスタイル（ヘッド・フットスタイル）と呼んでいます。	×

チャレンジ問題

設問の正誤を答えて下さい。

問7　幅10cm程度の板を、短手方向にアーチ状に渡し、マットレスにかかる荷重を吸収するベッドのボトムをウェビングテープと呼んでいる。

問8　ダブルベッドの大きさは、幅1300～1500mm×長さ1900～2050mm程度である。

問9　ボンネルコイルマットレスとポケットコイルマットレスを比べた場合、ダブルベッドに適しているのはポケットコイルマットレスである。

問10　成人用で作業性を考慮すると、片袖机の場合、一般的に、W1200mm×D700mm×H700mm程度、両袖机で、W1400mm×D700mm×H700mm程度が望ましい大きさである。

問11　いすの衝撃吸収材のうち、幅が50mm程度の帯状に織ったゴムなどのテープを、フレームにタッカーで格子状に留めたものをスネークスプリングという。

問12　座り心地を左右するいすのクッション材に多く使用されているものに、ポリウレタンフォームがある。

問13　普通合板は、接着剤の耐水性により１類合板、２類合板などに分けられるが、家具には１類合板が多く使用されている。

問14　ランバーコア合板とは、集成材を芯材としてその両面に突板を貼ったものである。

チャレンジ問題　解説

		[解答]
解説7	設問の内容はウッドスプリングボトムに関する記述になっています。ウェビングテープはいすに用いられる衝撃吸収材です。	×
解説8	正しい記述内容です。	○
解説9	正しい記述内容です。ポケットコイルマットレスは、スプリングが独立し、振動が伝わりにくいのでダブルベッドなどに向いています。	○
解説10	正しい記述内容です。	○
解説11	設問の内容はウェビングテープに関する記述になっています。スネークスプリングは、連続するＳ字状のフラットなバネを平行に何本か張った衝撃吸収材です。	×
解説12	正しい記述内容です。また、張地で使用する皮革には、牛皮などが使われています。	○
解説13	家具には２類合板が多く使用されています。	×
解説14	正しい記述内容です。	○

チャレンジ問題

設問の正誤を答えて下さい。

問15 木材の小片に接着剤を加えて、熱圧して板状に成型したものをファイバーボードという。

問16 ファイバーボードのうち、最も比重が小さいのはインシュレーションボードである。

問17 甲板の接合方法の一つに雇い実矧ぎがあるが、これは一方の板の側面に彫った溝に、他方の板に作った突起（実）を差し込んで接合する方法である。

問18 一般に18-8（じゅうはち・はち）ステンレスと呼ばれているものは、クローム18%、ニッケル８%が含有されているという意味で、SUS304ともいわれている。

問19 熱可塑性樹脂の成形法のうち、加熱溶融した樹脂を金型内に流し込み、一定時間冷却して成型する方法を、押出し成型という。

問20 熱可塑性樹脂の成形法のうち、ペットボトルなどの製法に用いられるのは、中空（ブロー）成型である。

チャレンジ問題 解説

[解答]

解説15 設問の内容はパーティクルボードに関する記述になっています。ファイバーボードは、繊維化した木材に接着剤を加えて、熱圧して板状に成型した製品です。 ×

解説16 正しい記述内容です。ファイバーボードを比重で比較するとハードボード>MDF>インシュレーションボードの順になります。 ○

解説17 矧ぎ（はぎ）には、一方の板の側面に彫った溝に、他方の板に作った突起（実）を差し込んで接合する本実矧ぎと、両方の板に溝を彫り、細い棒（雇い実）を差し込んで接合する雇い実矧ぎなどがあります。 ×

解説18 正しい記述内容です。一般的に18-8ステンレスというと、SUS304を表します。似たようなものにSUS303がありますが、硫化物を加えて切削性を向上させたものになります。ただし、SUS304よりも耐食性は劣ります。 ○

解説19 設問の内容は射出成型（インジェクション成型）に関する記述になっています。射出成型は、洗面器などの日用品から工業用部品まで幅広く利用されています。 ×

解説20 正しい記述内容です。 ○

チャレンジ問題

設問の正誤を答えて下さい。

問21 メラミン化粧板とポリエステル化粧板を比較した時、表面が硬く、耐熱性にも優れているのはポリエステル化粧板である。

問22 スライド丁番は、扉を閉じた状態では丁番本体が外から見えないため意匠的に効果があるが、取付け後には扉の上下左右の調整ができないので、連続した扉などでは使用できない。

問23 ローラーキャッチを使用すると、ワンタッチで扉を開閉することができ、扉面の取っ手やつまみが不要になるため、すっきりした仕上がりにすることができる。

問24 引き出しにスライドレールを使用する場合、引き出しをすべて引き出せるようにするためには、二段引きのスライドレールを使用するとよい。

問25 メラミン化粧板の家具の扉の汚れには、研磨剤の入った洗剤で水拭きを行ったあと、乾拭きを行うようにすると効果的である。

問26 家具の塗装仕上げのうち、無垢の木地の雰囲気をそのまま伝えることができるソープフィニッシュは、オイルフィニッシュに比べ仕上がり色が白っぽくなる。

問27 金属家具の表面仕上げのうち、砂状の研磨材などを表面に高速で吹き付ける加工法をサンドブラスト（仕上げ）という。

チャレンジ問題 解説

		[解答]
解説21	メラミン化粧板の方が、強度や耐熱性などに優れています。	×
解説22	丁番に扉を上下・左右・前後に微調整できる機能が付いているため、取付け後の微調整が可能になっています。	×
解説23	設問の内容はプッシュキャッチに関する記述になっています。	×
解説24	引き出しを全て引き出すためには、三段引きのスライドレールを使用します。	×
解説25	メラミン化粧板の家具の扉は、中性洗剤を薄めた液で布拭きし、その後良く水拭き、さらに乾拭きを行います。研磨剤は擦り傷がつくので使いません。	×
解説26	正しい記述内容です。	○
解説27	正しい記述内容です。	○

2 造作部品

まとめ & 丸暗記　この節の学習内容とまとめ

造作部品

■ **洋室の造作部品**　床材、幅木、腰壁、腰見切り、壁材、天井回り縁、天井材、ドア枠、窓枠など

■ **和室の造作部品**　床材、畳寄せ、付け柱、敷居、鴨居、長押、回り縁、欄間材、竿縁（天井）など

■ **玄関の造作部品**　上り框、式台、付け框

※　式台は玄関土間と床部分の段差解消に有効

システム・ユニット製品

■ **飾り天井ユニット、押入れユニット、システム玄関収納、天井収納はしごユニット、床下収納庫、掘りごたつ、物干しユニット、床の間セット、カウンター材など**

※　ポストフォーム加工：合板やMDFなどの表面にメラミン化粧板を熱圧して一体的に仕上げる技術（カウンター材や家具の扉などに用いられている）

階段

■ **平面形状による分類**
- 直線階段
- 折り返し階段
- 回り階段
- 曲がり階段

■ **踏み板の支持方法による分類**
- 側桁階段
- ささら桁階段
- 力桁階段

造作部材・部品の種類

1 洋室の造作部材・造作部品

これから読んでいただく内容に関しましては、238～243ページをあわせて参照してください。

近年では、造作部材や部品の多くは、規格商品化されているものが多く、商品として選択できる幅が広がっています。

洋室の造作部材には、床材、幅木、腰壁、腰見切り、壁材、天井回り縁、天井材、ドア枠、窓枠、建具枠の飾り縁などがあります。

腰壁（床面から80cm程度の高さに設ける壁）を張る方法の一つとして、製品となった装飾用パネルで仕上げる方法があり、框タイプやフラットタイプなどさまざまなデザインのものがあります。また、床材や幅木、腰見切りと同じ素材・同じ色などでトータルコーディネートできるようになっています。

補足

● 造作（ぞうさく）とは、柱や梁といった構造材以外で、大工さんが作る部材のことです。

●見切りとは、仕上げがかわる部分に、細長い部材などを入れて納めることをいいます。

2 和室の造作部材・造作部品

和室の造作部材には、床材としての縁甲板、畳寄せ、半柱（付け柱）、敷居、鴨居、長押、回り縁のほか、欄間材や天井の竿縁などがあり、ほとんどが製品化されています。

造作材の多くは、ヒノキ、スギ、スプルスなどの化粧単板の練付板になっています。

3 玄関の造作部材・造作部品

玄関の造作部材には、上り框、式台、付け框などがあります。上り框には、直線状のもののほか、アールの付いた曲線状の上り框もあり、製品としてあらかじめ曲げ加工されています。

上り框部分の段差を小さくするために、式台を設けることがありますが、上り框と一体になっている製品もあります。玄関ホールの床材と同じ色などでトータルコーディネートできるようになっています。

付け框とは、玄関土間の仕上げ材と壁の仕上げ材を見切るために、上り框に連続させて同じ高さに取り付ける化粧材です。

システム・ユニット製品

① 飾り天井ユニット

飾り天井ユニットは、天井の一部を周囲よりも高くすることで、室内に立体感を生み、装飾性を高めることができます。洋室用と和室用がありますが、いずれも部屋の広さに合わせたものを選択する必要があります。

② 押入れユニット

押入れの中段棚板部分が、引き出しになっているものなど、スペースを最大限に有効活用できるように考えられています。

③　**下駄箱と玄関収納**

靴だけでなく、コート類やスキー板なども収納できるシステム玄関収納と呼ばれる製品が普及しています。必要に応じてキャビネットやボックスなどの箱型収納を、組み合わせることが可能です。

システム玄関収納

④　**天井収納はしごユニット**

天井裏の余剰空間を利用する収納の出入りに使う可動式のはしごで、使用しない時には天井裏に格納できるようになっています。取り付けることができる天井の高さが決まっていますので注意が必要です。

⑤　**床下収納庫**

固定式、スライド式などがあり、２階の床下に設置できるものや、隙間風が入ってこないようにした気密タイプなど多様な種類があります。

●練付板は、下地材（合板など）の表面にうすくスライスした天然木を接着剤で貼り合わせた板のことです。

●造作部品などの部材に無垢材を使用すると、木目の柄合わせや色合わせが難しくなるため、均質で木材の風合いも活かすことができる、練付化粧材が使用されることが多くあります。

⑥ 掘ごたつと掘り座卓

冬には掘ごたつとして利用し、夏にはそのまま掘り座卓として利用するか、やぐらを床下に収納して畳を敷くなどの使い方ができます。

⑦ 物干しユニット

普段は天井面にあり、使用するときに電動または手動で竿を下ろして使用します。

⑧ 床の間セット、その他のセット商品

踏込床セット、框床セットなど床の間の形状に合わせて商品化されています。さらに、床脇セット（天袋、違い棚、地袋などがセットになったもの）や付け書院セットなどもあります。

また、茶室用としての水屋セットなどの製品もあります。

⑨ カウンター材

集成材のカウンターにはゴムやタモなどの洋風のものから、ヒノキといった和風のものまでさまざまな樹種があり、目的に応じて選択できます。また、突板の練付材やポストフォーム加工（合板やMDFといった基材にメラミン化粧板を熱圧して一体的に仕上げる技術で端部を丸くすることもできます）したものなどがあります。

システム階段とプレカット階段

階段の内容に関しましては、244ページもあわせて確認してください。

階段は平面形状から**直線階段、折り返し階段、回り階段、曲がり階段**に分類できます。また、踏み板の支持方法により、側桁階段、ささら桁階段、力桁階段などに分かれ、それぞれを組み合わせることでさまざまな形状の階段を作ることができます。

- 側桁（がわげた）階段：踏み板を支持する桁を上階との間に2本掛け渡して、その間に踏み板をはめ込むように設けた階段です。
- ささら桁階段：踏み板を支持する桁が段々状になっている階段です。
- 力桁（ちからげた）階段：上階との間に斜めに掛け渡した1本の太い角材を踏み板の幅方向の中央に設置して下から支持する階段です。

①　システム階段

側桁、ささら桁、踏み板、踊り場、手すりなど階段を構成する部材がすべて統一されたデザインでワンセットになっている製品です。設置できる階高が決まっていますので、該当する商品を選択することになります。

②　プレカット階段

設計図や現場寸法をもとに、あらかじめ工場でカットされた部材を現場で組み立てる方法です。現場での作業の省力化などが図れます。

●ポストフォーム加工されたカウンター材（メラミン系カウンター材）は、耐熱性、耐傷性、耐薬品性、耐汚染性など優れた物性を有しています。

チャレンジ問題

設問の正誤を答えて下さい。

問1　鴨居の上部に床と平行に取り付ける化粧材を幅木という。

問2　付け框とは、玄関土間の仕上げ材と壁の仕上げ材を見切るために、上り框に連続させて同じ高さに取り付ける化粧材のことである。

問3　練付板とは、薄くスライスした化粧用の天然木を合板の表面に接着剤で貼り付けたもので、内装仕上げ材や家具などに用いられている。

問4　ポストフォーム加工とは、合板やMDFといった基材にメラミン化粧板を熱圧して一体的に仕上げる技術である。

問5　プレカット階段は、側桁、ささら桁、踏み板、踊り場、手すりなど階段を構成する部材がすべて統一されたデザインでワンセットになっている製品で、設置できる階高は規格化されている。

問6　プレカット階段は、設計図や現場寸法をもとに、あらかじめ工場でカットされた部材を現場で組み立てる方法で、現場での作業の省力化などが図れるが、現場寸法を精密に測る必要がある。

チャレンジ問題 解説

		[解答]
解説1	設問の内容は長押に関する記述になっています。	×
解説2	正しい記述内容です。	○
解説3	正しい記述内容です。	○
解説4	正しい記述内容です。家具の天板、出窓や洗面化粧台のカウンターなどに使われています。端部を丸くする加工もできます。	○
解説5	設問の内容は、システム階段という名称で商品化されているものです。	×
解説6	正しい記述内容です。	○

3 ウインドートリートメント

まとめ & 丸暗記　この節の学習内容とまとめ

カーテンの種類と分類

■ 基本的なスタイル

センタークロス：カーテンの上部中央から弧を描いて左右に分かれる
クロスオーバー：カーテンの上部中央で生地が重なり合う、センタークロス
ハイギャザー：カーテンの裾に、カーテン丈の２割程度のフリルがつく
スカラップ：カーテンの裾が貝状に弧を描いて上がる
セパレート：カーテン丈中央よりやや下を束ねたものを、数本吊る
カフェ：窓枠の中のテンションポールに取り付け、窓の一部を隠す

■ カーテンプリーツの種類

- ２本ピンチプリーツ……ヒダ山２つ、ヒダ間隔15cm程度
- ３本ピンチプリーツ……ヒダ山３つ、ヒダ間隔10cm程度
- ギャザープリーツ………密度の濃いヒダ、薄手の生地に適す

■ ドレープカーテン・シアーカーテン

- ドレープカーテン………厚手の生地
- シアーカーテン
  - レースカーテン
  - ケースメントカーテン……ドレープとレースの中間

カーテンの仕上がり寸法

カーテンレール　　窓外枠幅の左右に10cm程度加えた長さ
仕上がり幅　　　　カーテンレールの長さ
仕上がり丈
- 掃き出し窓は床上1～2cm裾上げ
- 腰窓は、窓下枠よりも15～20cm長めに設定

ローマンシェード

- プレーン……………平らな一枚の布
- シャープ……………均等な間隔の横ラインで、水平方向を強調
- バルーン……………たたみ上げた形が丸みのある納まり
- オーストリアン……横方向に多数の細かなヒダ、下ろした状態で使用

スクリーン

- ロールスクリーン………生地がロール状に巻き取られて収まる
- プリーツスクリーン……水平方向に幅15～25mmの規則正しいプリーツ
- ハニカムスクリーン……プリーツスクリーンの断面形状がハニカム構造
- パネルスクリーン………数枚のパネル状の布を左右に移動

ブラインド

- ベネシャンブラインド……スラットが水平方向の横型ブラインド
- バーチカルブラインド……縦方向のルーバーを左右に動かして開閉

カーテン

1 カーテンの基本的なスタイル

カーテンに求められる性能は、遮光性、断熱性、遮音性、遮蔽性、装飾性などになります。

窓の装飾性を高めるためのカーテンをスタイルカーテンと呼びます。したがって、見えること（見せること）が目的となりますので、別のカーテンと組み合わせて用いられることもあります。

① センタークロス

カーテンの上部の中央から弧を描いて左右に分かれるデザインです。開閉する目的のものではありませんが、開閉可能なものもあります。

② クロスオーバー

センタークロスに似ていますが、カーテン上部の中央で生地が重なり合っています。重なり合う部分を縫いつけてありますので、開閉はできません。

③ ハイギャザー

カーテン生地の裾部分に、カーテンの丈の２割程度の長さのフリルがついたカーテンです。開閉可能です。

④ スカラップ

カーテンの裾が貝状に弧を描いて少し上がっているカーテンです。出窓などに用いられます。

⑤　セパレート

カーテンの丈の中央よりやや下を束ねたものが、数本吊られているタイプです。

⑥　カフェ

窓枠の中に突っ張り棒（テンションポール）を取り付けて、そこに、窓の一部を隠すように取り付けるカーテンです。

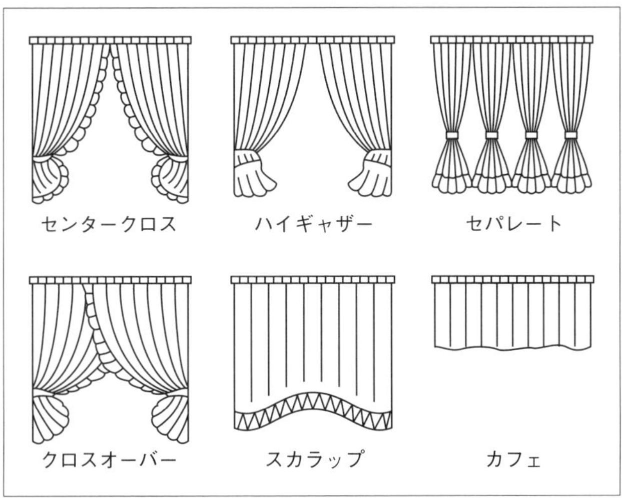

カーテンのスタイル

●カーテンの遮光性能はJIS規格で１～３等級に分類されており、１等級が遮光率が一番高くなっています。

●カーテンは消防法による「防炎対象物品」として、基準以上の防炎性能が求められています。404ページを参照してください。

2 カーテンのプリーツの種類

プリーツ（ひだ）には、カーテンの柔らかな表情を生み出す働きがあります。同じ生地でもプリーツの違いにより、表情が変わってきます。

① **2本ピンチプリーツ**（二つ山ヒダ）

ひだ山を2つとったもので、ヒダの間隔は15cm程度です。開口部間口の1.5～2倍程度の生地が必要になります。

② **3本ピンチプリーツ**（三つ山ヒダ）

ひだ山を3つとったもので、ヒダの間隔は10cm程度です。開口部間口の2.5～3倍程度の生地が必要になります。

③ **ギャザープリーツ**（シャーリング）

生地を細かく寄せた密度の濃いヒダです。薄手の生地に適しています。開口部間口の3～4倍程度の生地が必要になります。

3 吊り元のスタイル

カーテンの上部（吊り元）を覆い、吊り金具などを隠して装飾する物をバランスといい、硬い板や芯の入ったタイプをペルメットと呼んでいます。

また、スワッグ＆テールといって、カーテン上部に雲形にたるんだ布を、カーテンの両サイドにも布を垂らして装飾する方法もあります。

4 カーテンレール

カーテンレールには、開閉のしやすさなどの機能性を重視した機能レールと、カーテンで隠さずに見せるための装飾レールがあります。

装飾レールの代表的なものにリングランナーがあります。ポール状のレールにカーテン上部に設けたリングを通して吊るタイプです。

5 ドレープカーテンとシアーカーテン

カーテンには厚手の生地を使ったドレープカーテンと、ドレープと組み合わせて使う薄手の生地を使ったシアーカーテンがあります。

① ドレープカーテン

無地や簡単なパターン模様のドビー織や、複雑な色柄を表現できるジャガード織などでつくられています。

② シアーカーテン

透過性のある薄手の生地を使ったカーテンで、レースカーテン、ケースメントカーテン（ドレープとレースの中間的なカーテンです）などがあります。

6 カーテン生地の素材と特徴

① ポリエステル繊維

長所：シワになりにくい、縮みにくい、熱に強い
短所：静電気が起きやすく汚れやすい

② アクリル繊維

長所：シワになりにくい、薬品や日光に強い
短所：静電気が起きやすく毛玉ができやすい

③ 綿製

長所：丈夫で吸湿性があり、染色性が良い
短所：シワになりやすい

補足

●カーテンを脇に寄せて留め付けるものを、タッセルと呼んでいます。タッセルもカーテン周りの装飾品として重要な役割を担っています。

●リングランナーには、ポール両端に装飾を施すことができ、素材も木製、樹脂製、金属製などさまざまなものがあります。

●既製カーテンは、「家庭用品品質表示法」に基づき、繊維の組成について表示が義務づけられています。

●ポリエステル繊維は、防炎加工が可能ですが、アクリル繊維の場合は、後からの防炎加工ができないので、あらかじめ原料に防炎剤を入れて加工します。

7 カーテン生地の加工処理

カーテンには、付加価値を付けるために、さまざまな加工が施されています。樹脂加工（シワを防ぎ縮みを少なくする加工です）、防炎加工、防汚加工、消臭加工、制菌加工（病院などで使われます）などがあります。

8 カーテンの寸法と見積り

① カーテンレールの長さ

カーテンレールの長さは、窓の開口幅より左右ともに10～20cm長めに設定します。

② カーテンの仕上がり寸法

カーテンの仕上がり幅は、カーテンレールの長さになります（誤差を見込んで3～5％長く設定します）。仕上がり長さ（丈）は、掃き出し窓では床上1～2cm裾上げし、腰窓の場合は窓枠下端よりも15～20cm長くします。窓側に付くシアーカーテンの長さは若干短め（1cm程度）に設定します。

③ 要尺（布地の使用数量）の決定

仕上がり寸法が決まりましたら、布地の使用数量を決めます。幅は、**仕上がり幅×ヒダ倍率＋左右の折り返し分（40cm）**とし、長さは、**仕上がり長さ＋上下の折り返し分（40cm）**とします。ヒダ倍率は一般的には、二つ山ヒダ：1.5～2倍、三つ山ヒダ：2～2.5倍、シャーリング：3～4倍（172ページ参照）となります。

【カーテンの要尺計算の例】
仕上がり寸法の幅が200cm×長さが200cmで二つ山ヒダ（倍率2）の無地カーテンを幅が100cmの布地で製作する場合とします。
必要幅数の求め方：200cm×2＋40cm＝440cm、使用する布地の幅が100cmですから、440cm÷100cm＝4.4なので5幅（繰り上げます）ということになります。長さは200cm＋40cm＝240cmなので、240cm×5幅＝1200cm（12m）の布地が必要となります。

ローマンシェード

ローマンシェードは、1枚のカーテン生地を上下に昇降して、開閉するタイプのシェードです。

① プレーン

シェードを下ろしたときは、平らな一枚の布になりますが、生地の厚みなどによって表情はさまざまなものになります。開けるときには、生地の裾から折りたたむ感じで上げていきます。

② シャープ

生地に均等な間隔で横ラインが入り、水平方向を強調したシャープなデザインになります。上げていくときにできる、生地たまりの部分もきっちりとまとまって上がっていきます。

③ バルーン

たたみ上がった形がふんわりとした丸みのある納まりになります。上部がギャザープリーツや三つ山ヒダなどのタイプになっていて、裾にはフリルが付いているものもあります。

④ オーストリアン

横方向の細かなヒダがたくさんあり、下ろしているときに美しい表情を見せます。劇場やホテルのレストランなどで使われ、通常は下ろしたままの状態で使用します。

補足

●カーテンの布地の使用数量を決める際、上下左右の折り返し分として本書では40cmと記していますが、これはあくまでも目安の数字として考えてください。

●ローマンシェードには、その他にピーコック（上げたときに裾が半円形になります）、ムース（上げるときに裾の中央から上がっていきます）、プレーリー（さざ波のような細かな起伏が付いています）があります。

●ローマンシェードの操作方法には、手動式と電動式があります。手動式の場合は、シェードの横についているボールチェーンや紐を下に引くとシェードが上がり、手を離すとその位置で止まります。また、ボールチェーンを緩く、数cm引き上げて手を離すとシェードは適度なスピードで下がっていきます。

スクリーン

1 ロールスクリーン

スクリーンを上げたときに、生地がロール状に巻き取られて納まる仕組みです。窓に取り付けるだけでなく、キッチンや収納の目隠しとしても利用されています。

布地はポリエステル製が多く、樹脂加工が施されているためハリのあるプレーンな感じに仕上がります。

ボールチェーンなどで上下させるタイプのほかに、本体中央にスクリーンを上下させるための紐が付いたプルコード式もあり、腰窓などに利用できます。

2 プリーツスクリーン

樹脂加工されたポリエステルの不織布や和紙に幅15～25mmの規則正しい水平方向のプリーツを付けたもので、ボールチェーンや紐で上下させます。

上部はレースのような生地、下部は視線を遮る生地など、上下に２種類の生地を使用し、開閉の操作によって部屋の雰囲気を変えることもできます。

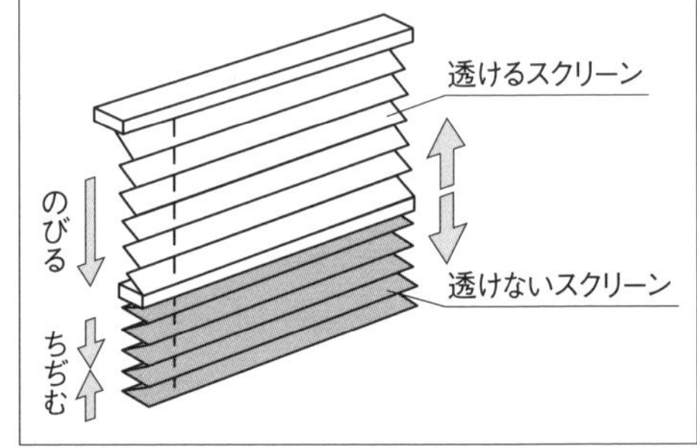

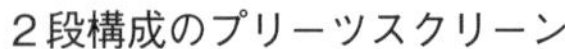
２段構成のプリーツスクリーン

3 ハニカムスクリーン

プリーツスクリーンの断面形状がハニカム構造になっているもので、その部分が空気層になりますので、断熱性能が向上します。ダブル・ハニカム構造のスクリーンもあります。

4 パネルスクリーン

パネル状のプレーンな布をレールに数枚吊るして左右に移動させるもので、調光や遮光のために窓などに取り付けますが、間仕切りとしても使われています。

ブラインド

1 ベネシャンブラインド(横型ブラインド)

アルミに樹脂を焼き付けて塗装したスラット（羽根）を上下に動かすことで開閉させます。また、閉じた状態でも、スラットを回転させて角度を調整し、採光することもできます。

このように、スラットが水平方向になっているものをベネシャンブラインドと呼んでいます。

スラットの幅は15～50mmなどとなっていますが、住宅には25mm以下が多く使われています。

2 バーチカルブラインド(縦型ブラインド)

レールにルーバー（縦方向の羽根）を多数取り付けて、左右に動かして開閉します。また、閉じた状態でも、ルーバーを回転させて角度を調整し、採光することもできます。

このように、ルーバーが垂直方向になっているものをバーチカルブラインドと呼んでいます。

ルーバーの幅は、50～120mmとなっていますが、住宅には75mm、80mmが多く使われています。

●竹や葦などを糸で編んだ簾（すだれ）は、日本古来からある日よけとして、現代の住宅などにもよく使われています。

●ベネシャンブラインドのスラットの表裏の色を変えて、角度を調整することで、部屋の雰囲気を変えることもできます。

●バーチカルブラインドのルーバーの素材には、布製、塩化ビニル製、アルミ製、プラスチック製、ガラス繊維製などがあります。

チャレンジ問題

設問の正誤を答えて下さい。

問1 出窓などに用いる、裾がアーチ形のカーテンのスタイルをスカラップという。

問2 カーテン生地の裾部分に、カーテンの丈の２割程度の長さのフリルがついたカーテンをセパレートスタイルという。

問3 ギャザープリーツは、ひだ山を３つとったもので、ヒダの間隔は10cm程度になる。また、開口部間口の2.5～３倍程度の生地が必要になる。

問4 カーテンには厚手の生地を使ったシアーカーテンと、シアーと組み合わせて使う薄手の生地を使ったドレープカーテンがある。

問5 ケースメントカーテンとは、縦すべり出し窓（縦方向に回転軸があり、外部に押し出すとスライドしながら開く形式の窓）専用のカーテンである。

問6 カーテン生地には、ポリエステル繊維製、アクリル繊維製、綿製などがあるが、最もシワになりにくい生地は綿製である。

問7 カーテンの見積もりにおいては、要尺が生地代や縫製加工費の算出根拠となる。

チャレンジ問題 解説

		[解答]
解説1	正しい記述内容です。	○
解説2	設問の内容はハイギャザースタイルに関する記述になっています。セパレートスタイルはカーテンの丈の中央よりやや下を束ねたものが、数本吊られているタイプです。	×
解説3	設問の内容は3本ピンチプリーツに関する記述になっています。ギャザープリーツは、薄手の生地に適した生地を細かく寄せた密度の濃いヒダになります。	×
解説4	厚手のものをドレープカーテン、レースカーテンのように透過性のある薄手のものをシアーカーテンと呼んでいます。	×
解説5	ケースメントカーテンは、ドレープカーテンとレースカーテンの中間的なシアーカーテンの一種です。	×
解説6	綿製はシワになりやすく、ポリエステル、アクリル繊維はシワになりにくい特徴があります。	×
解説7	正しい記述内容です。そのほかに、取り付け加工費、オプション費用、諸経費などが加わります。	○

チャレンジ問題

設問の正誤を答えて下さい。

問7 1枚のカーテン生地を上下に昇降して、開閉するタイプのシェードを、ローマンシェードという。

問8 生地とバーを組み合わせて、均等な間隔で横ラインが入り、水平方向を強調したローマンシェードをプレーンスタイルと呼んでいる。

問9 ロールスクリーンは、スクリーンを上げたときに、生地がロール状に巻き取られて納まる仕組みで、窓に取り付けるだけでなく、キッチンや収納の目隠しとしても利用されている。

問10 ロールスクリーンの開閉方法には、ボールチェーンなどで上下させるタイプのほかに、本体中央にスクリーンを上下させるための紐が付いたプルコード式がある。

問11 プリーツスクリーンには、上下に2種類の生地を使用し、開閉の操作によって部屋の雰囲気を変えることができる2段式のタイプもある。

問12 開閉可能なスラットが水平方向になっている横型のブラインドをベネシャンブラインドと呼んでいる。

問13 バーチカルブラインドは、ルーバーが左右に連続して取り付けられたもので、縦型ブラインドとも呼ばれている。

問14 既製カーテンは、家庭用品品質表示法に基づき繊維の組成について表示することが義務づけられている。

チャレンジ問題 解説

		[解答]
解説7	正しい記述内容です。	○
解説8	設問の内容はシャープスタイルのローマンシェードに関する内容になっています。	×
解説9	正しい記述内容です。	○
解説10	正しい記述内容です。プルコード式は腰窓などに適しています。	○
解説11	正しい記述内容です。プリーツスクリーンには、断面形状をハニカム構造とし、断熱性能を向上させたタイプもあります。	○
解説12	正しい記述内容です。	○
解説13	正しい記述内容です。	○
解説14	正しい記述内容です。	○

4 カーペット

まとめ & 丸暗記　この節の学習内容とまとめ

種類と分類

■ 製法による分類

緞通（だんつう）：手織り
ウイルトン・カーペット：機械織り
ダブルフェイス・カーペット：同時に左右逆柄の2枚のカーペットを製造
アキスミンスター・カーペット：多色の模様織
タフテッド・カーペット：裏面処理で補強し縫い目を固定
一定サイズにカットしてタイルカーペットとしても使用
フックドラグ・カーペット：手工芸的製作手法（ハンドタフテッドともいう）
ニードルパンチ・カーペット：フェルト状カーペットでタイルカーペットとしても使用
タイルカーペットとしても使用

■ パイル形状による分類

①カットタイプ
- プラッシュ…………パイル長さ5～10mm
- サキソニー…………パイル長さ15mm前後
ヒートセット加工
- ハードツイスト……パイル長さ10～15mm前後
より強くヒートセット
- シャギー……………パイル長さ25mm以上

②ループタイプ
- レベルループ………均一な高さのループ状パイル
- マルチレベル………ループ状パイルの高さに変化をつけて立体感を持たせる

③カット＆ループタイプ……ループパイルの一部をカットして、質感のことなる表面を創り出す

④フラットタイプ……………表面がフェルト状や平織調
ニードルパンチ・カーペットなど

敷き方による使い分け

- 敷きつめ……部屋全体に敷きつめる
- 中敷き（センター敷き）……部屋の周囲をあける
- ピース敷き……小さなカーペットを置く

カーペットの施工方法

- 置き敷き
- 接着工法
- グリッパー工法……グリッパー（カーペットの固定金具）を部屋の四隅の壁際に設置し、これにカーペットを引っ張りながら留め付ける工法

カーペットに求められる性能と役割

カーペットは、床仕上げ材としての役割があるため、装飾性に加えて、安全性、歩行性、保温性、吸音性、省エネルギー効果などの諸性能が求められます。

カーペットの種類

カーペットの表面に出ている繊維の束をパイルといい、丸くループ状になったループパイルと、毛足を切りそろえたカットパイルがあります。

1 製法による分類

① 緞通(だんつう)

地組織となる糸に、羊毛などの太い毛糸を１本１本結び付けて立毛し、さらに各種の色糸を織り込んで模様を作っていきます。人の手で１本１本織り上げていきますのでパイルの数が多いほど高級品とされます。ペルシャ絨毯や中国絨毯が知られています。

② ウィルトン・カーペット

機械織りのカーペットで、パイル糸と地組織のたて糸、よこ糸、しめ糸の４種類の糸を交差するように強く締め付けながら織り上げるため、高い耐久性が得られます。２本のよこ糸でパイル糸を押さえたものを二越織り(ふたごしお)、３本のよこ糸で押さえたものを三越織り(みつごしお)と呼んでいます。

③　ダブルフェイス・カーペット

ウィルトン・カーペットの製法を基本として、上下二重の地組織にパイル糸を架け渡すように織り、その部分を上下２枚にカットして、同時に左右逆柄の２枚のカーペットを製造する方法です。フェイス・ツー・フェイスとも呼ばれています。

④　アキスミンスター・カーペット

ウィルトン・カーペットの製法を基本とした織りカーペットですが、多色の模様織が特徴です。製造方法により、グリッパー・アキスミンスターとスプール・アキスミンスターカーペットがあります。

⑤　タフテッド・カーペット

基布に、多数のミシン針が自動的にパイルを植え付けていく刺繍方式で製作されています。基布の裏面に、ラテックスゴムを塗り、縫い目を固定します。さらに、化粧裏地を貼り付けて仕上げます。

⑥　フックドラグ・カーペット

製法はタフテッド・カーペットと同様ですが、手工芸的に１本の刺繍針でパイルを差し込んでつくる一品生産品です。ハンドタフテッドとも呼ばれています。

⑦　ニードルパンチ・カーペット

薄く重ねた短い繊維を、多数の針の付いた機械で刺し固めてフェルト状にしたカーペットです。パイル糸はなく裏面はラテックスコーティングされています。安価でカラーバリエーションが豊富です。

●グリッパー・アキスミンスターよりもスプール・アキスミンスターのほうがより多くの色使いが可能になります。

●フックドラグ・カーペットは、電動または手動の刺繍針でパイルを刺し込んで作っていきます。

2 パイル形状による分類(カットパイルとループパイルの種類)

(1) カットタイプ

① プラッシュ

パイル長さが5～10mmの範囲で、カットパイルでは一般的な仕上げになります。

② サキソニー

パイル長さが15mm前後です。撚(よ)り糸の撚りが戻らないように熱を加えた（ヒートセットした）カットパイルです。弾力性があり豪華な感じを受けます。

③ ハードツイスト

パイル長さが10～15mm前後です。サキソニーよりもさらに強くヒートセットされているため、弾力性や耐久性に優れています。

④ シャギー

パイル長さが25mm以上のものをいいます。豊かな風合いで豪華な雰囲気を出せますが、歩行量の多い場所には不向きです。

(2) ループタイプ

① レベルループ

ループ状のパイルの高さを均一にしたものを高密度で埋め込んだもので、耐久性や歩行性に優れています。

② マルチレベルタイプ

ループ状のパイルの高さに変化をつけて立体感を持たせてあります。ハイ＆ローループとも呼ばれています。

(3) カット&ループタイプ

ループパイルの一部をカットして、カットパイルとすることで質感の異なる表面を創り出したカーペットです。

レベルが揃ったループパイルの先端の一部分をカットしてカットパイルにすることにより、質感の変化をもたせたものをレベルカット&ループ、ハイ&ローループの高いループ部分をカットしたハイカット&ロールループがあります。

(4) フラットタイプ

ニードルパンチ・カーペットに代表される、表面がフェルト調や平織調のもので、歩行量の多い通路などに使われています。

●ハイカット&ローループは、高いカットパイルと低いループパイルの組み合わせになるため、鮮明な模様や質感の違いを出すことができます。

カーペットに使われる繊維

1 天然繊維

絹、ウール、麻、綿などがあります。ウールは、通気性や保温性、染色性に優れ、難燃性もあるためカーペットの素材に適しているといえます。また、麻は混紡で使われ、摩耗に強い丈夫な素材です。

2 化学繊維

レーヨン、ナイロン、アクリル、ポリエステル、ポリプロピレンなどがあります。現在ではポリエステル製が多く流通しています。

カーペットの施工に当たっての注意点

1 敷き方による使い分け

敷きつめ（部屋全体に敷きつめる）、部屋の周囲を開ける中敷き（センター敷き）、さまざまな形状の小さなカーペットを、玄関や洗面所、ベッド脇に置くピース敷きがあります。また、重ね敷きといって、敷きつめた無地のカーペットの上に、緞通などをピース敷きする方法もあります。

ピース敷きや重ね敷きは、つまずきの原因にもなりますので注意する必要があります。

2 カーペットの施工方法

グリッパー工法、接着工法、置き敷きなどがあります。以下にグリッパー工法の内容を記します。

グリッパーとは、カーペットの固定金具のことです。このグリッパーを部屋の四隅の壁際に設置して、これにカーペットを工具で引っ張りながら留め付けていく方法です。グリッパーの厚みに合わせて、カーペットの下にはフェルトなどがあらかじめ敷かれますのでクッション性や吸音性が高まります。

3 見積もり

① 製品の規格・寸法

ロール物の場合、ロール幅には91cm、182cm、273cm、364cm、455cmなどがあり、それぞれ敷きつめる部屋の大きさに合わせて継ぎ目がなく、かつ無駄のない幅を選択するようにします。また、45cm角や50cm角にカットされたタフテッド・カーペットやニードルパンチ・カーペットなどのタイルカーペットは、オフィスなどのフリーアクセスフロア（二重床にしてそのすき間にOA機器などの配線スペースを設けた床）との組み合わせで広く使用されています。

② **材料費**

図面と実測での誤差を考慮して、幅・長さともに10cm程度の余裕を見て見積もり、実測後に修正します。柄合わせなどが必要な場合には、それによって生じるロスなども考慮する必要があります。また、タイルカーペットの場合は、施工面積に無地物で５％、柄物で７％程度を加算して見積もります。

品質表示と防炎規制

素材に関する品質表示の一つに「ウールマーク」があります。このマークは、99.7%以上が羊毛（新毛）を使用し、パイル密度や引き抜きに対する強度など所定の品質基準を満たした製品に表示することができます。

性能に関する品質表示では、消防法に基づく「防炎ラベル」表示があります。ホテル、高層建築物、百貨店など一定の建築物で使用する場合に必要となる防炎性能を満たしていることを表示するラベルです。

●グリッパーは、釘の尖っている方を上に向けて取り付けられている木片です。

チャレンジ問題

設問の正誤を答えて下さい。

問1　ウイルトン・カーペットは、機械織りのカーペットで、パイル糸と地組織のたて糸、よこ糸、しめ糸を交差するように強く締め付けながら織り上げるため、パイル糸の抜けがなく、高い耐久性が得られる。

問2　アキスミンスター・カーペットは、機械織りのカーペットで、花柄やモザイク柄などの多色の模様織ができる。グリッパー・アキスミンスターはスプールアキスミンスターよりも多くの色使いが可能である。

問3　ニードルパンチ・カーペットは、基布に、多数のミシン針が自動的にパイルを植え付けていく刺繍方式で製作されており、大量生産が可能である。

問4　緞通は、地組織となる糸に、羊毛などの太い毛糸を１本１本結び付けて立毛し、さらに各種の色糸を織り込んで模様を作る手織りカーペットで、パイルの結び方は生産される地域で異なる。ペルシャ絨毯や中国絨毯などが有名である。

問5　手工芸的に１本の電動または手動の刺繍針でパイルを差し込んでつくる一品生産品で、ハンドタフテッドとも呼ばれているカーペットは、ダブルフェイス・カーペットである。

チャレンジ問題 解説

		[解答]
解説1	正しい記述内容です。	○
解説2	アキスミンスター・カーペットにはグリッパー式とスプール式がありますが、グリッパー式は8～12色、スプール式は原理的に無制限の色使いができます。	×
解説3	設問の内容はタフテッド・カーペットに関する記述になっています。ニードルパンチ・カーペットは、パイル糸はなく裏面はラテックスコーティングされている不織カーペットです。	×
解説4	正しい記述内容です。	○
解説5	設問の内容はフックドラグ・カーペットに関する記述になっています。	×

チャレンジ問題

設問の正誤を答えて下さい。

問6 素材や製法が同じでも、パイルの長さや形状の違いによって視覚的にも、感触的にも製品に違いが出る。パイルの長さが15mm前後でヒートセットしたカットパイルをシャギーと呼んでいる。

問7 レベルループとは、高さの均一なループ状のパイルを高密度で埋め込んだパイルの形状を表す言葉である。

問8 レベルカット＆ループとは、カットパイルとループパイルを組み合わせて併用したタイプのパイル形状で、形状の異なる表面がそのまま柄を表現し、色調を変化させる効果をもっている。

問9 45cm角や50cm角にカットされたタフテッド・カーペットやニードルパンチ・カーペットなどのタイルカーペットは、オフィスなどのフリーアクセスフロアとの組み合わせで広く使用されている。

問10 カーペットの施工方法の一つであるスプール工法は、カーペットの固定金具を部屋の四隅の壁際に設置して、これにカーペットを工具で引っ張りながら留め付けていく方法である。

問11 カーペットの素材に関する品質表示の一つに「ウールマーク」があるが、このマークは、90%以上が羊毛（新毛）を使用し、パイル密度や引き抜きに対する強度など所定の品質基準を満たした製品に表示することができる。

チャレンジ問題 解説

		[解答]
解説6	設問の内容はサキソニーに関する記述になっています。シャギーはパイル長さが25mm以上のものをいいます。	×
解説7	正しい記述内容です。	○
解説8	正しい記述内容です。	○
解説9	正しい記述内容です。フリーアクセスフロアとは、二重床にしてそのすき間にOA機器などの配線スペースを設けた床のことです。	○
解説10	設問の内容はグリッパー工法に関する記述になっています。グリッパーとは、カーペットの固定金具のことを表します。	×
解説11	ウールマークは、99.7%以上が羊毛を使用し、パイル密度や引き抜きに対する強度など所定の品質基準を満たした製品に表示することができます。	×

5 その他

まとめ & 丸暗記　この節の学習内容とまとめ

絵画

- **屏風**　左右一組で造られたものを一双という
- **油彩画**　顔料を亜麻仁油やテレピン油で溶いて、キャンバスに描く
- **水彩画**　透明と不透明があり、不透明水彩をグワッシュと呼ぶ
- **パステル画**　粉末顔料と白粘土をゴム溶液で固めた棒状の画材で描く
フィキサチーフで定着させる
- **キャンバスサイズ**
  - F（フィギュール）人物型
  - P（ペイサージュ）風景型
  - M（マリン）海景型
- **ポスターサイズ**　B全判、B2判、A全判が主流
電車の中吊りポスターはB3判横使い

インテリアグリーン

- **鉢の大きさ**　直径3cmのものを1号と呼ぶ
（3号は直径9cm、10号は直径30cm）

エクステリアエレメント

- **芝生**
  - 洋芝（ベント）：やや硬いが冬にも枯れない
  - 高麗芝（和芝）：軟らかいが冬枯れする

絵画

1 日本画

日本画は、和紙や絹布に顔料（岩絵具など）と膠（にかわ）水を用いて描く日本の絵画です。

形態には、**掛軸**、**屏風**、**襖絵**などがあります。

① 掛軸（掛幅）

紙や裂（きれ）で表装した書や画を床の間に掛けて観賞するものです。正座して観賞することを考慮し、本紙（書や画）上下辺に付けられる**一文字**は、上の方が下より成（せい）が高く表具されることが多くなっています。

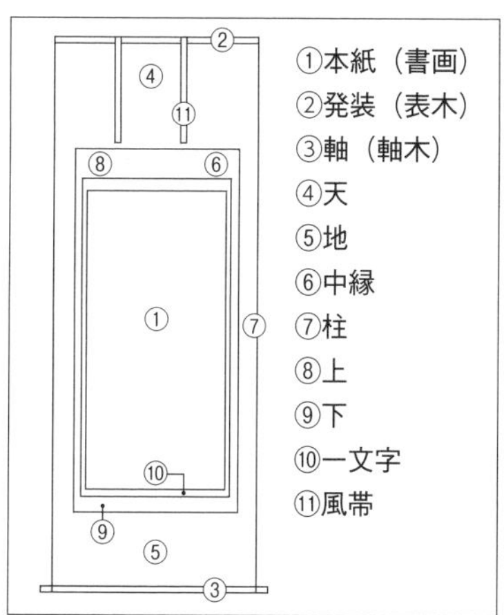

掛軸

② 屏風

現在では、洋室の一部に屏風を置くことで和のインテリアを表現するといった利用も考えられます。

六曲一双（ろっきょくいっそう）（6枚で構成された屏風が2つで1組になっているもの）などの組み合わせがあります。

補足

●膠（にかわ）とは、牛の骨や皮を煮詰めてつくる接着剤です。

●屏風は風や視界を遮る座敷の調度で実用と装飾を兼ねています。江戸時代初期の俵屋宗達の風神雷神図などが知られています。

2 洋画

使用される画材によって、油彩画、水彩画、パステル画などがあります。

① 油彩画

15世紀以降ヨーロッパで普及した技法で、亜麻仁油やテレピン油で溶いた顔料により、キャンバス（麻布）に描かれています。

② 水彩画

アラビアゴムなどで練り合わせた水溶性の絵具が使われます。透明と不透明があり、不透明水彩をグワッシュと呼んでいます。

③ パステル画

粉末顔料と白粘土をゴム溶液で固めた棒状の画材で描きます。粉状の画材を定着させるためのフィキサチーフ（定着液）を仕上げに使います。また、額装の際には、ガラス面に触れないよう配慮します。

3 キャンバスのサイズ

キャンバスのサイズには、F（フィギュール：人物型）、P（ペイサージュ：風景型）、M（マリン：海景型）の３種類があり、それぞれの号数により大きさが決まっています。

号数	F：人物画（フィギュール）	P：風景画（ペイサージュ）	M：海景画（マリン）
0	17.9×13.9	17.9×11.9	17.9×10.0
1	22.1×16.6	22.1×13.9	22.1×11.8
2	24.0×19.0	24.0×16.1	24.0×13.9
4	33.3×24.2	33.3×22.0	33.3×19.0
6	41.0×31.8	41.0×27.3	41.0×24.2
10	53.0×45.5	53.0×40.9	53.0×33.4
20	72.7×60.6	72.7×53.0	72.7×50.0
50	116.7×91.0	116.7×80.3	116.7×72.7
100	162.1×130.3	162.1×112.1	162.1×97.0

4 ポスターのサイズ

日本のポスターのサイズは、B全判（B1判：728×1030mm）、B2判（515×728mm）、A全判（A1判：594×841mm）が主流で、電車やバスの中吊りポスターはB3判（364×515mm）の横使いとなっています。

インテリアグリーン

鉢植えの観葉植物は、室内でも自然を感じることができ快適なインテリア空間を演出するための素材としも活用できます。

1 ハイドロカルチャー

水耕栽培の一種である、ハイドロカルチャーは土の代わりにハイドロボール（粘土質の水成岩を高温で焼いてつくった発泡煉石）を使うため衛生的で、ダイニングテーブルなどに置くことも可能です。

2 鉢の大きさ

鉢の直径は号数で表され、直径3cmのものを1号と呼んでいます。したがって、3号は直径9cm、10号は直径30cmということになります。

補足

●ポスターカラーも不透明水彩絵具の一種になります。

●躯体との間に空隙があるプラスターボード下地の壁に書画などを掛ける場合、有効な金具にボードアンカーがあります。

●タペストリーといわれる織物の技法は、わが国では、綴折（つづれおり）と呼ばれて、帯地などに織られてきました。アンジェ（フランス）の「ヨハネの黙示録」、クルニュー美術館（フランス）の「貴婦人と一角獣」などが有名です。

●インテリアグリーンを選択する際のポイントは、落葉しない種類が望ましく、香りの強いものや成育の早いものはあまり適していません。

テーブルウエア

1 テーブルリネン

テーブルウエアとは、テーブルクロスなどのテーブルリネン（テーブルクロスなどの布製品）、スプーンやナイフなどのカトラリー（スプーン、ナイフ、フォークなどの金属食器：シルバーウエア）、食器などを含めたものの総称です。以下、テーブルリネンについて説明します。

① テーブルクロス・テーブルランナー

テーブル全体を覆うクロスをフルクロスといい、フルクロスの上に長さを変えて掛けるクロスをトップクロスと呼んでいます。また、幅10～30cm程度の細長い布をテーブル中央の長手方向に掛けることがありますが、これをテーブルランナーと呼び、カジュアルな雰囲気の食卓を創り出すことができます。

② プレイスマット

それぞれ個別におかれる布をプレイスマット（ランチョンマット）と呼んでいます。45cm×30cm程度の長方形のものや、円形のマットなどもあります。

③ ナプキン

ディナー用が50cm角、ランチ用で40～45cm角、ティー用は20～30cm角となっており、多くはテーブルクロスと同じ生地が使われています。

2 洋食器

ディナー皿は23～27cm、サラダ皿やスープ皿は20cm前後、パン皿は12～17cm程度とされています。

ベッドウエア

① ベッドシーツ

直接肌に触れるので、綿100%が主流になりますが、ポリエステルとの混紡もあります。

② ベッドパッド

シーツとマットレスの間に敷くもので、ベッドパッドによりマットレスの痛みを防ぐことができます。羊毛、綿、ポリエステル製などがあります。

③ ベッドカバー

掛け布団をカバーするもので、ベッドスプレッドとも呼ばれています。

④ コンフォーター

一般的には薄手の掛け布団のことをいいます。羽毛やポリエステル綿などが使われています。

●テーブルクロスは、フォーマルなディナーでは、白い麻かダマスク織（綾織）の綿とされており、セミフォーマルな場では、色のある無地の麻や綿、化繊のクロスが使われ、さらにカジュアルな場では、色柄のクロスも使われます。

●テーブルランナーは、花やキャンドル、盛り皿などをテーブル中央部に置く場合などに使用され、コーディネートにアクセントを与えるテーブルリネンといえます。

エクステリアエレメント

1 洋風庭園におけるエレメント

エクステリアは、建築物の外側を構成する部分で、外構と呼ばれています。

① **トレリス**（洋風の格子垣）

金属や木などを格子状に組んだもので、そこにツタなどを絡ませます。自立するものや、壁に立てかけるもの、プランターが置ける台の付いたものなどさまざまな形状があります。また、開口部の前に取り付けてグリーンカーテンとしての機能を持たせることも可能です。

トレリスの一種ですが、細幅の木材を斜め格子状に組んだフェンスをラティスと呼んでいます。

② **トピアリー**

樹木や低木などを刈り込んで、幾何学模様や動物の形などにしたものです。あらかじめワイヤーで形を作っておき、そこにツル植物などを絡ませるものもあります。

③ **ウッドデッキ**

木製のデッキを室内側の床面と同じ高さに合わせて設置すると、インテリア空間の延長としてエクステリア空間を取り入れることができます。近年では、景観や環境保護に配慮した、メンテナンス不要の廃プラスチック再生原料などで作られた**擬木**などもあります。

④ **サンルーム**

アウトドアリビングとしても使用するサンルームには、手軽に施工できるアルミ製の規格化された商品もあります。

2 日本庭園におけるエレメント

① 垣根・塀

伝統的な様式として、**四つ目垣**（竹を格子状にまばらに組んだ透かし垣）、京都の建仁寺に由来する**建仁寺垣**（割竹を縦に隙間なく立てて、横竹と縄で結んで固定したもの）、京都の桂離宮に由来する**桂垣**（横に並べた細い竹の枝を縦方向の半割にした太い竹で固定したもので、太い竹の上部が斜めに切り落とされている）、**築地塀**（ついじべい）（瓦屋根の付いた土塀）などがあります。

② 延段（のべだん）

長く続く飛石の単調さを防ぐために、自然石や長方形の切り石を組み合わせて短冊形の石敷にした部分を中間に設けることがありますが、これを**延段**（のべだん）といいます。

③ 灯篭

織部灯篭、春日（かすが）灯篭（どうろう）、雪見灯篭などの形式があり、石川県の兼六園にある琴柱形灯篭（ことじがたとうろう）は、雪見灯篭が変化したものです。

※ 灯篭の二本の脚が琴の弦を支える琴柱（ことじ）に似ているため、このように呼ばれています。

3 芝生

洋芝（ベント）と**高麗芝**（和芝）がありますが、高麗芝は軟らかですが、冬には枯れてしまいます。一方洋芝はやや硬くなりますが、冬になっても枯れにくいといった特徴があります。

補足

●インテリア空間の延長としてのエクステリアには、バルコニー、テラス、庭などがあり、これらを関連付けることで、インテリア空間にも広がりが生まれます。また、バルコニーやテラスなどの半屋外空間は、生活空間の延長としての役割も持たせることができます。

●テラス囲いやバルコニー囲いで、屋根と柱を設置する場合は、建築面積や床面積に算入される場合がありますので注意が必要です。

チャレンジ問題

設問の正誤を答えて下さい。

問1 キャンバスのサイズには、F（フィギュール：人物型）、P（ペイサージュ：風景型）、M（マリン：海景型）の３種類があり、それぞれ号数により大きさが決まっている。F・P・Mは、同じ号数ならば短辺は同じで長辺の長さが異なってくる。

問2 日本のポスターのサイズは、B全判（B1判）、B2判、A全判（A1判）が主流で、電車やバスの中吊りポスターはB3判の横使いとなっている。

問3 ３号の鉢の直径は、12cmである。

問4 テーブル全体を覆うクロスをフルクロスといい、フルクロスの上に長さを変えて掛けるクロスをトップクロスという。

問5 フォーマルな雰囲気の食卓を創り出すためにテーブルランナーが活用される。

問6 樹木や低木などを刈り込んで、幾何学模様や動物の形などにしたものをトピアリーと呼んでいる。

問7 芝には、洋芝（ベント）と高麗芝（和芝）があるが、冬になっても枯れにくいのは高麗芝である。

チャレンジ問題 解説

		[解答]
解説1	同じ号数ならば、長辺の長さは同じで短辺の長さが異なっている。	×
解説2	正しい記述内容です。	○
解説3	鉢の直径は号数で表され、直径３cmのものを１号と呼んでいます。したがって、３号は直径９cmになります。	×
解説4	正しい記述内容です。	○
解説5	一般的には、カジュアルな席で使われます。全体を覆うテーブルクロスと異なり、装飾性を目的としています。	×
解説6	正しい記述内容です。	○
解説7	高麗芝は軟らかですが、冬には枯れてしまいます。洋芝は冬になっても枯れにくいといった特徴があります。	×

章末問題

問題 インテリアエレメントに関する次の1～5の記述のうち、最も不適当なものを2つ選びなさい。

1 コイルスプリングをひとつひとつの円筒形の小さな袋で包んですき間なく敷きつめたマットレスをボンネルコイルマットレスと呼んでいる。

2 甲板の接合方法の一つに本実矧ぎがあるが、これは一方の板の側面に彫った溝に、他方の板に作った突起（実）を差し込んで接合する方法である。

3 カーテンレールの長さは、一般的に窓の開口幅より左右それぞれ40～50cm程度長めに取り付ける。また、一般的な2本ピンチプリーツのカーテンの要尺は、窓の開口幅の1.5～2.0倍となる。

4 タイルカーペットの利点は、汚れた部分の取り替えや一時的な取り外しが容易にできることであり、タフテッドカーペットやニードルパンチカーペットを一定のサイズにカットしたものが使われている。

5 ベネシャンブラインドは、アルミに樹脂を焼き付けて塗装した水平方向のスラットを上下に動かすことで開閉させる形式で、閉じた状態でも、スラットを回転させて角度を調整し、採光することも可能である。

解答

1 記述はポケットコイルマットレスに関する内容である。

3 カーテンレールの長さは、一般的に窓の開口幅より左右それぞれ10～20cm程度長めに取り付ける。なお、要尺に関する記述は正しい。

第5章

インテリアの構造・工法と仕上げ

1 建築の構造・工法

まとめ & 丸暗記　この節の学習内容とまとめ

木構造

■ 代表的な工法
- 木造軸組工法（在来工法）
- 木造枠組壁工法（ツーバイフォー工法）

■ 代表的な基礎形状
- 鉄筋コンクリート製布基礎
- 鉄筋コンクリート製ベタ基礎

木材

■ 樹種
- 針葉樹……構造材・床材・建具など……ヒノキ・スギ・マツ
- 広葉樹……床材・建具・家具など……ケヤキ・ナラ・サクラ

■
- 元口……木材の根元側
- 末口……木材の先端側

→ 柱として利用する場合は元口側を下にする

■ 製材－1
- 柾目……木目がほぼ平行……反りにくく、割れにくい
- 板目……木目が曲線状

■ 製材－2
- 木表……板目に製材した時の樹皮側
- 木裏……板目に製材した時の中心側

→ 乾燥すると木表側に反る

■ 含水率　……15%程度（気乾状態）

■ 腐朽菌の育成条件
……温度20 ～ 40℃、湿度80%

■ 発火点　……250 ～ 260℃

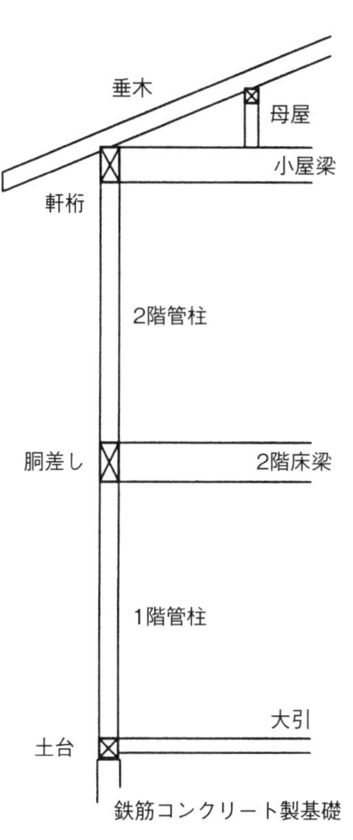

木造軸組工法イメージ図と主要部材名称

仕口……柱と梁など、異なる部材の接合部
継手……梁と梁など、同種類の部材の接合部

鉄筋コンクリート造

■ **代表的な構造**
- ラーメン構造……柱と梁で建物を支持
- 壁式構造……壁と床で建物を支持

鉄骨造

■ **柱と梁などの主要構造部に鋼材を使用した建築物**

木構造

1 さまざまな工法

建築物は、基礎、主体構造、外部仕上（外装）、内部仕上（内装）、造作（階段・開口部など）、設備の６つの部分で構成されています。

また、構造体の種類には、木構造、鉄骨造、鉄筋コンクリート造、鉄骨鉄筋コンクリート造、補強コンクリートブロック造などがあり、さまざまな工法により施工されています。

木構造建物の代表的な工法には、木造軸組工法（在来工法）と木造枠組壁工法（ツーバイフォー工法など）があります。ここでは、木造軸組工法の基礎、床組、軸組、小屋組の内容を見ていきたいと思います。

2 基礎

基礎には、壁の下にTの字を逆さまにした断面形状の鉄筋コンクリートを連続的に配置した布基礎（ぬのきそ）と、建物全体を鉄筋コンクリートの床版で支えるベタ基礎の２種類があります。鉄筋コンクリートの立ち上がり部分に基礎と土台を緊結するためのアンカーボルトを埋め込んで固定します。

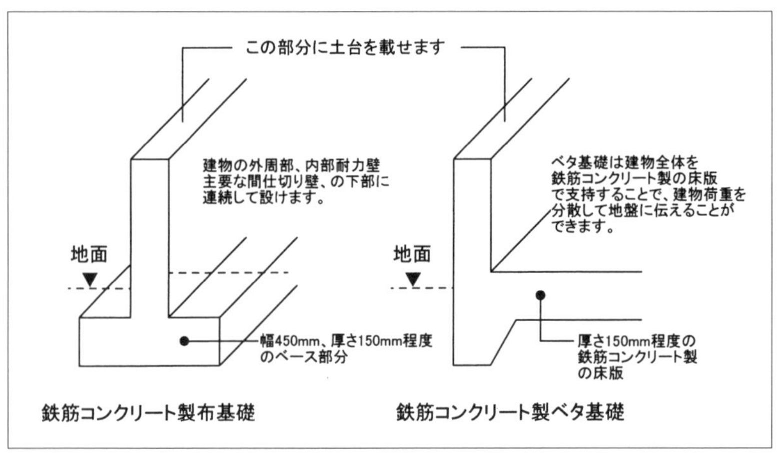

基礎

3 1階床組

1階床組の構成を以下に記します。

- 鉄筋コンクリート製の基礎の立ち上がり部分に**土台**を敷きます（アンカーボルトにより固定します）。土台が直角に交わる部分には、**火打ち土台**を入れて床剛性を高めます。
- 土台に平行（見方によっては直角）に**大引き**を910mm間隔に設置します（大引きは910mm間隔に立てられた束によって支持されています）。
- 大引の上に直交する方向に**根太**を303～455mm間隔に設置します。
- 厚さ12～15mm程度の合板（床下地）を根太に釘打ちして張ります。
- その上に床仕上げ材を張ります。

※ 現在では、根太を省いて厚さ24～27mmの構造用合板を直接大引きに張っていく工法が主流になってきています。

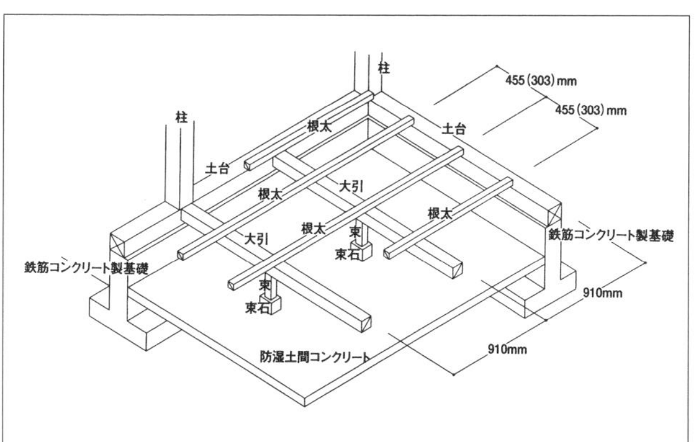

本造軸組工法による1階床下部分の構造

補足

●木造3階建ての建物の基礎には、以前からベタ基礎が用いられてきましたが、不同沈下を防ぐなどのメリットから、2階（1階）建ての木造住宅でもベタ基礎が採用されるようになってきました。

4 軸組（壁の構成）

土台の上に、おおむね910 ～ 1820mm程度の間隔で**柱**を立てていきます。柱には１階分の高さの**管柱**（くだばしら）と２階分まで通した**通し柱**（とおしばしら）があります。管柱の上部には**胴差し**（どうざし）や**梁**（はり）を設置して、２階の床組みをつくっていきます。

垂直材である柱と、土台・梁・桁などの横架材（水平材）で四辺形の壁を構成していきますが、これだけでは地震や台風などで、外部から荷重が加わると歪んでしまいますので、四辺形の対角線上に**筋かい**を入れたり、構造用合板を全面に張って剛性を持たせていきます。こうして補強された壁を**耐力壁**と呼んでいます。

また壁に開口部をつくる場合、窓などを固定する部材が必要になりますが、開口部上部に設ける部材を**窓まぐさ**、下部に設ける部材を**窓台**と呼んでいます。

なお、構造材相互の接合部を**仕口**（しぐち）や**継手**（つぎて）といいますが、現在ではこの接合部分は金物で補強することが一般的になっています。補強金物には箱金物、山形プレート、筋かいプレート、角金物などがあります。

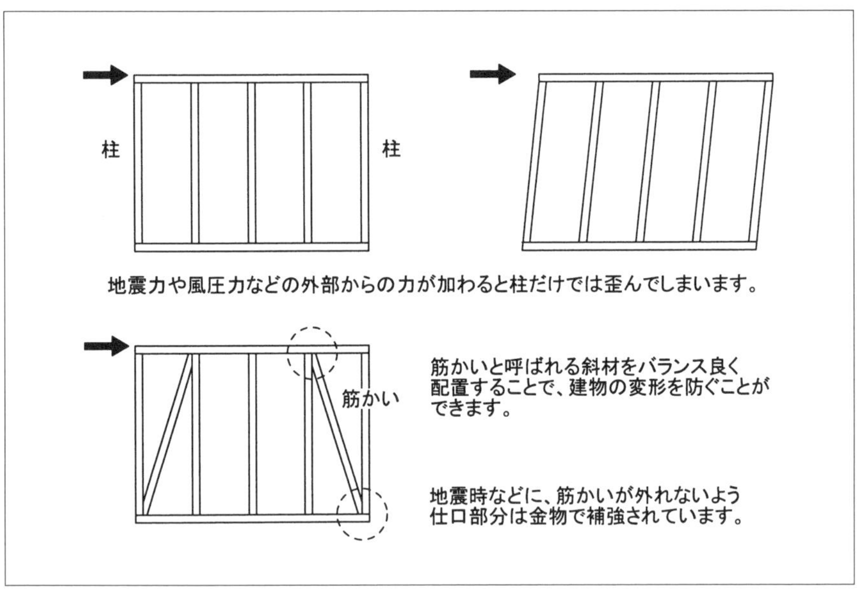

軸組

5 ２階（３階）床組

建物外周部に設置される部材を**胴差し**と呼んでいます。建物内部には１階や２階の壁の位置、および床根太を支持する位置に**床梁**（ゆかばり）が設置されます。１階床組同様根太を梁に直交する方向に303 ～ 455mm間隔で設置し、厚さ12 ～ 15mm程度の合板（床下地）を根太に釘打ちして張ります。

※　１階床同様に、根太を省いて厚さ24 ～ 27mmの構造用合板を直接床梁に張っていく工法が主流になってきています。

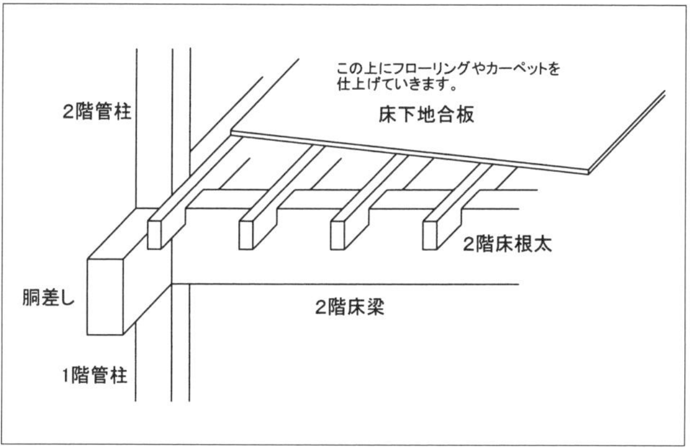

２階床組

6 小屋組

建物外周部に設置される部材を**桁**（けた）と呼んでいます。建物内部には２階の壁の位置、および**母屋**を支持する位置に**小屋梁**（こやばり）が設置されます。**垂木**（たるき）を母屋に直交する方向に設けて、厚さ12 ～ 15mm程度の合板（屋根下地）を垂木に釘打ちして張ります。

●仕口は、柱と梁など異なる部材の接合部分をいい、継手は柱と柱、梁と梁など同一の部材の接合部分のことをいいます。

●以前は、大工さんが手仕事で仕口や継手部分の加工をしていましたが、現在では機械加工で接合部分を加工するプレカット方式が普及しています。

●通し柱は、建物の四隅に設置されますが、金物で補強されていれば、必ずしも設置する必要はありません。

7 木造枠組壁工法（ツーバイフォー工法）

木造枠組壁工法は、床、壁、天井をパネルで６面体の箱状にしながら組み立てていく工法です。

ツーバイフォー工法と呼ばれるのは、パネルに使用される構造材に２インチ×４インチの小断面を基本とした部材が使われているためです。

主に使用される部材の製材後の寸法を以下に記します。

204（ツーバイフォー）：38mm×89mm（床根太、壁などに使用）
206（ツーバイシックス）：38mm×140mm（床根太、壁などに使用）
208（ツーバイエイト）：38mm×184mm（床根太などに使用）
210（ツーバイテン）：38mm×235mm（床根太などに使用）
404（フォーバイフォー）：89mm×89mm（土台などに使用）

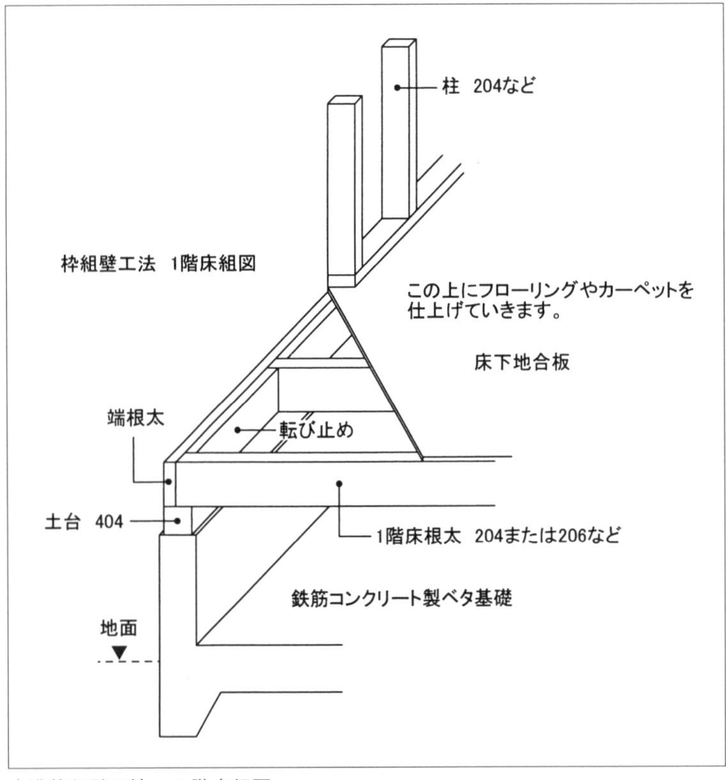

木造枠組壁工法・１階床組図

木材について

木材は、スギ、ヒノキ、マツなどの**針葉樹**と、ブナ、クリなどの**広葉樹**に分けられます。

木材は、軽量で加工性や施工性が良い、熱伝導率が小さく結露しにくい、調湿効果があるといった長所がありますが、可燃性である、乾燥収縮することで変形や狂いが生じやすい、条件により腐朽や虫害を受けやすい、同じ樹種でも強度に幅があるといった短所も見られます。

① **針葉樹**（軟木）

構造材（ヒノキやスギは柱、マツは梁など）に使われるほか、建具類にも使用されています。

② **広葉樹**（硬木）

家具、建具、床材、突き板などに使われています。国産材にはケヤキ、ナラ、クリ、サクラなど、外国産材としてチーク、マホガニー、ラワンなどがあります。

③ **元口と末口**

木材の根に近い方を**元口**（もとくち）、先端に近い方を**末口**（すえくち）といいます。柱として利用する場合には、元口が下になるように加工します。また、小屋梁などにマツの丸太を使用する場合がありますが、材寸は末口寸法で指定されています。

補足

●広葉樹にキリも含まれますが、キリは軟らかな樹種になります。

●広葉樹であるケヤキは従来から構造材としても使われています。

④　板目と柾目

材木を製材した時に、年輪（木目）がほぼ平行に並んで見えるのを**柾目**といいます。木目が平行であることから、反りにくく割れにくいといった特徴がみられます。

また、**板目**は木目が山型など曲線を描くように見える製材方法です。

⑤　木表と木裏

丸太を板目に製材した時の、材の樹皮側を**木表**、中心側を**木裏**といいます。乾燥すると木表側に反るため使用する場所によって、向きを使い分ける必要が生じます。

⑥　生節と死節

節は枝の根元の部分が現れたもので、節のない木材を**無節**、木材の強度に影響しない節を**生節**、木質部分から節が離れていて抜けてしまうような節を**死節**と呼んでいます。

⑦　心材と辺材

丸太の中心部分は赤くなっており、水分が少なく硬質で狂いが少なくなります。この部分を**心材**といい、周辺部分の白い部分を**辺材**と呼んでいます。

⑧　木材の水分

木材に含まれる水分量を**含水率**といい、木材の細胞内に含まれる水分を**結合水**、細胞の間に含まれる水分を**自由水**と呼んでいます。木材を乾燥させると、まず自由水が蒸発し、その後結合水の一部が蒸発します。一般的には含水率が**15%程度**になるとこれ以上の乾燥は進まず、これを**気乾状態**といいます。

⑨ 木材の腐朽

木材の腐朽菌が育成する条件は、適当な温度、木材に含まれる養分（セルロースなど）、湿度、酸素の4条件すべてが揃うことです。温度が20～40℃、湿度80%の環境は最も腐朽菌が育成される条件となっています。

⑩ 可燃性

木材の発火点は250～260℃ですが、200℃前後から可燃性のガスを発生し引火する危険性が生じます。対策としては、石こうボードなどの不燃材料で被覆するか、あらかじめ燃え代を加えた大断面にするなどの措置が考えられます。

火災時における木材の炭化速度は1分間に0.6～0.8mm程度であるため、120mm角の柱の場合、消火に15分かかったとしても100mm程度は炭化しない状態が保たれます。高温にさらされると強度が低下する鋼材との違いがわかります。

⑪ 木質系材料

木材には無垢材を加工した製材品のほか、天然木材の欠点を修正した合板や集成材、パーティクルボードなどの二次加工製品があります。二次加工製品は家具などにも使われるため、138ページの「家具に使われる材料」の項を参照してください。

●敷居や鴨居は建具が入る側に木表を向けます。逆にすると反った時に、障子や襖が開けにくくなってしまいます。

●木材の狂いと変形は含水率が30～15%に変化するまでの間に起こりやすいことがわかっています。

鉄筋コンクリート造

1 特徴

鉄筋コンクリート造をRC造といいますが、これは補強されたコンクリート（RC：Reinforced Concrete）の頭文字からとられている名前です。

鉄筋コンクリート造は、骨組みになる鉄筋をコンクリートで覆って固めた構造で、鉄筋とコンクリートの長所を生かし、短所を補った構造です。以下にその例を記します。

- 鉄筋は引っ張り力には強いのですが圧縮力には弱いといった特徴があります（両端を引っ張ってもなかなか切れませんが、両端から押すと簡単に曲がってしまいます)。一方、コンクリートの塊は押しつぶそうとしてもなかなか壊れません。そこで両者を一体化して強度の高い柱や梁を作ります。
- 鉄筋は錆び（酸化）やすいので、アルカリ性のコンクリートで覆うことで錆の進行を防ぎます。
- 鉄筋は熱に弱いので、コンクリートで覆うことで火災に強い建築物にすることができます。

また、曲線など自由な形をつくることができる、遮音性に優れているなどの長所もありますが、重量が重い、現場施工のため工期が長くかかり、一定の仕上がりにすることが難しい、といった短所もあげられます。

- あらかじめコンクリートに圧縮力がかかっている状態にしておき、引っ張り力が作用してもひび割れが生じない、または、ひび割れを少ないものに抑えることができるコンクリートをプレストレストコンクリートと呼んでいます。

2 鉄筋コンクリート造の種類

① ラーメン構造

鉄筋コンクリート造の主要な構造の一つにラーメン構造があります。柱と梁で建物を支える構造で、鉄筋コンクリートの柱と梁の接合部がしっかりと固定（剛接合）され一体化した構造です。

床は梁に固定されますが、壁の多くは移動可能な間仕切り壁として施工することができます（耐震壁を設置する場合もあります）。

柱と柱の中心間の距離をスパンといい、梁せい（梁の高さ）は、スパンの1/10程度が目安とされています。

6階建て程度の中高層建築物に良く見られる構造形式です。

② 壁式構造

鉄筋コンクリートの壁や床で建物を支える構造です。ラーメン構造のように大きな柱や梁がないため（室内側に柱型や梁型がでないため）、すっきりとした室内空間をつくることができます。ただし、壁で建物を支えているため、大きな開口部をつくることはラーメン構造よりも難しくなります。

戸建住宅や5階以下の集合住宅などに適した構造です。

補足

●ラーメンとは、ドイツ語で「額」や「枠」といった意味があります。鉄骨造の場合も、柱と梁が剛接合されていれば、ラーメン構造ということになります。

●PC鋼を用いてコンクリートに圧縮力を与え、引張強度の小さいコンクリートの弱点を補うプレストレストコンクリートは、橋梁などの大きなスパン用の部材に使用されています。

●定着とは、鉄筋がコンクリート内から抜け出さないように挿入することをいい、梁の鉄筋の端部を柱に埋め込んだり、床スラブの鉄筋を梁に埋め込むなどして、接合部を強固にする方法です。鉄筋の定着長さには、一定の基準が設けられています。

3 コンクリート

コンクリートは、セメントに水と砂、砂利を混ぜたもので、水とセメントの配合率（**水セメント比**）で強度が決まります。

水分の比率が少ないほどコンクリートの強度は高くなります。

4 鉄筋

鉄筋コンクリート造は、コンクリートと鉄筋がしっかり付着することで一体化し、強度を保つ構造です。したがって、鉄筋の表面にリブ状の凹凸を付けて、付着面積を増やした鉄筋が多く使われます。これを**異形鉄筋**と呼んでいます。

5 かぶり厚さ

鉄筋を覆っているコンクリートの厚さ（コンクリートの表面から一番外側の鉄筋表面までの距離）を**かぶり厚さ**と呼んでいます。

鉄筋コンクリート造は、アルカリ性のコンクリートによって鉄筋が錆びるのを防ぎ、火災時にはコンクリートが鉄筋を覆うことで鉄筋を加熱から守っています。このように強度を長く保つために法律により、建築物の各部におけるかぶり厚さが規定されています。

6 施工

鉄筋コンクリートの建物は鉄筋を組んだのち、型枠で囲ってその中にコンクリートを流し込んで作っていきます。壁や柱、梁などが設計通りの寸法で仕上がるように、型枠を固定する金物を**セパレーター**と呼んでいます。セパレーターは、型枠をはずすと、その位置が残って見えますので、**打放し仕上げ**とする場合には、セパレーターの位置（きれいな割付になるようにあらかじめ検討しておく）には十分な注意が必要になります。

鉄骨構造と鋼材

1 鋼材の特徴

柱や梁などの主要構造部に鋼材（Steel）を使用した建物を鉄骨造（S造）と呼んでいます。

使用する鋼材自体の特徴として、強度と靭性（ねばり強さ）に優れている、品質が安定している、加工が容易で精度が高い、比較的安価である、錆びる、500℃以上で強度が半減するなどがあげられます。

2 鉄骨造の特徴

上記の鋼材の特徴のほか、RC造と比較して軽量である点から、鉄骨造は、超高層建築物や大きな屋根の架かる空間などに適していることがわかります。また、安全性を向上させるために耐火被覆や防錆塗装などの対策も必要であることがわかります。

3 接合方法

鋼材の柱や梁の接合は、ボルトによる締め付けや溶接などによって行われます。ボルト接合には、普通ボルトや高力ボルトが使われますが、普通ボルトは、完全に締め付けることはできないため、延べ面積が3000㎡を超える建築物や軒高が９ｍを超えるような建築物には使用することができません。

次ページで、高力ボルトと溶接について記します。

●鉄筋コンクリートが大気中の二酸化炭素により、劣化していくことを中性化（アルカリ性が低下する現象）と呼んでいます。

●鉄筋コンクリート工事では、ジャンカやコールドジョイントに留意する必要があります。ジャンカとはコンクリートと砂利が分離した状態で固まってしまうことです。また、コールドジョイントとは、コンクリートを打ち継ぐ際の時間がかかりすぎると、前に打ち込まれたコンクリートと後から打ち込まれたコンクリートが一体化しない状態になることです。

① **高力ボルト**（ハイテンションボルト）

高力ボルトは、高い強度を持ち高い引っ張り力に耐えることができるボルトで、部材を強力に締め付けて作用する摩擦力で接合する方式です。現在の建物のほとんどで高力ボルトが使用されています。

② **溶接**

高熱の放電（アーク）を飛ばして、溶接棒と接合する部材の表面を溶かして一体化する方法です。アーク溶接と呼ばれています。

4 耐火被覆

鋼材は500℃以上になると耐力が半減することがわかっています。そこで火災が発生しても安全性を保つために、不燃性で断熱性の高いロックウールなどを鋼材に吹き付けたり、ケイ酸カルシウム板で覆うといった措置をとることがあります。これを耐火被覆と呼んでいます。

5 建築用鋼材

建築用の鋼材には重量鉄骨や軽量鉄骨、鋼板などがあります。重量鉄骨は、主に中高層以上の建築や大スパンの建築に用いられるほか、戸建て住宅にも使われることもあります。

重量形鋼にはH形鋼、I形鋼、みぞ形鋼などがあり、軽量形鋼にはリップみぞ形鋼などがあります。

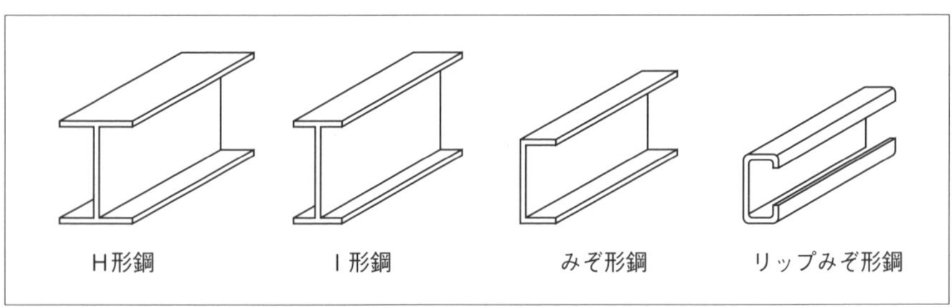

形鋼

その他の構造

1 鉄骨鉄筋コンクリート造

鉄筋コンクリート構造と鉄骨構造の短所を補い合った構造で**SRC構造**とも呼ばれています。鉄骨造の骨組み周囲に鉄筋を組んで型枠で囲い、その中にコンクリートを流し込んで固めた構造です。RC造同様、コンクリートが十分に固まった後、型枠を外します。

2 補強コンクリートブロック造

中空のコンクリートブロックの穴に鉄筋を縦横一定間隔で通しながら積み上げ、モルタルやコンクリートで固めていく構造です。

鉄筋コンクリート造の耐火性、耐久性といった利点を生かしながら型枠を使わずに壁をつくることができる経済的な工法といえます。

補足

●コンクリートブロックの基本寸法は、高さが190mm、長さが390mmで、厚さは100、120、150、190mmなどがあります。耐力壁として使用する場合には、厚さ150mm以上のものを使用します。

●構造の種別にかかわらず、建物の基礎が接する地盤を整備するために、地盤に杭や敷砂利、捨てコンクリートなどを敷設する工事を地業（じぎょう）工事と呼んでいます。

チャレンジ問題

設問の正誤を答えて下さい。

問1　木造建築物における代表的な基礎には、壁の下にＴの字を逆さまにした断面形状の鉄筋コンクリートを連続的に配置したベタ基礎と、建物全体を鉄筋コンクリートの床版で支える布基礎の２種類がある。

問2　木造建築物において、基礎と土台を固定する金物をアンカーボルトと呼んでいる。

問3　床面の剛性を高めるために、１階床組の隅角部には火打ち土台、２階の胴差しや梁との隅角部には火打ち梁を設ける。

問4　柱と梁など異なる部材の接合部分を継手といい、梁と梁など同一部材の接合部分を仕口と呼んでいる。

問5　現在の木造建築物においては、耐震性を向上するために、接合部には箱金物や筋かいプレートなどの補強金物が用いられている。

問6　木造建築物の仕口や継手部分の加工を、あらかじめ工場で機械加工する方式をプレカット方式という。

問7　地震力や風圧力を受けても、木造軸組構法の壁部分が容易に変形しないように、柱と梁などの間に水平耐力を高めるための間柱を入れる。

チャレンジ問題 解説

		[解答]
解説1	壁の下にTの字を逆さまにした断面形状の鉄筋コンクリートを連続的に配置した布基礎と、建物全体を鉄筋コンクリートの床版で支えるベタ基礎の2種類があります。	×
解説2	正しい記述内容です。	○
解説3	正しい記述内容です。	○
解説4	異なる部材の接合部を仕口（しぐち）、同一の部材の接合部を継手（つぎて）と呼んでいます。	×
解説5	正しい記述内容です。	○
解説6	正しい記述内容です。現在ではほとんどの現場でプレカット材が使われています。	○
解説7	筋かいという斜材を入れて、構造耐力を高めています。	×

チャレンジ問題

設問の正誤を答えて下さい。

問8　伐採された木材を乾燥すると、水分が蒸発し、最終的に結合水がほとんど変化しない平衡状態に達するが、この状態を全乾状態といい、含水率は約15%となっている。

問9　木材は、針葉樹と広葉樹に分けられるが、構造材などに用いられるヒノキやマツは針葉樹である。

問10　材木を製材した時に、木目がほぼ平行に並んで見えるのを柾目という。木目が平行であることから、反りにくく割れにくいといった特徴がみられる。

問11　木材の狂いと変形は含水率が30～15%に変化するまでの間に起こりやすい。

問12　コンクリートの圧縮強度は大きいが、引っ張り強度は小さいため、それを鉄筋で補強した構造が鉄筋コンクリート構造である。

問13　鉄筋コンクリートは年月を経ると大気中の二酸化炭素によって劣化していくが、これを鉄筋コンクリートの酸性化と呼んでいる。

問14　コンクリート工事においては、ジャンカと呼ばれる施工不良や、フィンガージョイントに留意しなければならない。

チャレンジ問題 解説

		[解答]
解説8	木材に含まれる水分量を含水率といい、一般的には含水率が15%程度になるとこれ以上の乾燥は進まず、これを気乾状態と呼んでいます。	×
解説9	正しい記述内容です。広葉樹にはケヤキ、ナラ、チーク、ラワンなどがあり、主に家具や建具、床材などに使われています。	○
解説10	正しい記述内容です。	○
解説11	正しい記述内容です。	○
解説12	正しい記述内容です。	○
解説13	鉄筋コンクリートが二酸化炭素により劣化していくことを中性化と呼んでいます。	×
解説14	コールドジョイントに留意しなければなりません。フィンガージョイントとは、木材の端部をジグザグに切削加工して相互にはめ込んで接着する接合方法です。	×

チャレンジ問題

設問の正誤を答えて下さい。

問15 鉄筋コンクリート造において、圧縮力が加わった場合、コンクリートは鉄筋が座屈するのを抑える役割を果たしている。

問16 鉄筋コンクリート造において、柱や梁を剛接合し一体化した構造をフラットスラブ構造という。

問17 鉄骨造は、鉄筋コンクリート造と比較して軽量であるため、超高層建築物や大きな屋根の架かる空間などに適している。

問18 鉄骨造に用いられる建築用鋼材には、H形鋼やI形鋼といった軽量鉄骨とリップみぞ形鋼などの重量鉄骨がある。

問19 鋼材の柱や梁を接合する場合には、高力ボルト接合や溶接接合が使われている。

問20 鋼材は700℃以上になると耐力が半減するため、鉄骨造の建物には耐火被覆が必要になる。

問21 建物の基礎が接する地盤を整備するために、割栗石、砂利、砕石などを敷いて突き固める工事を土工事と呼んでいる。

問22 鉄筋コンクリート構造では、構造的に重要な部分の鉄筋には、表面の形状に凹凸があり、コンクリートとの付着性のよい丸鋼が用いられる。

チャレンジ問題 解説

		[解答]
解説15	正しい記述内容です。	○
解説16	柱や梁が剛接合された構造はラーメン構造と呼ばれています。フラットスラブ構造は床スラブを柱で直接支え、梁を用いない構造です。	×
解説17	正しい記述内容です。	○
解説18	H形鋼などを重量鉄骨、リップみぞ形鋼などを軽量鉄骨と呼んでいます。	×
解説19	正しい記述内容です。ボルト接合には、その他にも普通ボルトによる接合方法がありますが、適用できる建築物の規模に制限があるため、ほとんどの場合、高力ボルト接合が使われています。	○
解説20	鋼材は500℃以上になると耐力が半減することがわかっています。	×
解説21	記述は地業工事に関する内容になっています。	×
解説22	異形鉄筋が用いられます。	×

2 インテリアの工法

まとめ & 丸暗記　この節の学習内容とまとめ

フローリングの施工方法

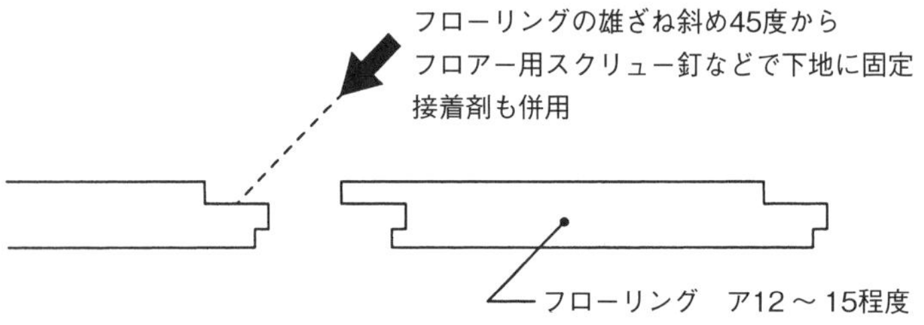

フローリングの雄ざね斜め45度から
フロアー用スクリュー釘などで下地に固定
接着剤も併用

フローリング　ア12～15程度

真壁と大壁

■ **真壁**　……柱を見せる納まり……和室などの壁にみられる

柱
間柱
ラスボード+左官仕上げ
石こうボード+クロス貼り　など

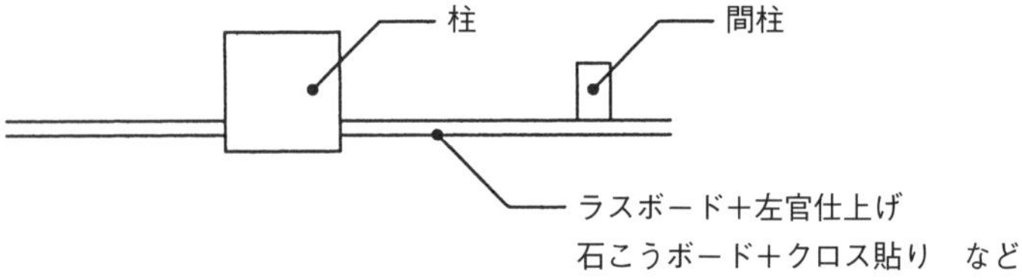

■ **大壁**　……柱を隠す納まり……洋室などの壁にみられる

柱
間柱
石こうボード+クロス貼り　など

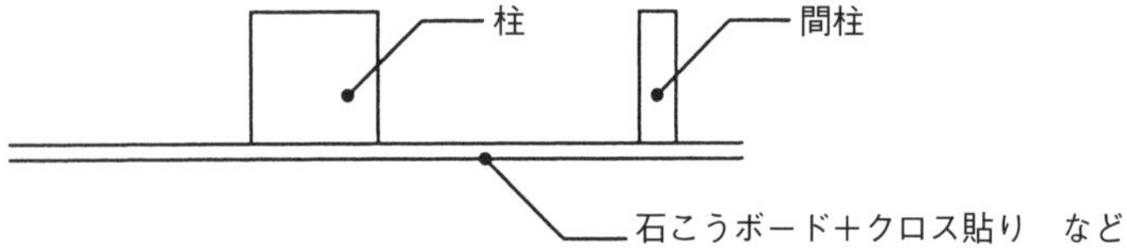

床の工法

インテリア計画において要求される諸性能は、仕上げ材そのものの性能だけでなく、下地材、施工精度なども含めての性能といえます。

1 床の下地

（1） 木構造の場合

① 木造軸組工法（在来軸組工法）

仕上げ材の下には、厚さが12～15mm程度の合板が張られ、それを**根太**が支え、根太を１階では**大引き**、２階（３階）では**床梁**が支持しています。フローリングなどの仕上げ材を直接根太に張る方法もありますが、現在では少なくなっています。１階床下の断熱材は、根太と根太の間にはめ込むように設置します。また、現在では、根太を省いて厚さ24～27mm程度の**構造用合板**を直接大引や床梁に設置する施工方法もあります（その上に仕上げ材を張ります）。

② 木造枠組壁工法（ツーバイフォー工法）

基本的には、木造軸組工法と同じですが、２階では床梁の代わりに、38mm×210mm（ツーバイテン）などの断面寸法の大きな床根太を使います（床下地は直接この床根太に張るので、軸組工法の根太に該当するものはなくなります）。

●根太の間隔は、一般的に 30cm ～ 45cm 程度になりますが、重量物が載ることが想定される部屋では根太間隔を狭くするとともに、根太の断面寸法を大きくします。
また、仕上げ材料によっても根太間隔は変わり、一般的に畳仕上げでは45cm程度、フローリングや縁甲板（主に和室や縁側などに使われる床材）は30cm程度となっています。

●図面の中に「ア12～15」などの表記がありますが、これは部材の厚さが12～15mmであるという意味になります。

（2） 鉄骨構造・鉄筋コンクリート造の場合

鉄骨の梁にキーストンプレートやデッキプレート、ALC板を掛け渡し、そこに軽量コンクリートを流して固め、床の下地にします。

鉄筋コンクリート構造の場合は、コンクリートスラブが直接床下地になります。

2 床の仕上げ

① 木構造の場合

フローリング側面の雄ざね（凸部分）に、斜め上（45度）から釘打ちをし、さらに接着剤を併用して固定していきます。プラスチック系床材の場合は、下地合板の上に接着剤を使用して貼っていきます。なお、バリアフリー対応で床段差をなくす場合、畳床（厚さ60mm程度）とフローリング床（厚さ15mm程度）が連続する場所では、仕上げ材の厚さの差を根太の取り付け高さを変えるなどして調整します。

② 鉄骨造・鉄筋コンクリート造の場合

コンクリートやALC板の表面をモルタルで平滑（水平）にした後、直接仕上げ材を貼っていく方法もありますが、下地の水平面が正確でないと、仕上がりが波打ったような感じになりますので、注意が必要です。したがって、コンクリートの上に転ばし根太や束（支持脚）を立てた上に下地の合板を張り、その上に仕上げると水平が調節しやすくなります。

ビニルシート、ビニルタイルを直貼りする場合には、コンクリート下地で28日以上、モルタル下地で14日以上の乾燥期間を設けた後、貼っていきます。

壁の工法

1 木構造の場合

日本家屋の室内側の壁は、真壁と大壁に大別されますが、真壁の場合は、左官仕上げなどの湿式工法で仕上げることが多いため、柱間に納まるようにラスボードを張った後に下地処理を行い、そこに漆喰などの仕上げ材料を塗っていきます。

大壁の場合は、柱と柱の間に間柱を立てて石こうボードを張り、下地をつくります。石こうボードにクロスなどを貼る場合には、ボードの継ぎ目や釘打ち部分を平滑にするために、パテなどにより下地処理を行います。また、ボード自体が仕上げ材料になる場合（化粧合板張り、化粧石こうボード張りなど）や、ラスボードを張って左官仕上げにする場合もあります。

真壁は壁を柱の中に納めて柱を見せる壁で、古くからある日本家屋の壁仕上げです。また、大壁は柱が見えないように、壁を柱の外側に設ける方法です。洋室などは一般的に大壁になります。

2 鉄骨造・鉄筋コンクリート造の場合

木枠や軽鉄下地に石こうボードを張って、塗装仕上げやクロス貼り仕上げにすることが多いといえます。また、重量鉄骨の建物では、コンクリートブロックやALC板も下地として使われます。また、鉄筋コンクリート造の場合は、構造躯体をそのまま仕上げにする「打ち放し仕上げ」という方法もあります。

補足

●キーストンプレートやデッキプレートとは、鉄骨造の床下地に使用する波型に折り曲げた薄鋼板です。

●ALC板とは、外壁材や床材に使用する軽量気泡コンクリートの成型板です。

●転ばし根太とは、コンクリートなどの上に、直接置く根太のことです。

●コンクリートスラブとは、荷重を支える鉄筋コンクリート造の床のことです。

●ラスボードとは、室内の塗壁下地に用いられる浅い溝のついた石こうボードです。

●軽鉄下地とは、厚さが0:5mm程度の鋼板に亜鉛メッキした壁や天井の下地に使う成型された部材です。LGS下地ともいいます。

天井の工法

1 天井の下地

① 木構造の場合

格子状に組んだ野縁（のぶち）を吊り木（つりき）で吊り下げて下地を作りますが、吊り木を直接床梁に取り付けると、上階の振動が伝わりやすくなってしまうので、梁と梁の間に吊り木受（つりきう）けという部材を掛け渡して、その吊り木受けに吊り木を取り付けます。

野縁の格子の間隔は、張る天井材によって変わってきますが、おおむね450mm×450mm程度からになります。

② 鉄骨造・鉄筋コンクリート造の場合

基本的には、木構造の天井下地と構成は同じですが、野縁、吊り木などの部材が木製から、**軽鉄（LGS）下地**になる場合があります。

鉄骨造で床がキーストンプレートなどの場合には、吊りボルト（吊り木に該当する部材）をキーストンプレートに溶接、鉄筋コンクリート造の場合は、スラブ下面にあらかじめ取り付けられているインサートと呼ばれる金物に吊りボルトを取り付けます。

2 天井の仕上げ

竿縁天井の場合は、野縁に天井板を載せた竿縁を留めるため、野縁と竿縁の間に天井材が張られることになります。

打ち上げ天井は、各種天井仕上げ材を野縁に下から打ち上げて留めます。石こうボードにクロスなどを貼る場合には、ボードの継ぎ目や釘打ち部分を平滑にするために、パテなどにより下地処理を行います。また、ラスボード下地に左官仕上げの天井も可能です。

スペースユニット

屋内で使用するスペースユニットには、トイレユニット、浴室ユニット、シャワーユニット、サニタリーユニット、地下収納ユニットなどがあります。

① 浴室ユニット（ユニットバス・システムバス）

ユニットバスは、工場であらかじめ成型された床、壁、浴槽、天井などを現場で組み立てる浴室のことです。主要な材料はFRPでできていますが、浴槽にはFRPのほか人造大理石なども選択できるようになっています。

また、ハーフユニットといって、床、浴槽、腰壁まではユニット化されていて、壁の上部と天井を現場で施工するタイプもあります。

ユニットバスにはさまざまな大きさやデザイン、バリアフリーに対応したものなどがありこれらを組み合わせることも可能になっています。また、２階に浴室を設けることも多くなったため、防水性に優れているユニットバスが多く利用されるようになりました。

② ユニットバスの寸法

ユニットバスの広さは、1616や1620などの数値で表されていますが、1616とは壁の芯々寸法が1820mm×1820mmの中におさまる広さ、1620は壁の芯々寸法が1820mm×2275mmの中におさまる広さを表しています。

●FRPは、ガラス繊維で強化されたプラスチックのことです。

●コンパクトなユニットバスに1216タイプがありますが、これは壁の芯々寸法が1365mm×1820mmの中におさまる広さになります。

チャレンジ問題

設問の正誤を答えて下さい。

問1　畳床の下地の根太間隔は303mm程度の場合が多いが、フローリング仕上げなどの場合には、根太間隔を455mm程度とすることが多い。

問2　縁甲板、単層（複合）フローリングなどの施工は、根太に直接張る場合と、下地合板を張りその上に仕上げを行う場合がある。

問3　コンクリートスラブの上に直接根太を設置する場合があるが、これを転ばし根太という。

問4　大壁とは柱の面よりも内側に壁を納めて柱を見せる壁のことである。

問5　壁仕上げをクロス貼りにする場合には、パテなどにより下地処理を行った、ラスボードが使われることが多い。

問6　吊り木受けは、床梁に吊り木を直接取り付けると振動などが天井を介して下階に伝わりやすくなるため、これを防ぐために用いられている。

問7　1216タイプのユニットバスの広さは、壁の芯々寸法が1365mm×1820mmの中におさまる広さを表している。

チャレンジ問題 解説

		[解答]
解説1	畳床の下地の場合は455mm、フローリングなどの床板仕上げでは303mm程度としています。	×
解説2	正しい記述内容です。	○
解説3	正しい記述内容です。	○
解説4	設問の内容は真壁に関する記述になっています。	×
解説5	クロス貼りや塗装仕上げの場合の壁下地には多くの場合、石こうボードが用いられます。ラスボードは、湿式工法による左官仕上げの下地などに用いられています。	×
解説6	正しい記述内容です。	○
解説7	正しい記述内容です。	○

3 造作と造作材

まとめ & 丸暗記　この節の学習内容とまとめ

内法の構成部材

- **敷居**　柱間の開口部下部に設けられる水平材
- **鴨居**　柱間の開口部上部に敷居と平行に設けられる部材
- **長押**　柱幅の8～9割の見付（幅）

内法材の樹種

- **真壁における、内法材には針葉樹が多く用いられる**

床の間

【種類】

- **本床**
  - 本勝手：向かって左に床の間と付け書院、右に床脇
  - 逆勝手：本勝手の逆
- **蹴込み床**　床框を設けず、床板の下に蹴込み板を設ける形式
- **踏込み床**　床框を設けず、畳面と同じ高さに床板を設ける形式

見切り部材

- **幅木**　床と壁の取り合い部分に設ける水平部材
- **回り縁**　壁と天井の取り合い部分に設ける水平部材
- **畳寄せ**　畳と壁の取り合い部分に畳面と同じ高さに設ける部材

階段の寸法

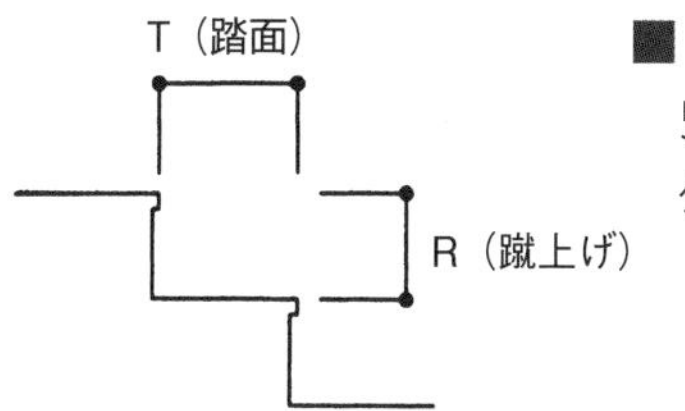

■ 住宅品確法（高齢者配慮対策等級5，4）

550mm≦2R＋T≦650mm

勾配＝R/T≦6/7

階段の形状

■ 階段の平面形状
- 直階段
- 折り返し階段
- 曲がり階段
- 回り階段

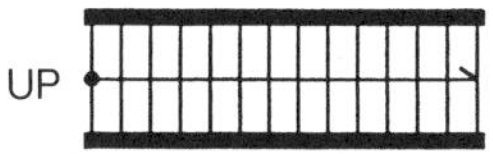

直階段は、リズムよく昇降できるが、
転落の危険性も高い
中間に踊り場を設けるなどの工夫も有効

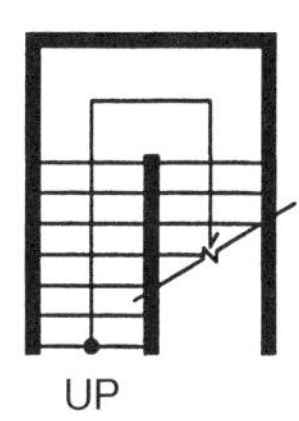

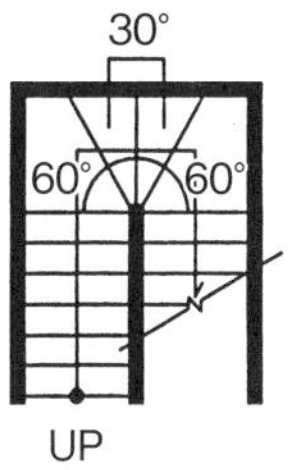

昇降が安全な階段は
踊り場が平坦な
折り返し階段といえる

ただし、踊り場部分を
4分割する場合には
60°＋30°＋30°＋60°に
分割する吹き寄せ階段が
昇降しやすい

和室の造作

1 内法と構成部材

内法（うちのり）という言葉は、本来は壁や柱といった部材間の内々の距離（有効寸法）のことを表しますが、**敷居**と**鴨居**、**長押**、**欄間**などで構成される開口部回りの**造作**（ぞうさく）**の総称**としても用いられています。

① 敷居

障子や襖などを入れるために、柱間の開口部の下部に水平に設けられる厚さ30mm程度の部材で、中に入る建具の本数に応じて溝が彫られています。敷居の溝部分には、摩耗防止や建具の滑りを良くするために、カシやサクラなどの堅木を埋めたり（**埋め樫**（うめがし））、現在では**V溝レール**が取り付けられることもあります。

② 鴨居

開口部の上部に、敷居と平行に取り付けられる厚さ36mm程度の部材で、敷居同様、建具の本数に応じて溝が彫られています。開口幅が大きい（例えば1820mmを超えるような）場合には、鴨居が垂れたり、ねじれたりしないよう中間に吊束を設けて上から吊るようにします。吊束は、意匠的に柱と同材で柱の幅よりも若干細くしておきます。

なお、建具を入れずに溝を彫らない敷居を**無目敷居**（むめしきい）、溝を彫らない鴨居を**無目鴨居**（むめかもい）と呼んでいます。

③ 長押（なげし）

鴨居の上部に取り付けられた、柱と柱をつなぐ部材です。長押の幅は、格式によっても変わってきますが、**柱の幅の８割から９割**とされています。

長押は、意匠的に付ける場合と付けない場合がありますが、一般的に書院造には長押を設け、数寄屋造では長押を省くことが多くなります。

④　**欄間**

間仕切り建具の上部の壁に設けられた格子や透かし彫り板などを取り付けた開口部で、採光、通風、装飾などの目的をもっています。

2 内法材の樹種

真壁における造作は、機能面だけでなく意匠的にも重要な役割を担っています。一般的には柱には木肌の美しいスギやヒノキといった針葉樹が使われ、それと取り合う造作材にも同じ材料が使われます。なお、現在ではスギやヒノキの突き板を張った集成材の柱なども多く使われています。

3 真壁の納まり

柱を見せる真壁の場合、柱面よりも壁面が10～15mm中に入ったところに納まっています。こういった部材同士の段差のことを**ちり**と呼んでいます。

また、柱の角は直角ではなく、斜め45度に細く削られていますがこれを**面取り**と呼び、この柱と敷居（鴨居）の接合部分の納まりには、敷居（鴨居）が、柱の面取り部分の内側に納まる**面内納まり**が一般的に使われます。

●部材を正面からみたときの幅を見付（みつけ）といい、奥行き方向を見込（みこみ）と呼んでいます。

●面取りの面幅には、糸面（２～３mm）、大面（５～10mm）などがあります。一般的な105mm角の柱では、糸面をとることが一般的です。

●柱と敷居（鴨居）などの納まりには、面内納まりのほか、面中納まり、面外納まりなどがあります。

床の間

1 床の間の種類

床の間は、鎌倉時代の禅僧が香炉、花瓶、燭台の三具足（みつぐそく）を置いた**押板**が**原型**とされていますが、書院造において様式が完成し今日まで続いています。以下に床の間の種類と形式を記します。

① 本床

最も格式の高い形式で、**床柱**は面取りした角柱、**床框**（とこがまち）、**床地板**（とこじいた）、**落とし掛け**、**違い棚**、**付書院**などで構成されています。

書院造においては、向かって左に床の間と付け書院、右に床脇（違い棚など）を設けた形式を**本勝手**、その逆を**逆勝手**と呼んでいます。

② 蹴込み床

床框を設けず、床板の下に蹴込み板と呼ばれる横板をはめ込んで畳面よりも高くした形式です。床板の木口（こぐち）（断面）が見えます。

③ 踏込み床

床框を設けず、畳面と同じ高さに床板を設けた形式です。

④ 織部床（おりべどこ）

天井の回り縁の下に織部板と呼ばれる幅（高さ）が20cm前後の横板を柱と柱の間に壁面よりも若干浮かせて取り付けた形式です。織部板には、掛け軸などを掛ける釘が付いています。

⑤ 洞床（ほらどこ）

床の間の正面よりも床の間内部のほうが広くなっている形式で、開口部の周囲と床の間内部のコーナーは壁を塗り回して、木部が見えないようにしてあります。主に茶室に用いられます。

⑥ **吊り床**

床の間としてのスペースは設けずに、部屋のコーナーの天井部分に、吊束、小壁、落し掛けを付けたものです。

⑦ **置床**

部屋の一角に板や台を置く、移動可能な床の間です。

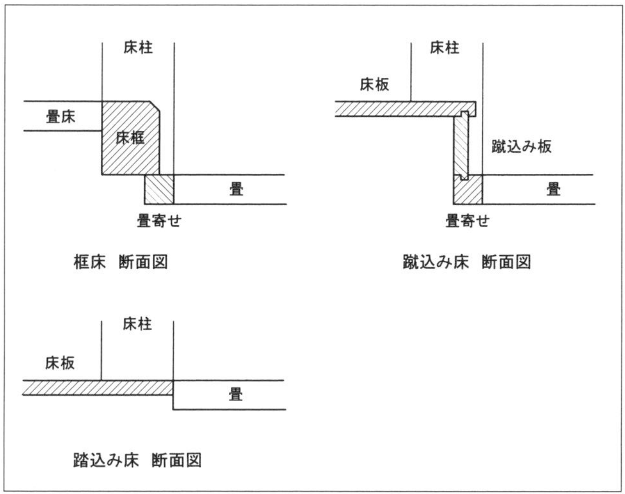

床の間断面図

2 床柱

床柱には、面取りした角柱以外に、スギの**磨き丸太**、表面の縦方向に凹凸が付いた**絞り丸太**、柱の四隅に樹皮を残した**面皮柱**(めんかわばしら)などがあり、数寄屋風あるいはモダンなインテリアの重要な構成部材となっています。

補足

●木口は小口とも書きます。

その他の造作

1 見切り部材と納まり

一般的に、床、壁、天井はそれぞれ仕上げ材料が異なるため、これらが相互に接続する部分には、納まりを良くするための**見切り**と呼ばれる部材が取り付けられます。以下に代表的な見切り材を記します。

① 幅木（はばき）

床と壁の取り合い部分に水平に取り付ける部材です。木製や樹脂製のものがあり、一般的なサイズは高さが60～100mm程度、厚さが15～24mm程度になります。

幅木には、壁面よりも出っ張る**出幅木**（ではばき）、壁面と同一面で納まる**平幅木**（ひらはばき）などがあります。

② 回り縁（まわりぶち）

壁と天井の取り合い部分に水平に取り付ける部材です。木製、アルミ製、樹脂製などがありますが、真壁の和室ではスギなどの天然木が使われます。また、大壁では壁と天井部分を目透かし張り（小さなすき間をあける）として、回り縁を見せない方法などがあります。

③ 畳寄せ（たたみよせ）

一般的な和室では、畳と壁の取り合い部分には幅木を設けずに、**畳寄せ**という畳と壁の間に畳面と同じ高さの部材を入れて納めています。

2 カーテンボックス・ブラインドボックス

カーテンレールとカーテン上部を隠すために窓枠上部に取り付ける箱で、壁に取り付けるタイプや、天井に埋め込むタイプがあります。

開口部に関連する納まり・部材

① 建具回りの造作

真壁における開口部周りの造作は柱と敷居、鴨居で構成されますが、大壁の場合は、建具の上下左右に枠を回す**四方枠**や、出入り口や掃き出し窓のように、上部と左右に枠が付く**三方枠**を設けてそこに建具を取り付けます。また、枠の構成は開き戸と引き戸でも異なってきます。

② 開口部枠の仕口

縦枠と横枠の取り合い部分を**仕口**（しぐち）と呼び、さまざまな納め方があります。

一般的に用いられるのが、縦枠、横枠の端部をそれぞれ45度にカットして接続する留め加工（「留めで納める」などといいます）になります。

また、障子や襖など和風の開口部枠は、縦横の枠のどちらかを少し伸ばして納める**角柄**（つのがら）が用いられます。

造作の面取り加工など

柱の角の面取りに関しては前述（239ページ）しましたが、その他にも竿縁天井の竿などに用いられる**さるぼう面**、床の間の落とし掛けなどに使われる**刃欠け**（はっかけ）などがあります。

補足

●カーテンボックスは、一般的に、ダブルカーテンの場合、内法の幅（奥行）を18～20cm、深さを12～15cm程度とします。

●角柄は、横枠を伸ばす場合と、縦枠を伸ばす場合があります。

●面取りした竿の断面形状が、猿の顔（頬）に似ているため、さるぼう面といわれています。

階段

1 階段の形式

階段は平面形状から直線階段、折り返し階段、曲がり階段、回り階段に分類できます。また、単に上下階をつなぐ機能だけでなく、居間や玄関のデザインの構成要素の一つといった面も持っています。

なお、階段の内容に関しては、165ページもあわせて確認してください。

① 直階段（ちょくかいだん）

上下階を一直線で結ぶ階段です。急勾配な場合には、中間に踊り場を設けると安全性が増します。鉄砲階段とも呼ばれています。

② 折り返し階段

階段の中間に踊り場を設けて、180度コの字型に方向を変えて上り下りする階段です。階段部分の面積は広がりますが安全性が高い階段といえます。なお、踊り場部分は平坦であることが望ましいのですが、段差を設ける場合には吹き寄せ階段の形式にすると安全性が向上します。

③ 曲がり階段

階段の途中で90度に方向を変えて上り下りする階段です。階段の上がり口部分か、下り口部分で90度曲がる形式が一般的です。

④ 回り階段

上部から見たときに、円形になるものを螺旋階段と呼んでいます。また、折り返し階段でも、踊り場部分を30度ずつ６段に分割したような場合、回り階段と呼ぶことがあります。

2 階段の勾配

建築物の用途や面積により、階段の踏面と蹴上げの寸法が決められています。住宅用の階段は、踏面を150mm以上、蹴上げを230mm以下としなければならないと規定されています（399ページを参照してください）。

ただし、この寸法では傾斜角度が急なため、安全に昇降できる寸法として、勾配が６/７以下であり、かつ蹴上げの寸法の２倍と踏面の寸法の和が550mm以上、650mm以下とする、といった規定もあります（住宅品質確保法）。

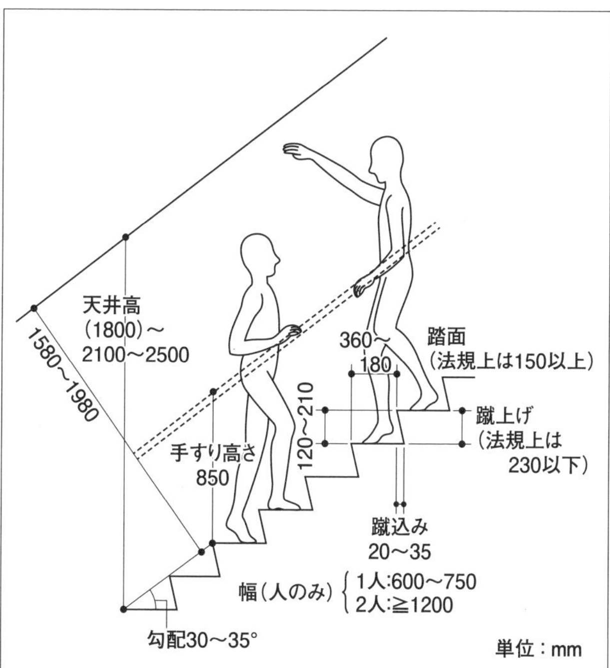

階段の寸法

補足

●階段では、足を乗せる部分を段板（だんいた）、上がる部分の縦方向につける板を蹴込板（けこみいた）といい、段板の進行方向の幅を踏面（ふみずら）、一段上がる高さを蹴上げ（けあげ）と呼んでいます。

●一般的に、昇降しやすい階段の勾配は30～35度とされています。

●吹き寄せ階段とは、踊り場部分を60°+30°+30°+60°に分割した階段です。

3 木造階段の構造

① 側桁(がわげた)階段

踏み板を支持する桁を上階との間に２本掛け渡して、その間に踏み板をはめ込むように設けた階段です。

② ささら桁階段

踏み板を支持する桁が段々状になっている階段です。踏み板の中央下部にもささら桁を設けて補強する場合もあります。

③ 中桁階段・力桁(ちからげた)階段

上階との間に斜めに掛け渡した１本の太い角材を踏み板の幅方向の中央に設置して下から支持する階段です。

4 鉄筋コンクリート造・鉄骨造階段

鉄筋コンクリート階段は、壁と同時にコンクリートを打設して一体的に作っていきます。壁側のみで段板部分を支持する**片持階段**などを作ることもできます。

鉄骨造の階段の構成は、木造階段とほぼ同じになりますが、鉄の性質上、曲線階段なども比較的容易に製作することができます。また、木造階段のささら桁などを鉄骨で製作する場合もあります。

5 段板の仕上げ（屋内階段）

木質系の仕上げでは、無垢材、集成材などがあり、厚みは36mm程度です。カーペット仕上げの場合には、段板と蹴込み板を巻き込むように一体的に仕上げていく方法があります。

6 ノンスリップ

視力の低下や光のあたり方によっては、段鼻部分の見分けが難しくなったり、滑って転落するおそれも出てきます。

このような問題を解決する方法として、段鼻にノンスリップを取り付けることを検討します。

製品化されたノンスリップを取り付ける方法や、木製の段板の場合には、段鼻部分に溝を彫って、滑り止めの効果をもたせる場合もあります。

7 手すり

高さが1mを超える階段には手すりを設けることが義務づけられています。取り付ける高さに関する法的規制はありませんが、一般的に段鼻部分から測って750～850mm程度の高さに取り付けます。階段の左右両方向に取り付けることが理想的ですが、片方にしか取り付けない場合は、階段を下りる際の利き手側に設置するようにします。

なお、住宅の階段の幅は750mm以上と定められていますが、手すりの出幅が、取り付けてある壁面より10cm以下であれば、その手すりはないものと見なして階段幅を計測することができます（399ページを参照してください）。

補足

●階段を計画する場合、単に1・2階を行き来するための部位という考え方だけでなく、インテリアデザインの要素として活用することも重要です。

●下の写真は高さが1m以下の階段ですが、手すりを設置しています。安全性を考慮すると、1m以下の階段であっても手すりを設置することは有効です。

チャレンジ問題

設問の正誤を答えて下さい。

問1　内法とは、敷居の上面から鴨居の下面までの距離など部材間の有効寸法を表す言葉である。

問2　柱などの部材を正面から見たとき、柱の幅にあたるものを見込と呼んでいる。

問3　鴨居の上部に取り付けられた、柱と柱をつなぐ部材を長押というが、長押の幅は一般的に柱の幅の５割程度にする。

問4　柱の角を斜め45度に細く削ることを面取りというが、面取りの面幅が２～３mmのものを糸面と呼んでいる。

問5　柱と鴨居の接合部の納まりのうち、鴨居を柱の面取り部分の内側に納める方法を面中納まりという。

問6　和室の造作に使われる樹種は、柱と同じにするのが一般的で、スギやヒノキが多く使われる。

問7　床の間の形式のうち、床框を設けず、床板の下に蹴込み板と呼ばれる横板をはめ込んで畳面よりも高くした形式を踏込み床という。

問8　織部床とは、床の間の正面よりも床の間内部のほうが広くなっている形式で、開口部の周囲と床の間内部のコーナーは壁を塗り回して、木部が見えないように納めている。

チャレンジ問題 解説

		[解答]
解説1	正しい記述内容です。	○
解説2	見込とは、柱などの部材の奥行を表します。幅に該当するものは見付けと呼んでいます。	×
解説3	一般的には、長押の幅（見付）は柱幅（見付）の８～９割程度とされています。	×
解説4	正しい記述内容です。	○
解説5	鴨居を柱の面取り部分の内側に納める方法は、面内納まりといいます。	×
解説6	正しい記述内容です。	○
解説7	記述は、蹴込み床に関する内容になっています。踏込み床は床框を設けず、畳面と同じ高さに床板を設けた形式です。	×
解説8	記述は、洞床に関する内容になっています。織部床は、床としてのスペースをとらないで、壁上部に幅の広い板（織部板）をつけたものです。	×

チャレンジ問題

設問の正誤を答えて下さい。

問9　床と壁の取り合い部分に水平に取り付ける部材を幅木といい、壁と天井の取り合い部分に水平に取り付ける部材を回り縁と呼んでいる。

問10　一般的な和室では、畳と壁の取り合い部分には雑布摺りを設けて納めている。

問11　カーテンボックスは、カーテンのスタイルの種類にあわせて寸法を決めるが、ダブルのカーテンの場合には、内法の幅は18～20cm、深さは12～15cmを目安とする。

問12　刃欠(はっか)けとは、障子や襖など和風の開口部枠の、縦横の枠のどちらかを少し伸ばして納める方法である。

問13　一般的に、昇降しやすい階段の勾配は45度とされている。

問14　住宅に設ける階段の計画において、蹴上げ寸法を180mm、踏面寸法を225mmとし、段鼻から測って850mmの高さに手すりを設けた。

問15　木造階段で、踏み板を両側の桁（厚板）で挟むように支持した階段をささら桁階段という。

チャレンジ問題 解説

		[解答]
解説9	正しい記述内容です。	○
解説10	和室の場合、畳と壁の接合部分には畳寄せという部材が設けられています。雑布摺りは、幅木を設けない場所の板張り床と壁の見切りとして設けられる部材です。	×
解説11	正しい記述内容です。	○
解説12	記述は、角柄に関する内容になっています。刃欠けは床の間の落し掛けなどの端部にみられる納め方です。	×
解説13	昇降しやすい階段勾配は30～35度となっています。	×
解説14	正しい記述内容です。	○
解説15	記述は、側桁階段に関する内容になっています。ささら桁階段は、踏み板を支持する桁が段状に加工された階段です。	×

4 機能材料と工法

まとめ & 丸暗記　この節の学習内容とまとめ

断熱材料

- ロックウール……耐火性にも優れ、耐火被覆としても使用
- グラスウール……吸音性にも優れている
- ポリスチレンフォーム……押出法ポリスチレンフォームなど
- 現場発泡ウレタン……現場施工のため、隙間ができない

吸音材料

- 多孔質吸音材 ―― ロックウール、グラスウール
- 有孔プラスターボード

防水材料

- アスファルト防水……陸屋根の防水など
- 塗膜防水……露出状態での歩行が可能
- シート防水……下地の動きに追従可能
- 塗布防水……躯体に浸透し、防水性を高める
- シール材……コーキングなど

防火材料

- 不燃材料………20分
- 準不燃材料……10分
- 難燃材料………5分

（以上）燃焼までの時間や有害なガスを発生させない等の要件を満たす

断熱材料

インテリアのさまざまな環境に影響する材料として、断熱材、吸音材、遮音材、防水材、防火材などがあげられます。これらの材料を「機能材料」と呼んでいます。

① **ロックウール**（岩綿）

玄武岩などを、高温で溶融して生成した人造の鉱物繊維です。**耐火性**にも優れているため鉄骨造建築物の耐火被覆にも使用されています。マット状や板状の成型品と吹き付けタイプなどがあります。

② **グラスウール**

ガラス繊維でできた綿状の素材です。**吸音性**にも優れているので吸音材料としても使われています。

③ **ポリスチレンフォーム**

発泡させたポリスチレンを成型して作ります。ビーズ法ポリスチレンフォームや押出法ポリスチレンフォームなどがあり、木造の床下やRC造の断熱材打ち込み工法などに用いられます。

④ **現場発泡ウレタン**

発泡性ウレタンを**現場で吹き付けて施工**します。隙間ができないといった利点がありますが、火には弱いといった欠点があります。

●機能材料とは、材料そのものが、機能（たとえば断熱性）をもった材料のことを意味します。

●ビーズ法ポリスチレンフォームは、ポリスチレン樹脂と発泡材を金型に充填し、発泡させることで金型形状に合わせたさまざまな形状の製品をつくることができます。

●押出法ポリスチレンフォームは、ポリスチレン樹脂に発泡剤を加えて押出成型して製造します。したがって製品形状は板状になります。

●グラスウールやロックウールは吸水すると断熱性能が低下するため、水回り部分に使用することは適しません。

※　内断熱と外断熱

内断熱は断熱材を柱や梁の間に充填していく工法です。外断熱は柱や梁の外側に板状の断熱材を貼っていく工法です。壁内の結露（内部結露）を防ぐために、室内側に防湿層、屋外側に通気層を設けます。

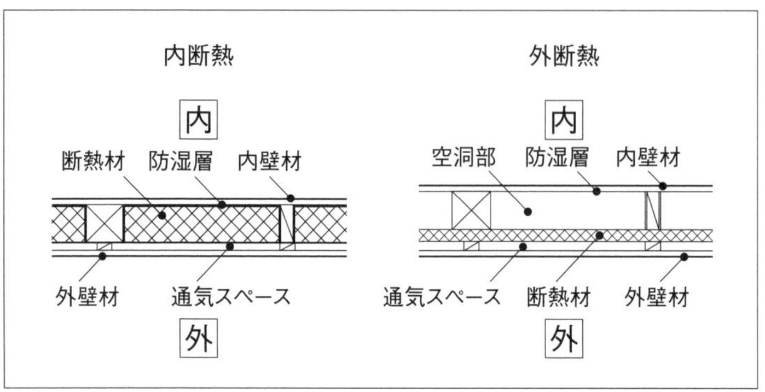

内断熱と外断熱

吸音材料

①　多孔質吸音材

多孔質吸音材として、ロックウールやグラスウールがあります。これらの材料を音が通過する際、材料の細かいすき間で摩擦抵抗が生じ、音のエネルギーが熱エネルギーに変換されて吸音効果が生じます。天井の仕上げ材として使われるものに、ロックウールを成型したロックウールボードがあり、高音域の吸音に効果が得られます。

②　有孔プラスターボード

裏に空気層を設けて張ると中音域の、さらに内側に多孔質吸音材を張ると、低音域と高音域の吸音効果が高まります。

防水材料

① アスファルト防水

アスファルトとアスファルトルーフィングを交互に数層重ね合わせて防水層をつくる工法です。鉄筋コンクリート造の建物の陸屋根などの防水工事に使用されます。仕上げ部分にはモルタルなどの保護層が施工されます。

② 塗膜防水（ウレタン防水など）

ウレタン防水は塗料状のウレタンゴムを屋上などに塗って防水層を形成する工法です。継ぎ目なく防水できますが下地の動きに追従できないと破断する可能性があります。FRP防水も塗膜防水の一つです。露出状態のまま上部を歩行できます。

③ シート防水

防水シートを接着剤やビスで固定します。下地の動きに適応できますが、厚みが薄いため露出状態での歩行には適しません。

④ 塗布防水

躯体のコンクリートなどに浸透し、躯体そのものの防水性を高める工法です。

⑤ シール材

部材と部材の継ぎ目などに生じる隙間（目地など）にペースト状の合成樹脂などを充填して水密性や気密性を確保します。コーキングとも呼ばれています。

補足

●陸屋根
傾斜の無い平面状の屋根のことです。

●有孔プラスターボードは、表面に孔のあいた吸音性のある石こうボードのことです。

防火材料

1　不燃材料

インテリア計画を行う際、使用する仕上げ材料の防火性能を把握しておくことは重要な要素になります。

通常の火災による加熱が加えられた場合に、加熱開始後20分間次の要件を満たすものを不燃材料と呼びます（外部仕上げに用いるものは①と②になります）。

①　燃焼しないものであること
②　防火上有害な変形、溶融、亀裂等の損傷を生じないものであること
③　避難上有害な煙又はガスを発生しないものであること

2　準不燃材料

通常の火災による加熱が加えられた場合に、加熱開始後10分間次の要件を満たすものを準不燃材料と呼びます（外部仕上げに用いるものは①と②になります）。

①　燃焼しないものであること
②　防火上有害な変形、溶融、亀裂等の損傷を生じないものであること
③　避難上有害な煙又はガスを発生しないものであること

3　難燃材料

通常の火災による加熱が加えられた場合に、加熱開始後５分間次の要件を満たすものを難燃材料と呼びます（外部仕上げに用いるものは①と②になります）。

①　燃焼しないものであること
②　防火上有害な変形、溶融、亀裂等の損傷を生じないものであること

③　避難上有害な煙又はガスを発生しないものであること

たとえば、厚さ9.5mmの石こうボードは準不燃材料、厚さ12.5mmの石こうボードは不燃材料になります。また、ビニールクロスなどにおいても、不燃、準不燃、難燃などの防火性能があります。これらは、壁紙に個別の認定番号が付いていますので見本帳で確認することができます。

なお、壁紙の防火性能は下地となる基材（石こうボードなど）の防火性能との組み合わせで決まります（下地＋仕上げを一体として防火性能が判定されます）。

4 耐火被覆材料

鉄骨は、熱に弱く、火災による高熱にさらされると、強度が落ち建物が変形や倒壊するおそれが出てきます。それを防ぐためにロックウール（粒状綿）とセメントからなる材料を、鉄骨に吹き付けて、耐火被覆します。

このように、耐火被覆材には、吹き付けるタイプの他に、巻き付けるタイプなどもあります。

●防火認定番号
国土交通大臣より防火材料として認定を取得した壁装材料には認定番号が発行されています。
不燃材料
NM-○○○○
準不燃材料
QM-○○○○
難燃材料
RM-○○○○

●石こうボードには、結晶水とよばれる水が含まれています。火災が発生すると、この水が水蒸気となり、温度の上昇を遅らせることができます。

●壁紙が不燃材料であっても、下地が準不燃材料であれば、防火性能は準不燃材料になります。

●鉄骨は、部位や部材により異なりますが、おおむね350～500℃以上になると強度が低下してきます。

チャレンジ問題

設問の正誤を答えて下さい。

問1　断熱材のロックウールとグラスウールを比較した場合、耐火性能にも優れているのはロックウールである。

問2　ロックウールを成型したロックウールボードは、低音域の吸音に効果がある。

問3　防水材料のうち、露出状態のままでもその上部を歩行できるのは、シート防水である。

問4　建築基準法に規定された内装制限を受ける部屋に使用される壁紙は、消防庁長官が定めたもの又は認定を受けた防火材料を使用しなければならない。

問5　厚さ９mm以上の石こうボードは準不燃材料、厚さ12mm以上の石こうボードは不燃材料に指定されている。

問6　厚さ9.5mmの石こうボードに、不燃材料の認定を受けた壁紙を貼った場合、防火性能は不燃性能とみなされる。

問7　２階建ての木造住宅の１階にある台所（火を使用する器具を設けたもの）の天井と壁に使用できる仕上げ材料は不燃材料でなければならない。

チャレンジ問題 解説

		[解答]
解説1	正しい記述内容です。ロックウールは鉄骨の耐火被覆材としても利用されています。	○
解説2	ロックウールボードは、高音域の吸音に効果が得られます。	×
解説3	シート防水は厚みが薄いため露出状態での歩行には適していません。	×
解説4	国土交通大臣が定めたもの又は認定を受けた防火材料を使用しなければなりません。	×
解説5	正しい記述内容です。	○
解説6	壁紙の防火性能は下地となる基材（石こうボードなど）の防火性能との組み合わせで決まるため、9.5mmの石こうボード下地では準不燃材料の扱いになります。	×
解説7	火気使用室の仕上げは準不燃材料以上とされています。必ずしも不燃材料にする必要はありません(400ページを参照してください)。	×

5 建具・ガラス

まとめ & 丸暗記　この節の学習内容とまとめ

内部建具

【開閉方法による分類】
- ■ 開き戸　気密性は高いが、開閉時に体の前後移動が大きい
- ■ 引き戸　開閉時に体の動きがないため、高齢者に適している

【形状、構成による分類】
- ■ 框戸　建具の周囲を枠組みし、その間に板やガラスをはめ込む
- ■ フラッシュ戸　骨組みの両面に合板などを接着

【障子】
- ■ 荒組障子　組子の間隔が大きく荒い
- ■ 横繁障子　横方向の組子が縦方向よりも多い
- ■ 縦繁障子　縦方向の組子が横方向よりも多い
- ■ 腰付障子　下部が板や襖

【襖】
- ■ 坊主襖　襖縁を設けず襖紙を巻き込む
- ■ 源氏襖　襖の一部に小障子を設け、採光する

外部建具

【開閉方法による分類】
- ■ 横すべり出し窓　横方向上部に回転軸　スライドしながら外部に開く
- ■ 縦すべり出し窓　縦方向に回転軸　スライドしながら外部に開く
- ■ オーニング窓　横すべり出し窓の開閉部が複数あるタイプ

■ **シーベキップ** 片引き戸で、引き戸部分に内倒し機能をもたせている
■ **ドレーキップ** 内開きと内倒し機能を合わせ持つタイプ

建具金物

【取手と引手】
■ **プッシュプル式** バーを押し引きしてラッチを解除
■ **サムラッチ式** 親指で押し下げてラッチを解除

ガラス

【種類】
■ **フロート透明ガラス** 一般的な透明ガラス
■ **網入りガラス** ガラス内部に網状の金網を入れ、防火性能をもたせる
■ **防火ガラス** 網状の金網のない、防火ガラス
■ **合わせガラス** 樹脂製の透明中間膜をガラスで挟み一体化
飛散防止、防犯性の向上など
■ **熱線吸収ガラス** ガラス内部に微量の金属成分を加えて着色
日射熱を吸収
■ **熱線反射ガラス** ガラス表面に金属酸化物を焼き付ける
日射エネルギーを反射
■ **Low-E複層ガラス**

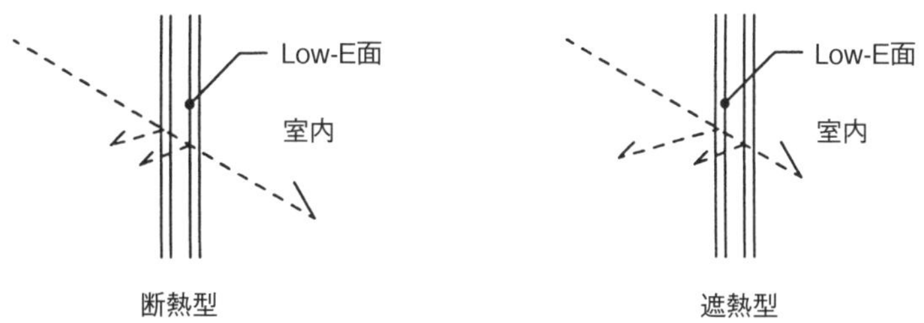

内部建具の主な種類と特徴

1 開閉方法による分類

扉や戸、窓などを建具と呼んでいます。建具は、建物の外周部（外壁や屋根）に設ける外部建具と、建物内部の各室の出入り口や収納などに設ける内部建具に分類されます。

① 開き戸

気密性が高く施錠しやすいといった長所がありますが、開閉時にからだの前後移動が大きくなり、高齢者や車いす利用者には不向きな場合もあります。**片開き戸**、**両開き戸**、**親子扉**などがあります。

② 引き戸

開閉時にからだの移動がほとんどないので、高齢者にも使いやすい戸といえます。したがって、車いす利用などのバリアフリーを考慮した室内で多く利用されますが、気密性は高くありません。古くから日本建築の建具として多く使用されており、古くは「**遣戸**」と呼ばれていました。**片引き戸**、**引き違い戸**、**引き分け戸**などがあります。

③ 折れ戸

開閉操作は難しくなりますが、開き戸よりからだの移動が少なくなります。クローゼットなどの収納用の建具として使用される場合が多く見られますが、可動間仕切りとして、広めの開口部を必要に応じて仕切る場合にも使われます。

2 形状、構成による分類

① 框戸（かまちど）

建具の周囲を、丈夫な木材などで枠組みして、その間に板やガラスなどをはめ込んだ建具のことです。はめ込む部分がルーバー状（羽根状の板）になっている戸を**ガラリ戸**、格子状になっている戸を**格子戸**と呼んでいます。

② フラッシュ戸

縦框や横桟などの骨組みの両面に合板や縁甲板などの表面材を接着して作る建具です。したがってドア内部は中空になっています（紙製のハニカムコアなどが挟み込んである場合もあります）。框戸よりも一般的には安価になりますが、表面材が薄いと遮音性能が落ちるので、使用場所には注意が必要になります。

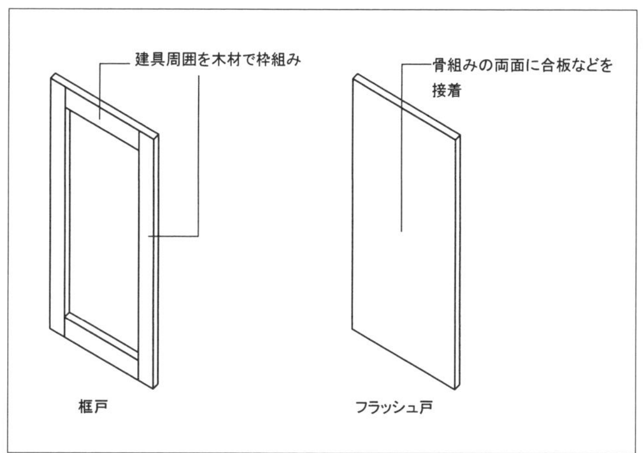

框戸・フラッシュ戸

補足

●框
戸や障子、窓などの周囲の枠のほか、玄関や床の間など、床の高さが変わる部分に横にわたす化粧部材も框と呼びます。玄関部分に設けるものを上がり框と呼んでいます。

●ガラリ戸は鎧戸とも呼ばれています。

●ハニカムコア
正六角形や正六角柱がハチの巣状に並んだもので、軽量で丈夫な芯材として使われています。

3 その他の建具

① 障子

木製の枠に光を通す和紙を貼った建具で、室内の間仕切りや屋内と屋外を仕切る目的で使われています。日本独特の建具で、書院造で使われ始めたといわれています。四周の框の中の組子（縦横に組んだ細い部材）の形状により、さまざまな種類に分けられます。

荒組障子……組子の間隔が大きく荒いもの
横繁（よこしげ）障子……横方向の組子が縦方向より多いもの
縦繁（たてしげ）障子……縦方向の組子が横方向より多いもの
腰付障子……下部が板や襖になっているもの
雪見障子……下部半分にガラスをはめ、その内側に上下する孫障子を入れたもの
吹き寄せ障子……２本の狭い間隔の桟を１組とし、これを一定間隔でならべたもの

なお、荒組、横繁、縦繁障子など、框と組子だけで作られ、腰板のない障子を水腰（みずこし）障子と呼んでいます。

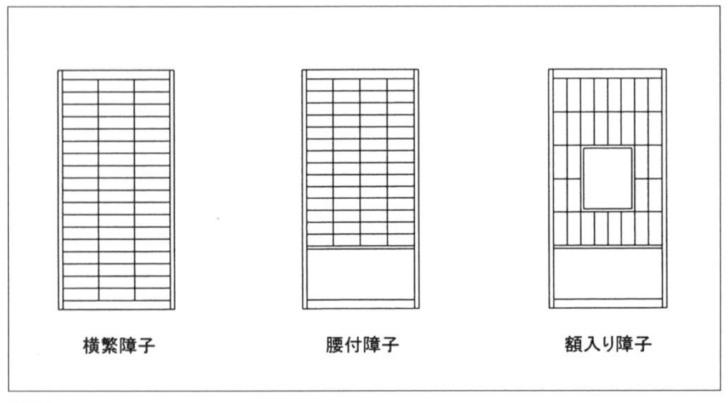

障子

② 襖

木製の骨組み（組子）の両面に複数の下地紙を貼り、表面に和紙などの襖紙を貼った建具です。主に和室の間仕切りや押入れに使われています。四周に木製の縁が付いている襖のほかに、襖縁を設けずに襖紙を巻き込む**坊主襖**（太鼓襖）、襖の一部に小障子をはめ込み、採光できるようにした**源氏襖**などがあります。

襖紙として伝統的なものに**鳥の子紙**（とりのこがみ）があります。

また、和室と洋室（廊下なども含む）の間に設ける襖で、和室側を和襖、洋室側を合板下地にクロス貼り、などとしたものを**戸襖**と呼んでいます。

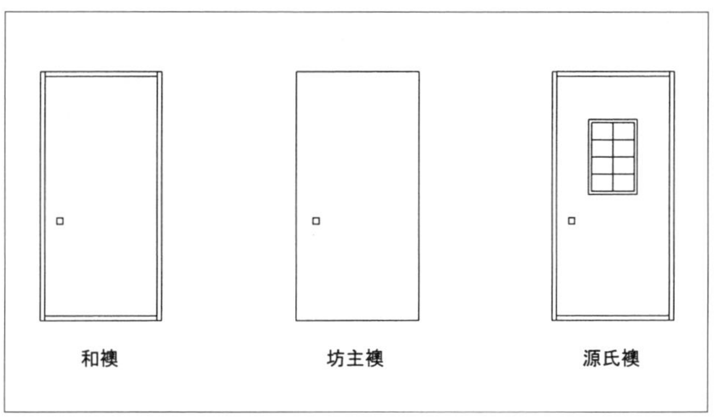

襖

③ 舞良戸（まいらど）

縦框の間に細い横桟を等間隔で並べて取り付けた板戸のことで、古くから日本建築に用いられてきました。現在でも和風建築のトイレの出入り口などに見られるデザインです。

●鳥の子紙は、良質な和紙で、名の由来は、色が鶏卵の淡黄色に似ていることから名付けられたといわれています。

外部建具の種類と主な特徴

1 開閉方法による分類

玄関扉や窓などの建具で、耐久性、気密性、耐水性、耐風圧性、遮音性、断熱性、防火性などさまざまな性能が要求されています。

① 引き違い窓

両方の窓を左右に滑らせて開閉する形式で、住宅などで多く使用されています。ガラス面の清掃を室内側からも行うことができます。

② 片引き窓

片側がはめ殺し窓になっていて、もう一方の窓を滑らせて開閉する形式です。引き違い窓よりも、気密性や遮音性が高くなります。

③ 開き窓

左右どちらかの片側を蝶番で吊り、屋外側へ開く形式です。片開き窓、両開き窓があります。網戸は室内側に設けます。室内側に設ける網戸には、内開きやアコーディオン形式、ロール状に巻き込むものなどさまざまなタイプがあります。

④ 突き出し窓・内倒し窓

突き出し窓は、窓上部に蝶番が付く回転式の小窓です。網戸は室内側に付きます。内倒し窓は、窓下部に蝶番が付く回転式の小窓です。網戸は屋外側に付きます。

⑤ 上げ下げ窓

窓を上下に滑らせて開閉する形式で、上下の窓が両方とも動くタイプと、下窓だけが動くタイプに分かれます。

⑥ 横すべり出し窓

横（水平）方向の上部に回転軸があり、外部に押し出すとスライドしながら開く形式です。網戸は室内側に設け、内開き式やロール式などがあります。

⑦ 縦すべり出し窓（ケースメント窓）

縦（垂直）方向に回転軸があり、外部に押し出すとスライドしながら開く形式です。網戸は室内側に取り付けます。

⑧ オーニング窓

横すべり出し窓の開閉部分が複数ある形式です。

⑨ ガラスルーバー窓

ガラス製のルーバーを回転させて開閉する窓です。浴室などの換気を目的として使われることが多く、気密性、防犯性は高くありません。

⑩ シーベキップ

片引き戸で、引き戸部分に内倒しの機能をもたせた建具です。内倒しにすることで、防犯性に配慮しながら換気することができます。なお、シーベは引き戸、キップは倒しを意味します。

⑪ ドレーキップ

内開きと内倒しの機能をもたせた建具です。なお、ドレーは開き、キップは倒しを意味します。

横すべり出し窓

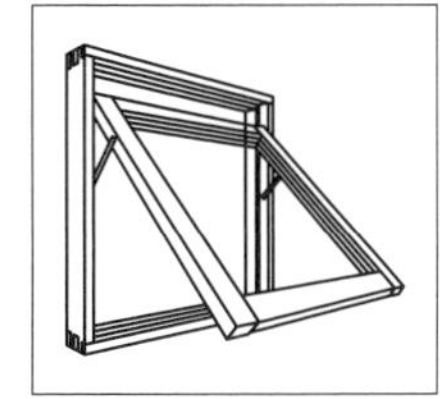

縦すべり出し窓

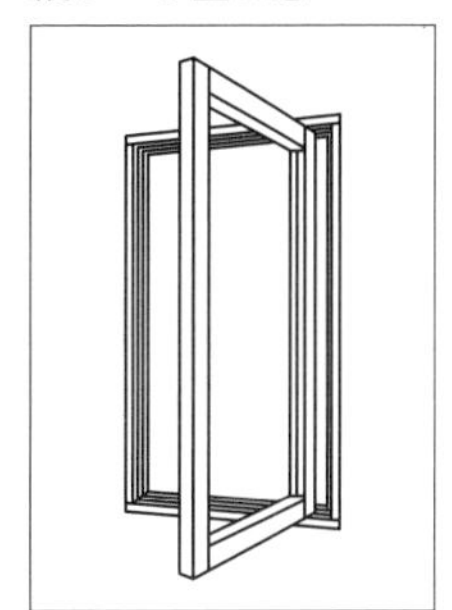

5 建具・ガラス

2 外部建具の性能

窓枠とその中に入る建具を含めてサッシと呼んでいます。素材の違いにより、アルミサッシ、木製サッシ、樹脂製サッシ、アルミと樹脂を用いた複合サッシなどさまざまなタイプがあります。また、トップライトは、採光上有効な窓といえます。

① アルミ＋樹脂のサッシ

耐候性のあるアルミを屋外側に、熱を伝えにくい樹脂を室内側に用いた複合構造で、フレーム部分の結露や断熱性を高めたサッシです。樹脂にはさまざまな色があり、インテリアに合わせた選択ができるようになっています。

② トップライト

屋根面に取り付ける天窓には壁面に取り付ける窓の３倍の採光能力があるとされています（建築基準法）。したがって、隣地に接近した部屋であっても、トップライトを設けることにより採光を有効に得ることができ、開閉可能なタイプであれば、通風、換気の役割も果たすことができます。

外壁に面していないトイレの
天井に設けられたトップライト
明るく、冬でも暖かい

建具金物の種類と主な特徴

1 シリンダー錠

① 扉の施錠

玄関ドアなどの外部に設ける扉は、ラッチボルトだけでなくデッドボルトを設けることで、しっかり施錠できるタイプになっています。また、室内ドアはラッチボルトのみのものが多く、施錠が必要な場合には、サムターンなどでラッチボルトを動かなくする機構のものが使用されています。

② シリンダー錠の仕組み

外筒と呼ばれる円筒の中に、内筒というもう一つの円筒が入っている構造です。外筒と内筒にまたがるようにタンブラー（障害）があり、普段はタンブラーにより内筒が回転できないようになっていますが、内筒の鍵穴に正しい鍵をさすと全てのタンブラーが障害にならない位置に動き、内筒が回転することでデッドボルトを動かす機構になっています。

2 錠の種類

① 本締錠（ほんじめじょう）

デッドボルトだけを備えた錠で、屋外側からは鍵で、室内側からはサムターンで施解錠します。ラッチボルトと組み合わせて使用される場合が多く見られます。

補足

●デッドボルト
施錠するとき、ドア側の錠ケースより突き出し、ドア枠側の穴に差し込まれるボルトです。鍵を用いて錠面から出入りさせます。

●ラッチボルト
先端が三角形をしたボルトで、ドアが風などで開かないように仮締めするものです。指で押すと引っ込み、離すと出てきます。

●サムターン
室内側から90度ひねって、錠の開け閉めを行うつまみ状の金具です。

●引き戸に用いる錠で、鎌の形をしたボルトの先端を回転させ、戸枠の受け座に引っ掛けて施錠する錠を鎌錠といいます。

●引き違いアルミサッシなどの召合わせ部分に用いる内締り金物をクレセントといいます。

② 空錠（そらじょう）

鍵をかける必要がないドアに取り付けられる錠で、ドアノブやレバーハンドルを回すことでラッチボルトが出入りして固定を解きます。デッドボルトはありません。なお、室内側から施錠できるサムターン付空錠などがあります。サムターン付き空錠は、サムターン（つまみ）を回すことにより、レバーハンドルなどが固定されドアを開けられなくなる機構です。

③ 非常解錠装置

サムターン付き空錠で室内側から施錠されている場合であっても、緊急時に室外側から解錠できるように、サムターンの室外側にコインを使って解錠できる機構が付いた錠です。

④ 箱錠

金属の箱の中にシリンダー錠による本締まり機構とラッチによる空締まり機構を納めたもので、住宅の玄関など、防犯性を重視する建具に取り付けられます。

3 取手と引手

取手には、ノブ（握り玉）やレバーハンドル、プッシュ・プル、サムラッチ、などがありますが、ノブは、開閉時に握る、回す、押す（引く）といった３つの動作が必要になるため、握力の弱い高齢者などには、レバーハンドルのほうが使いやすいといえます。

引き手には、建具に彫り込むタイプと、棒状のものがありますが、高齢者などには掴みやすい手すり棒状のタイプが有効です（手すりと思って体重をかけると建具が動いて転倒する危険もありますので設置には注意が必要です）。

サムラッチハンドルは、親指で押し下げてラッチを解除する方式です。アンティークな洋風のドアなどでよく見かけます（サムピースハンドルともいいます）。

4 丁番とヒンジ

① 丁番

開き戸と建具枠を一体化させるための「ちょうつがい」です。**普通丁番**、**旗丁番**、**フランス丁番**などがあり、一般的には普通丁番が使われます。丁番のネジにより取り付け位置の微調整ができるようになっています。

② ヒンジ

ピボットヒンジ（軸吊り丁番）は、扉の上下の端部に取り付け、上下軸を支点にして開閉する仕組みです。無垢板など重量のある扉などで使われます。

フロアーヒンジは、ドアの回転軸下部の床に埋め込んで開閉速度を調整する機能をもっています。室の内外両方向に開けるタイプもあり、店舗の出入り口などに利用されています。

5 ハンガーレール

部屋と部屋の段差をなくすために、引き戸を上部で吊るタイプで、バリアフリー対応の住宅などで利用されています。引き戸の開閉速度を調整できるタイプもあります。

補足

●プッシュ・プル式は、バーを押してラッチを解除することができる方式で、握力がいらないのでデッドボルトと組み合わせて、玄関ドアなどに多く採用されています。
プッシュ・プルハンドルとも呼ばれています。

●一般的にドアの上部に取りつけて、ドアなどが風圧等で急激に閉まることを防いだり、通常時においても、ゆっくりと自動的に閉める働きをするものをドアクローザー（ドアチェック）といいます。

●バリアフリーを考慮した場合で、室内の間仕切りに引き戸を使用する場合には、レールを上枠に付けるハンガータイプの上吊り戸とするか、V溝レールを使用して、床面に段差が生じないようにする配慮が必要になります。

ガラスの種類と主な特徴

1 ガラスの種類と特徴

建具に設けるガラスにもさまざまな種類があり、防犯性、防火性、安全性、省エネ性などさまざまな性能が要求されています。

① **フロート透明ガラス**（厚さ：2、3、5、6、8、10、12、15、19mm）

一般的な透明ガラスです。ゆがみがほとんどなく、採光性に優れています。

② **すり板ガラス**（厚さ：2、3、5mm）

フロート透明ガラスの片面に摺り加工を施し不透明にしたもので、視線をソフトに遮ることができます。

③ **型板ガラス**（厚さ：2、4、6mm）

ガラス面につけた型模様によって、光を通しつつ視線を適度に遮ることができます。

④ **網入りガラス**（厚さ：6.8、10mm）

ガラスの内部に網状の金網を入れたもので、火災時にガラスが割れても破片が落下するのを防ぎ、火災の侵入を防ぐことができます。防犯性はありませんので注意が必要です。

⑤ **防火ガラス**

従来の網入りガラスに代わり、金網のない防火性に優れたガラスです。

⑥ **強化ガラス**（厚さ：5、6、8、10、12、15、19mm）

フロート板ガラスに熱処理を加えて、急激に冷却させることで通常のガラスの3〜5倍の強度をもたせたガラスです。破損しても粒状になるため安全性は高いといえます。しかし、破損時にはガラス全体が破損するため防犯性は高くありません。また、現場での切断などの加工もできません。

⑦　合わせガラス

2枚（以上）のガラスで樹脂製の透明中間膜をはさみ一体化したガラスです。飛散防止、耐貫通性に優れ、中間膜を厚くすることで防犯性などの機能が向上します。また、中間膜により紫外線がカットされるため、室内のカーテンや家具等の変色防止に効果があります。断熱性能の向上はあまり期待できません。

⑧　熱線吸収・熱線反射ガラス

熱線吸収ガラスは、板ガラスの中に微量の金属成分を加えて着色したガラスで、日射熱を吸収します。熱線反射ガラスは、ガラス表面に金属酸化物を焼き付けたガラスで、日射エネルギーを反射します。ともに冷房負荷が軽減できるので、夏期の省エネ性に優れています。ただし、冬期における断熱効果はあまり期待できません。

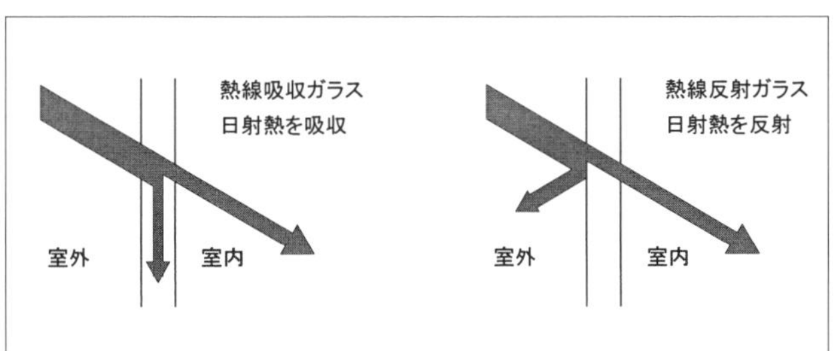

熱線吸収・熱線反射ガラス

補足

●熱線反射ガラスは、屋外側は鏡面になり、日中は室内が見えにくくなるハーフミラー効果が得られます。

●網入りガラスであっても、ワイヤーが平行に入っただけのガラスは建築基準法で定める防火設備には該当しないので注意が必要です。

⑨　フロストガラス

片面をサンドブラストして、すり板ガラスのような乳白色にしたうえに、フッ化水素で化学処理を加えて表面を細かく滑らかな凹凸にしたガラスです。

⑩　複層ガラス（ペアガラス）

２枚のフロートガラスの間に乾燥した空気の層を設けたガラスです。この乾燥空気の中間層により、**断熱性能**を高めることができます。なお、中間層が真空になっていて、断熱性をさらに向上させたものを真空ガラスと呼んでいます。

⑪　Low-E複層ガラス

ガラス面の片側に金属膜をコーティングした低放射ガラスを**Low-Eガラス**と呼んでいます。複層ガラスの屋外側ガラスの内側に金属膜をコーティングしたLow-Eガラスを使用すると**遮熱性**が向上し、複層ガラスの室内側ガラスの外側に金属膜をコーティングしたLow-Eガラスを使用すると**断熱性**が向上します。

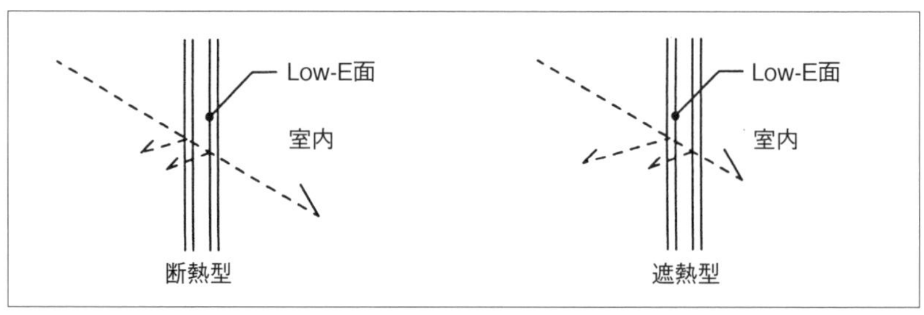

Low-E複層ガラス

⑫　結晶化ガラス

ガラスを熱処理して、結晶をガラス内部に析出させた材料です。温度変化による膨張や収縮がきわめて小さいため、急加熱や急冷却による破損が起こりにくくなっています。IHヒーターのトッププレートなどにも使用されています。

2 その他のガラス製品

① **鏡**

透明のフロート板ガラスに銀メッキなどを施したもので、一般的な鏡のほか、曇り止め鏡、防湿鏡などがあります。

また、ハーフミラーと呼ばれる鏡は、鏡の表面に塗る金属膜を通常よりも薄くして、光を透過させる機能をもたせたものです。ハーフミラーには表裏がなく、明るい側から見ると鏡のようになり、暗い側から見るとガラスのように反対側が見えてきます。マジックミラーとも呼ばれています。

② **ガラスブロック**（115mm×115mm×80mmなど）

ブロック形状のガラスで中が空洞になっています。中空部分を設けることで、採光を確保しながら、断熱性や遮音性能が得られます。ガラス面は、透明、型ガラス、乳白の他、さまざまなカラーがコーティングされたものなどがあり、用途に応じた種類が選択できます。

視線を遮りながら明るい室空間を創り出すガラスブロック

補足

●サンドブラストとは、表面に砂などの研磨剤を吹き付けて、乳白色にする加工方法です。

●複層ガラスにおける乾燥空気の中間層の厚みは6mmありますが、真空層の場合は0.2mmと薄くなっています。

チャレンジ問題

設問の正誤を答えて下さい。

問1 框戸とは、縦框や横桟などの骨組みの両面に合板や縁甲板などの表面材を接着して作る建具である。

問2 框の内側に連続的に羽板を斜めにはめ込んだ建具を鎧戸という。

問3 障子は、組子の形状により、様々な種類に分けられるが、横方向の組子が縦方向より多いものを横繁障子と呼んでいる。

問4 障子は、組子の形状により、様々な種類に分けられるが、間隔を狭めた２本の桟を１組とし、これをその間隔よりも広い一定間隔で並べたものを荒組障子と呼んでいる。

問5 襖の一部に小障子をはめ込み、採光できるようにした襖を坊主襖という。

問6 和室と洋室の間に設ける襖で、和室側を和襖、洋室側を合板下地にクロス貼り、などとしたものを戸襖と呼んでいる。

問7 舞良戸は、縦框の間に細い横桟を一定の間隔で平行に取り付けた板戸のことである。

チャレンジ問題 解説

		[解答]
解説1	記述はフラッシュ戸に関する内容になっています。	×
解説2	正しい記述内容です（ガラリ戸とも呼ばれています）。	○
解説3	正しい記述内容です。	○
解説4	記述は吹き寄せ障子に関する内容になっています。荒組障子は、組子の間隔が大きく荒い障子のことになります。	×
解説5	記述は源氏襖に関する内容になっています。坊主襖は、襖縁を設けずに襖紙を巻き込んだ襖です。	×
解説6	正しい記述内容です。	○
解説7	正しい記述内容です。鎌倉時代から用いられている日本古来の建具です。	○

チャレンジ問題

設問の正誤を答えて下さい。

問8 片引き戸で、引き戸部分に内倒しの機能をもたせた建具をドレーキップという。

問9 内開きと内倒しの機能をもたせた建具をシーベキップという。

問10 ケースメント窓とは、縦型のすべり出し窓のことである。

問11 屋根面に取り付ける天窓（トップライト）には壁面に取り付ける窓の３倍の採光能力があるとされている。

問12 デッドボルトとは、先端が三角形をしたボルトで、ドアが風などで開かないように仮締めするものである。

問13 引き戸に用いられる本締錠には、デッドボルトと同様の役割をする鎌形の金物部分で、引き戸と戸枠を施錠する鎌錠がある。

問14 ピボットヒンジは、扉の上端と下端に取り付け、上下軸を支点に開閉する金具で、重量の重いドアに使用しても吊り下がらないといった長所がある。

問15 玄関ドアなどに多く使用されているプッシュ・プル式は、親指で押し下げてラッチを解除する方式でサムピースハンドルとも呼ばれている。

チャレンジ問題 解説

		[解答]
解説8	記述はシーベキップに関する内容になっています。	×
解説9	記述はドレーキップに関する内容になっています。	×
解説10	正しい記述内容です。	○
解説11	正しい記述内容です。	○
解説12	記述はラッチボルトに関する内容になっています。	×
解説13	正しい記述内容です。	○
解説14	正しい記述内容です。ピボットヒンジは軸吊り丁番とも呼ばれています。	○
解説15	記述はサムラッチハンドルに関する内容になっています。プッシュ・プルハンドルは、バーを押して（反対側は引いて）ラッチを解除する方式で、握力がいらないので高齢者などにも適したハンドルです。	×

チャレンジ問題

設問の正誤を答えて下さい。

問16　ドアが風圧等で急激に閉まり、指を挟まれる事故を防止するためにはドアクローザーを取り付けることが有効である。

問17　クレセントとは、主に引き違いアルミサッシの召合わせ部分に用いる内締り金物で、召合わせ部分を引き寄せて施錠するもののことである。

問18　強化ガラスは、フロート板ガラスに熱処理を加えて強度をもたせたガラスで、破損しても粒状になるため安全性は高いといえる。また、現場での切断や穴あけなどの加工も可能である。

問19　フロストガラスとは、透明板ガラスの片面を、サンドブラストして、すり板ガラスのような乳白色にしたうえに、フッ化水素で化学処理を加えて表面を細かく滑らかな凹凸にしたガラスである。

問20　複層ガラスの屋外側ガラスの内側に金属膜をコーティングしたLow-Eガラスを使用すると断熱性が向上し、複層ガラスの室内側ガラスの外側に金属膜をコーティングしたLow-Eガラスを使用すると遮熱性が向上する。

問21　熱線反射ガラスは、温度変化による膨張や収縮がきわめて小さく、急加熱や急冷却による破損が起こりにくいため、IHヒーターのトッププレートなどにも使用されている。

チャレンジ問題 解説

		[解答]
解説16	正しい記述内容です。	○
解説17	正しい記述内容です。	○
解説18	強化ガラスは、切断などの後加工はできないため、正確な寸法で発注する必要があります。	×
解説19	正しい記述内容です。	○
解説20	断熱性と遮熱性の内容が逆になっています。	×
解説21	記述は結晶化ガラスに関する内容になっています。熱線反射ガラスは、ガラス表面に金属酸化物を焼き付けたガラスで、日射エネルギーを反射する省エネ性に配慮したガラスです。	×

6 仕上げ材と仕上げ

まとめ & 丸暗記　この節の学習内容とまとめ

床仕上げ

■ **木質系床材**
- 単層フローリング……無垢材
- 複合フローリング……合板＋天然木化粧単板など
- コルク

■ **プラスチック系床材**
- ビニル床タイル……Pタイルなど
- ビニル床シート
  - クッションフロアー
  - 長尺ビニル床シート

■ **畳の構成**
- 畳床
  - ワラ床　厚さ55mm程度
  - 建材畳床　厚さ10～20mm程度
- 畳表
- 畳縁
  - 無地縁
  - 模様縁

■ **床タイル**
- 磁器質床タイル……表面が硬く、ほとんど吸水しない
- テラコッタ…………素焼きの風合い

■ **石材**
- 天然石……大理石、御影石、鉄平石、玄昌石
- 人造石……テラゾー

■ **石材の表面仕上げ**
- 磨き仕上げ……………………平滑な表面
- 割肌仕上げ……………………原石を割った状態
- ビシャン叩き…………………凹凸のある表面
- ジェットバーナー仕上げ……凹凸のある表面

壁仕上げ

■ **左官仕上げ**
- 石こうプラスター塗り……収縮が小さく、ひび割れしにくい
- 漆喰塗り……………………建物の内外で使用できる
- 土塗り壁……………………じゅらく壁、大津壁など
- 珪藻土塗り…………………調湿性、消臭性に優れる

■ **壁紙**
- ビニル壁紙…………量産可能で、広く普及している
- オレフィン壁紙……燃焼時に有毒ガスが発生しない
- 織物壁紙
- 紙壁紙

塗装仕上げ

■ **漆** ……硬化後の塗膜が硬い

■ **柿渋** ……防腐、防火、防虫効果がある

■ **油性ペイント** ……木部、鉄部の塗装

■ **合成樹脂エマルジョンペイント**
……有機溶剤不使用、水溶性

■ **オイルステイン**
……浸透性塗料

■ **オイルフィニッシュ**
……浸透性塗料

床仕上げ

1 床に求められる性能と床材の種類

床材には、安全に歩行できる適度な硬さや滑りにくさなどの安定性や、傷の付きにくさや水濡れした場合などへの**耐久性**のほか、**断熱性**、**遮音性**、**掃除のしやすさ**などさまざまな性能が求められています。また、シックハウス症候群を引き起こさないために、ホルムアルデヒド（接着剤などに含まれている）の発散に関する規制なども考慮する必要があります。

材料には、木質系、プラスチック系、畳、カーペット、石材などがあります。

2 木質系床材

①　単層フローリング

単層フローリングは、１枚板（無垢材）の、ナラ、ブナ、サクラ、スギ、マツなどの自然素材をつなぎ合わせて構成した床材です。厚さは12～15mm程度のものが一般的です。幅が90mm程度で、長さが600～1800mm程度の床材の断面が本実（ほんさね）加工されており、これを噛み合わせながら張り合わせていきます。張り方により、**長尺張り**、**乱尺張り**、**パーケット張り**（市松模様）、**ヘリンボーン張り**（寄木模様）などがあります。

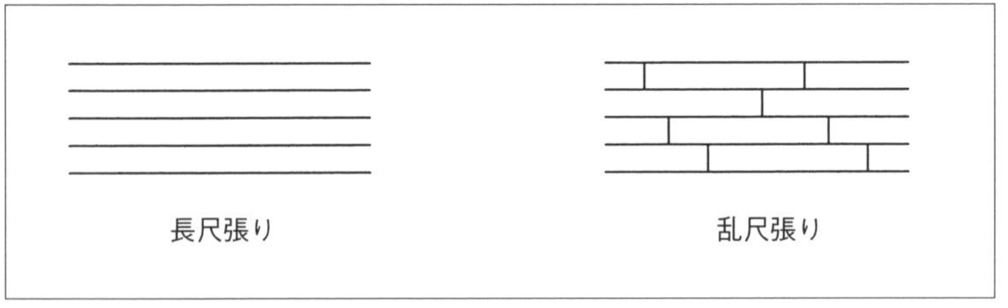

フローリングの張り方

② 複合フローリング

基材となる合板などの表面に、0.3～2mm程度にスライスした天然木化粧単板や、特殊シート（木目を印刷した紙など）を張った床材です。また、表面に張る天然木にプラスチックをしみ込ませ表面を傷つきにくくしたWPC（ウッドプラスチックコンビネーション）加工などが施されたものもあります。

基材には、耐水合板やMDF（中密度繊維版）などが使われるため、伸縮や反りなどに強く、価格も単層フローリングに比べ安価なものが多いなどの長所があります。

③ コルク

細かく砕いたコルク樫の樹皮に、接着剤を加えて圧縮加工した材料です。厚さは3～7mm程度で、形状は、長尺のシート状としたもの、300mm×300mmとしたタイル状のもの、150mm×900mmのフローリング調にしたものなどさまざまな形状があります。**断熱性**、**弾力性**、**保温性**に優れ、水濡れにも強いため、居室のほか洗面脱衣室や浴室などでも使われます。また**高齢者住宅**や**保育所**などにも適しています。

④ リノリウム

亜麻仁油に松樹脂、木粉、コルク粉、石灰岩、顔料を加え、これを黄麻の布に塗って固めた材料です。

天然の素材で抗菌性もあるため、医療施設や高齢者福祉施設などの室内環境に配慮を要する場所で多く使われています。

●本実加工
床材の断面の片側が凹、反対側を凸型に加工したもので、これを噛み合わせながら床を張っていきます。

●無垢のフローリングの表面仕上げに、削り目を残し、浅い凹凸のある「なぐり仕上げ」といった方法があります。複合フローリングではできない仕上げ方といえます。

●MDF
木材を細かくチップ状にしたものに、合成樹脂などの接着剤を加えて、板状に成形したものです。

●コルク
ワインボトルの栓にもコルクが使われていますが、これは、コルク樹皮を打ち抜いて造られています。

3 プラスチック系床材

(1) ビニル床タイル

ビニル床タイルの中には、バインダーと呼ばれる接合剤が含まれています。このバインダーの含有率が30%未満で単層の床タイルを、コンポジションビニル床タイルといい、含有率が30%以上の床タイルで、単層のものを単層ビニル床タイル、多層のものを複層ビニル床タイルと呼んでいます(従来は、含有率が30%以上のものをホモジニアスビニル床タイルと呼んでいました)。

ビニル床タイルの厚さは、2～3mm程度で、300mm×300mm、450mm×450mmなどの形状があります。耐候性や意匠性に優れ、さまざまな色や柄が選択できます。

① コンポジションビニル床タイル

さまざまな建築物の床に使用されている一般的なビニル床タイルです。価格も安めに設定されています。Pタイルとも呼ばれています。

② 複層ビニル床タイル

透明フィルム層、プリント層、パッキング層の3層構造で、表面を透明フィルムでラミネート加工し、その下のプリント層をさまざまな色や柄にして意匠性を高めています。

(2) ビニル床シート

塩化ビニル樹脂に、充填剤や顔料を加えてロール状に成型した床材です。熱には弱い性質がありますが、耐薬品性、耐摩耗性、耐水性に優れ清掃もしやすいため、住宅のほか、店舗や病院などのパブリックスペースで広く使用されています。また、ロール状になっているため、広い床面の仕上げに適しているといえます。発泡層のあるものをクッションフロア、無いものを長尺ビニル床シートと呼んでいます。

① クッションフロア

透明のビニル層、印刷層、発泡層などからなるビニル床シートで、クッション性が高められています。

② 長尺ビニル床シート

発泡層の無いビニル床シートで長尺塩ビシートとも呼ばれています。寸法は、幅が1820mmで長さが10～30m程度、厚さは1.8～2.3mmが一般的ですが、商品によっては6mmなどさまざまなタイプがあります。

4 畳

(1) 畳の構成

① 畳床

畳の芯材になる部分で、以前は乾燥した稲ワラを交互に重ねて作っていました。このワラ床の畳の厚さは一般的に55mm程度となります。近年では、ワラ床の間にポリスチレンフォームを挟んだ畳や、ワラを全く使わずに畳ボードなどで構成された建材畳床などが普及しています。

② 畳表

イグサの茎と麻糸や木綿糸で織ったゴザのことで、畳床の表をくるんでいます。縁を付ける備後表と縁無しの琉球表などがあります。表面が傷んだら裏返して使えます。

③ 畳縁（たたみべり）

畳の長手方向の両側に付ける幅の狭い帯状の布で、無地縁や模様縁などがあり選択することができます。

●バインダー
ビニル床タイルに含まれている、塩化ビニル樹脂、可塑剤、安定剤などの接合剤のことです。

●稲ワラを畳床にした畳は、自然素材でできているため、リサイクルや焼却処理に適しています。

●畳ボード
チップ状にした木材を高温で線維化し板状にしたものなどです。

●建材畳床の厚さは10～20mm程度で、軽量でダニの繁殖を防ぐなどの長所があります。

（2） 畳のサイズ

畳サイズは地域によって異なりますが、一般的には江戸間と京間に分かれます。

① 江戸間

柱の中心と中心の寸法（芯々寸法）を基準に作られた部屋の中に、畳を敷きこむため、部屋の大きさや形により、畳１枚のサイズが異なってきます。現在では、日本各地で使われている考え方です。一般的に１枚の大きさは880mm×1760mm程度になります。

② 京間

畳１枚のサイズが統一してあり、部屋の大きさは畳の枚数により決まります。

畳サイズは、畳寸法が一定の畳割りの京間のほうが、柱の芯々寸法が一定の柱割りの江戸間よりも一般的に大きくなります。一般的に京間の場合、１枚の大きさは955mm×1910mm程度です。

（3） 畳の敷き方

畳の敷き方には、祝儀敷きと不祝儀敷きの２通りがあります。その他、縁のない琉球畳などは畳の縦横を交互に替える市松敷きという敷き方が行われます。

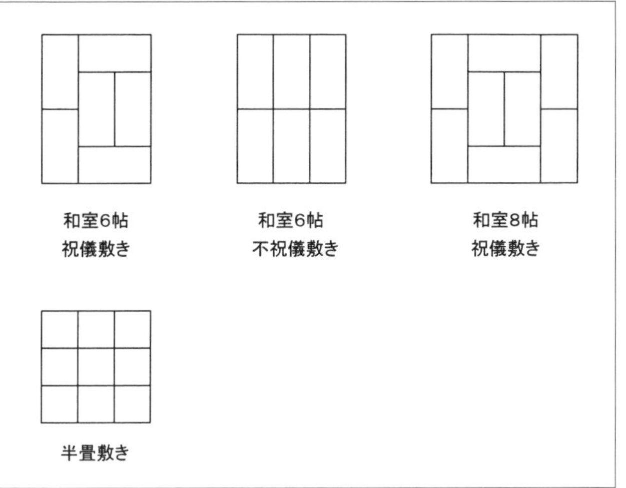

畳のさまざまな敷き方

琉球畳の市松敷き

補足

●畳サイズには、中京間といったサイズもあります。

5 床タイル・石・レンガ・三和土

(1) 床タイル

タイルには、**陶器質タイル**、**せっき質タイル**、**磁器質タイル**、素焼きのテラコッタタイルなどがありますが、耐久性が要求される床には磁器質タイルが多く使用されています。

① 磁器質タイル

タイル素地を高温で焼き上げたもので、ほとんど吸水せず、表面が固く割れにくいといった性質があります。大きさにもよりますが厚さは5mm程度になります。100mm角、150mm角、300mm角など形状は多様です。

② テラコッタタイル

テラコッタタイルを希望される人もいます。素焼きのタイルで吸水率も高く、汚れやすいといった性質はありますが、土の素焼きの風合いが好まれています。厚さは20mm程度と厚めになります。

③ その他

タイルの基材部分に微細な気泡を混ぜることで熱伝導率を低くして、足裏の冷感を軽減したタイルもあります。洗面所・脱衣室や浴室などの床に使われます。

(2) 石材

① 種類

大理石、**花崗岩**（御影石）、**鉄平石**、**玄昌石**などの天然の石を加工したものと、大理石などを砕いた種石をモルタルに混ぜて固め、表面を磨き上げて作る**テラゾー**と呼ばれる人造石などがあります。

厚さは、15mm程度で、300mm×300mm、400mm×400mmなどの形状があります。高級感のある仕上がりが期待できます。

② 石材の表面仕上げ

●磨き仕上げ

表面を研磨して平滑にした仕上げです。

●割肌仕上げ

原石を割った状態のままの仕上げです。

●ビシャン叩き

ビシャン（四角錐の刃を群状にしたツチ）で表面を叩いて細かい凹凸をつける仕上げです。

●ジェットバーナー仕上げ

石材にバーナーの火焔をあて、表面に凹凸をつける仕上げです。

③ 石材の張り方

●通し目地（芋目地）

縦横の目地を通す方法です。

●破れ目地（馬目地）

半枚分目地をずらす方法です。

(3) 三和土（たたき）

現在では、玄関や台所などの床を、コンクリートなどで固めた土間仕上げのこともいいますが、従来は、土や砂利に消石灰とにがりを加えたものを叩き固めて作ったもので、農家の土間や町屋の通り庭などに見られた床仕上げです。

●磁器質タイルは、焼成温度が1250℃以上、せっき質で1200℃前後、陶器質は1000℃以上となり、吸水率なども変わってきます。

●テラコッタはラテン語で焼いた土を意味する言葉です。

●大理石のメンテナンスでは、大理石を酸やアルカリの洗剤で拭くと表面の艶が消えるので注意が必要です。

●御影石は耐候性が高いため、外部テラスや浴室の床などにも使用できます。

●磨き仕上げは、粗磨き、水磨き、本磨きといった磨きの度合いがあり、水磨きはうっすらとツヤが出た状態をいいます。

壁仕上げ

1 壁に求められる性能と壁材の種類

壁材に求められる性能には、防火、防水、耐水、防滴、防汚、防カビ、遮音、吸音、断熱、調湿、耐衝撃性能などであり、それぞれ使用する室により異なってきます。

2 湿式壁仕上げ

（1） 左官仕上げ

石こうプラスターや壁土などの塗り壁材料を主にコテを用いて仕上げたもので、数種類のコテを使い分けることで、さまざまな表情を作り出すことができる方法です。下地材や仕上げの表情によりさまざまな塗り厚があります。

① 石こうプラスター塗り

焼石こう（加熱した石こう）の粉を主原料とし、水と混和材などを加えて練った材料です。硬化時の収縮が小さくひび割れしにくいといった性質のほか、空気中の湿気を吸い取る性質があります。

② 漆喰塗り

消石灰（水酸化カルシウム）を主原料とし、水や麻の繊維などを加えて練った材料です。不燃性、防水性があるため、建物の内外で使用されています。

③ 土塗り壁

土の種類により、じゅらく壁、大津壁などがあります。伝統的な壁仕上げで暖かみのある風合いが得られます。

④　珪藻土塗り

藻類（プランクトン）の死骸や、海底や湖底に長年にわたって堆積してできた粘土状の泥土で、保温・断熱・防露・調湿・遮音・脱臭などの機能を持っています。

なお、製品により、珪藻土が含まれている割合が異なっていますので確認する必要があります。

（2）　壁タイル仕上げ

インテリアタイルの主要なものの寸法には、100mm角や150mm角、300mm角などがあり、**半磁器質タイル**が多く使われています。その他10mm角や丸型などさまざまなサイズの**モザイクタイル**があり、ガラスタイルをキッチンや洗面所の壁に使用している例も見られます。

タイル目地で雰囲気が変わる

タイルとタイルのすき間を埋めるタイル目地は、防水やタイルの剥離を防ぐといった役割を持っています。モルタルや白セメントが使われ、白やグレーのほかカラー目地もあります。同じタイルでも目地の色により大きく雰囲気が変わるため、選択にも配慮が必要になります。また、水回りでは目地部分にカビが付きやすいので、こまめな清掃が必要になります。

●自然素材を利用した左官仕上げの壁には、珪藻土のほか、火山噴出物からなるシラス壁、牡蠣殻を利用した壁など、さまざまな素材が流通しています。

●タイルの大きさは、割付しやすいように、目地幅を含んだ大きさで呼称されています。たとえば100mm角のタイルの実寸は97.7mm角で、目地２～３mmを合わせて100mm角となります。

●半磁器質タイルとは、陶器質と磁器質の中間的性質のタイルのことです。

3 壁紙仕上げと積算など

住宅の内装仕上げ材として、最も普及しているのが壁紙です。ビニル系壁紙が一般的ですが、その他にも繊維系壁紙、紙系壁紙などさまざまな種類があります。こういった壁紙を平滑な表面に処理した石こうボードのような下地に、糊で貼って仕上げていきます。

また、**機能性壁紙**（機能性クロス）といって、壁紙に防汚、防カビ、消臭、吸湿、放湿などの機能を付加した壁紙も多種あります。

（1） ビニル壁紙

ポリ塩化ビニル樹脂を主原料とする壁紙で量産が可能です。表面に凹凸のエンボス加工を施して石目調や織物調にしたものや、プリント加工されたものなど多種類あります。また、ビニル層に発泡剤を混入し膨らませ、その上にエンボス加工やプリント加工を加えた発泡壁紙もあります。

（2） オレフィン壁紙

ポリエチレンや**ポリプロピレン**などの合成樹脂を主原料とした壁紙で、燃焼時に煙の発生が少なく、有毒ガス（塩化水素など）がほとんど発生しないため、安全性の高い素材です。水拭きは可能ですが、手垢などで汚れたときには、水につけた布を固く絞って、汚れを吸い取るように拭きとります。

（3） 織物壁紙

織物などを紙で裏打ちした壁紙です。吸水性が高いため、水拭きによる清掃はできません。手垢などで汚れたときには、水につけた布を固く絞って、表面を軽く叩くように汚れを抜きとります。

天然繊維のほか、レーヨンなどの合成繊維による製品があります。また、オーガニックコットンや天然シルクの壁紙も人気が高まっています。

（4） 織物壁紙の布の織り方

布の織り方によって、**平織**（ひらおり）、**綾織**（あやおり）、**朱子織**（しゅすおり）の３種類に分類できます。

① 平織壁紙

たて糸とよこ糸を交互に交差させた一般的な織り方でできています。

② 綾織壁紙

たて糸がよこ糸の上を２本、よこ糸の下を１本、交差させながら織る織り方で、たて糸とよこ糸の交差部が斜めになっています。斜文織とも呼びます。

③ 朱子織壁紙

たて糸かよこ糸のどちらかを長く浮かせて強調した織り方でできています。

（5） 施工上・法規上の注意点

クロスは、下貼りをせず、接着剤で石こうボード等の基材に直接貼ることが多いので、ボード等の下地の性能との組み合わせで内装制限に適合する材料を選択する必要があります。

●織物の基本となる、平織、綾織、朱子織を三原組織（さんげんそしき）といいます。

(5) 紙壁紙

パルプを原料に製造した洋紙に、エンボス加工やプリント加工を施したものや、こうぞやみつまたを原料とする和紙壁紙、ケナフや月桃（げっとう）などを原料とする特殊紙壁紙などがあります。

(6) 壁紙の積算

1㎡当たりの材工（材料費＋工賃）単価で算出しますが、施工面積の10～15%をロスとして見込んで総工事費を計算します。ただし、柄があるとリピート合わせが必要になりますので、さらにロスを見込むことが必要になります。

また、下地には石こうボードなどが使われますが、石こうボードの継ぎ目やビスへこみをパテで埋めて平滑にしておく必要があります。

4 その他の壁仕上げ

スギやヒノキなどの針葉樹の無垢板を張る方法や、化粧合板や化粧石こうボードを張る方法などがあります。

(1) 化粧合板張り

① 天然木化粧合板

表面に、天然木材の薄板を貼った化粧合板で、サイズは910mm×1820mmで厚さは5.5mm程度になります。スギ材やシナ材など多数の種類があり、和風、洋風などニーズに応じて選択することができます。

② メラミン化粧合板・ポリエステル化粧合板

表面に、メラミン系やポリエステル系の合成樹脂を熱圧着した化粧合板で、硬質で傷が付きにくく、耐水性、耐熱性に優れています。カウンターの天板、水廻りの内壁などに使われます。

③　塩ビ化粧合板

表面に木目などを印刷した塩化ビニルシートを貼った化粧合板です。耐水性があります。

④　プリント合板

合板の表面に直接木目を印刷したものから始まりましたが、現在は合板に印刷紙を貼ったものが増えています。安価であるという長所があります。

(2)　化粧石こうボード張り

石こうボードの表面に、模様のある紙やプラスチックシートを貼ったり、型押しで凹凸加工したものの総称です。下地材と仕上げ材が一体になっているため施工が一度にできるといった利点があります。厚さは、9.5mm、12.5mmなどがあります。

(3)　石こうボード塗装仕上げ

石こうボードの継ぎ目やビスのへこみをパテで埋めて平滑にした後、水性塗料を塗ります。シーラーという下塗り用塗料を使い、仕上げ塗料との密着性を上げる場合もあります。

石こうボードは、石こうを芯材としてその両面にボード用紙を張った建材で、防火、断熱、遮音性が高く、経済性にも優れているので広く普及しています。サイズは910mm×1820mmが一般的で、9.5mm、12.5mm、15mm厚があります。

●壁紙は一般的に幅が92cmのロール状になっています。柄はこの幅の中だけではなく、張り合わせた隣同士の壁紙で一体となって柄を作ることにもなりますので、図柄を合わせるために、張り始めをずらす必要が出てきます。これをリピート合わせといいます。

●天然木化粧合板などを、間柱などに直接張ることもありますが、一般的には下地に石こうボードをあらかじめ施工し、その上に仕上げ材として張っていきます。

天井仕上げ

1 天井に求められる性能と天井材の種類

天井材に求められる性能には、耐火、防火、防水、防露、遮音、吸音、断熱性能のほか、下地を含めて照明器具等の落下防止、地震による落下防止などがあげられます。

2 天井仕上げ

天井仕上げには、乾式工法と湿式工法がありますが、落下防止の観点から、乾式工法とするのが一般的になっています。

① 石こうボード張り下地＋仕上げ

石こうボードを下地にして、壁紙を貼ったり、塗装する一般的な仕上げ方法です。

② オーバーレイ合板仕上げ（ラミネート天井）

合板の表面に木目模様など特殊加工された紙を貼った合板です。一般的な住宅の和風天井に使われています。

③ ロックウールボード張り

ロックウール（岩綿など）を加圧成型した材料で、不燃性、吸音性、断熱性に優れています。住宅から公共施設まで広く使われています。厚さは9mm、12mm、15mmなどがありますが、一般的には石こうボード下地に二重張りして仕上げます。

塗装仕上げ

1 インテリア用塗料の種類と特徴

① 漆

漆の樹液を加工した天然樹脂塗料です。黒色以外にも顔料を加えることで、朱などの色もあります。

② カシュー

ウルシ科のカシューナッツの殻の油が原料です。色数と種類が豊富な塗料で、漆の代用品としても使われます。

③ 柿渋

渋柿の未熟な果実を搾り潰して、得られた汁を発酵、熟成させて搾った赤褐色をした液体です。柿渋に含まれる柿タンニンは防腐、防虫、防水効果があります。

④ 油性ペイント・合成樹脂油性ペイント

植物性の油に顔料を配合した塗料です。塗料用シンナーで薄めて使用する塗料で、木部や鉄部の塗装に用いられます。

⑤ 合成樹脂エマルションペイント（AEP・EP）

水で薄めて使用する塗料で、有機用溶剤を含まない安全性の高い塗料です。室内の壁や天井などに多く用いられています。AEPはアクリル樹脂を主原料としているため、耐水性や耐摩耗性が強い塗料です。

補足

●漆は硬化後の被膜が硬く、光沢のある塗料で、漆器やインテリアの塗装にも使われています。

●合成樹脂エマルションペイント1種をAEP、2種をEPと分けています。EPは主に屋内用として使用します。また、AEPは屋内の他、屋外用や浴室などの壁面にも使用されています。

●エマルションとは、お互いに混ざり合わない液体の片方が微細化して、他方の液体に分散して乳液状化したものです。

⑥ オイルステイン

木材に着色する油性の塗料で、表面に塗膜を作らず木部に浸透して着色する塗料です。

⑦ オイルフィニッシュ

植物油を主体とした塗料で、表面に塗膜を作らず木材に浸透して着色する方法です。木材の素材を生かした仕上げが得られます。はけ塗りした後に布ですりこむように拭きとって仕上げていきます。

⑧ ウレタンワニス

乾性油と樹脂に溶剤を混合した塗料で、木材の表面に固い透明な塗膜を作ることができます。

⑨ ラッカー（ニトロセルロースラッカー）

主原料にニトロセルロース（硝化綿）を用いた塗料で、透明なクリアーラッカーと顔料で着色されたものがあります。

2 インテリアの部位別塗装

① 床

フローリングは、多くの場合あらかじめ表面処理されている商品が多いため、特別に現場で塗装をする必要はありませんが、無塗装品では、木部に浸み込んでいくオイルのような自然塗料か、表面に塗膜を形成して耐摩耗性、耐水性などに優れるウレタン系の塗料が使われます。

②　壁

石こうボードに合成樹脂エマルションペイントなどが使われます。石こうボードに塗装する場合には、ボードの継ぎ目や釘打ち部分を平滑にするために、パテなどにより下地処理を行います。パテ部分に寒冷紗（細かいネット状の綿や麻のごく薄い布）をはって、下地調整する方法もあります（下地処理の方法は、クロスを貼る場合とほぼ同じです）。

③　天井

基本的には、壁面と同様になります。

●無塗装品のフローリングなどに、使われる床用ワックスに「蜜蝋」を使用した製品などがあります。

チャレンジ問題

設問の正誤を答えて下さい。

問1 無垢材のフローリングで、幅は一定で長さの異なるサイズの板を用いて、継ぎ目が不規則になるように張っていく張り方をパーケット張りという。

問2 縁甲板とは、廊下などに使われる無垢のヒノキ、マツ、スギなどの長尺材で、長手方向の側面に実はぎなどの加工が施されているものをいう。

問3 複合フローリングの仕上げ加工の一つに、表面に張る天然木に合成樹脂を注入して硬化させ、傷がつきにくくするMDF加工がある。

問4 コルク床タイルは、弾力性に富み、無数の微小気泡によって高い断熱性や吸音性があり摩擦にも強いため、高齢者住宅や保育園の床材としても適している。

問5 リノリウムは天然の素材で抗菌性もあるため、医療施設や高齢者福祉施設などでも多く使用されている。

問6 ビニル床タイルのうち、バインダーと呼ばれる接合剤の含有率が30%以上のものをコンポジションビニル床タイルと呼んでいる。

問7 ビニル床シートのうち、発泡層のあるものをクッションフロアと呼んでいる。

チャレンジ問題 解説

		[解答]
解説1	長さの異なるサイズの板を用いて張る方法を乱尺張りといいます。パーケット張りは市松模様に張っていく方法です。	×
解説2	正しい記述内容です（229ページの補足欄も参照してください）。	○
解説3	記述はWPC（ウッドプラスチックコンビネーション）加工に関する内容になっています。	×
解説4	正しい記述内容です。	○
解説5	正しい記述内容です。	○
解説6	バインダーの含有率が30％未満のものをコンポジションビニル床タイルと呼んでいます。	×
解説7	正しい記述内容です。住宅用などに多く用いられています。	○

チャレンジ問題

設問の正誤を答えて下さい。

問8 建材畳床とは、ワラ床の間にポリスチレンフォームを挟んだ畳や、ワラを全く使わずに畳ボードなどで構成された畳床のことである。

問9 畳床の表をくるむ畳表には、縁を付ける琉球表と縁無しの備後表などがある。

問10 江戸間と京間を比較した時、畳１枚のサイズが統一してあるのは江戸間である。

問11 寒冷地の水回りや玄関などに使用する床タイルは、凍結による破損を防ぐために、吸水率の低い陶器質タイルを使用することが望ましい。

問12 外部テラスや浴室の床を石張りにする場合、水濡れや石鹸などで変色したり、艶が失われることが少ない大理石を使用することが望ましい。

問13 石材の表面仕上げのうち、ビシャン叩きとは、ビシャンと呼ばれる特殊なハンマーで石材表面を叩いて細かな凹凸をつける仕上げ方法である。

問14 漆喰は、植物性プランクトンの死骸や、海底や湖底に長年にわたって堆積してできた粘土状の泥土で、保温・断熱・防露・調湿・遮音・脱臭などの機能を持っている。

チャレンジ問題 解説

		[解答]
解説8	正しい記述内容です。ダニやカビの発生を防ぐといった長所もあります。	○
解説9	縁の付いた備後表と、縁のない琉球表などがあります。	×
解説10	江戸間は、柱の芯々寸法を基準に作られた部屋の中に、畳を敷きこむため、部屋の大きさや形により、畳１枚のサイズが異なってきます。	×
解説11	磁器質タイルは、タイル素地を高温で焼き上げたもので、ほとんど吸水せず、表面が固く割れにくいといった性質があります。したがって、耐久性が要求される床には磁器質タイルを用いることが望ましいといえます。	×
解説12	大理石は、酸やアルカリに弱く表面の艶が消えるので注意が必要です。耐候性の高い御影石などを使用します。	×
解説13	正しい記述内容です。	○
解説14	記述は珪藻土に関する内容になっています。	×

チャレンジ問題

設問の正誤を答えて下さい。

問15 ドロマイトプラスターは、焼石こうの粉を主成分とし、硬化時の収縮が小さくひび割れしにくいといった性質をもっている。

問16 タイルの目地は、デザインとしての要素も大きいが、防水やタイルの剥離を防ぐといった役割も持っている。

問17 タイルの大きさは、割付しやいように、目地幅を含んだ大きさで呼称されている。

問18 ビニル壁紙は、ポリエチレンやポリプロピレンなどの合成樹脂を主原料とした壁紙で、燃焼時に煙の発生が少なく、有毒ガスがほとんど発生しないため、安全性の高い素材といえる。

問19 メラミン化粧合板は、表面に、メラミン系の合成樹脂を熱圧着した化粧合板で、硬質で傷が付きにくく、耐水性、耐熱性に優れているため、カウンターの天板などにも使われる。

問20 石こうボードに壁紙を貼ったり、塗装仕上げを行う場合、壁紙の変色を防いだり、仕上げ塗料との密着性を上げるためにシーラーという下塗り用塗料を使用すると良い。

問21 天井の仕上げ材に使用されるロックウールボードは、ロックウールを加圧成型した材料で、不燃性、吸音性に優れているが、断熱性能は劣っている。

チャレンジ問題 解説

		[解答]
解説15	記述は石こうプラスターに関する内容になっています。ドロマイトプラスターは白雲石が主原料で、ひび割れしやすい性質があります。	×
解説16	正しい記述内容です。	○
解説17	正しい記述内容です。	○
解説18	記述はオレフィン壁紙に関する内容になっています。	×
解説19	正しい記述内容です。	○
解説20	正しい記述内容です。	○
解説21	不燃性、吸音性、断熱性に優れているため、住宅から公共施設まで広く使われています。	×

チャレンジ問題

設問の正誤を答えて下さい。

問22 天井仕上げには、乾式工法と湿式工法が考えられるが、落下防止の観点から、湿式工法とするのが一般的になっている。

問23 合成樹脂エマルジョンペイントは、水性塗料で被膜形成が良く、色付けも容易な塗料である。また、耐候性、耐水性、耐摩耗性に強く、屋外用や浴室など水滴が生じるような場所にも使用できる。

問24 漆塗りは、漆の樹液を加工した天然樹脂塗料で、黒色以外にも紅殻などの顔料を加えてさまざまな色が使われている。塗膜面は比較的軟らかいため、主に内装用の仕上げ材として使われている。

問25 木部の生地を活かした塗装の一つに、クリアーラッカーがある。クリアーラッカーは、ボイル油などを刷毛塗りした後、布ですり込むように拭きとる仕上げ方法である。

問26 日本古来の伝統的な塗料で、近年見直されてきた柿渋には、防腐、防虫、防水効果があることがわかっている。

問27 石こうボードに塗装する場合には、ボードの継ぎ目や釘打ち部分を平滑にするために、パテなどにより下地処理を行い、パテ部分に寒冷紗をはって下地調整をすると、平滑な仕上がりが得られる。

チャレンジ問題 解説

		[解答]
解説22	落下防止の観点からは、左官材料のように重くて剥離や割れの危険性の高い仕上げとする湿式工法よりも乾式工法の方が安全であると考えられます。	×
解説23	正しい記述内容です。	○
解説24	漆は、乾燥すると強固な塗膜を形成します。	×
解説25	記述はオイルフィニッシュに関する内容になっています。オイルフィニッシュは、木部の表面に塗膜を造らないため、木部の素材を活かした仕上げが得られます。	×
解説26	正しい記述内容です。	○
解説27	正しい記述内容です。	○

章末問題

問題 インテリアの工法、構造、仕上げに関する次の1～5の記述のうち、最も不適当なものを2つ選びなさい。

1 **木構造建物の代表的な工法には、木造軸組工法（在来工法）と木造枠組壁工法があるが、ツーバイフォー工法とも呼ばれている工法は木造枠組壁工法である。**

2 **木材の根に近い方を元口（もとくち）、先端に近い方を末口（すえくち）というが、柱として利用する場合には、末口が下になるように加工する。**

3 **階段の幅を算定する際、手すりの出幅が、取り付けてある壁面より10cm以下であれば、その手すりはないものと見なして階段幅を計測することができる。**

4 **片引き戸で、引き戸部分に内倒しの機能をもたせた建具をシーベキップといい、内開きと内倒しの機能をもたせた建具をドレーキップという。**

5 **コルク床タイルは、弾力性に富み、無数の微小気泡によって高い断熱性や吸音性があり摩擦にも強いため、高齢者住宅や保育園の床材としても適しているが、耐水性は期待できない。**

解答

2 元口が下になるように加工する。

5 コルク材は耐水性も高いため、洗面脱衣室や浴室の床材として使用される場合もある。

第6章

環境と設備

1 環境工学

まとめ & 丸暗記　この節の学習内容とまとめ

熱と湿気

【熱の伝わり方】

■ **伝導**　固体の中を熱が伝わる現象
固体内の熱の伝わりやすさを示す値を熱伝導率という

■ **対流**　空気や水が上下に移動しながら混ざり合う現象

■ **放射**　赤外線（電磁波）による熱の移動

【室内の熱環境】

■ **断熱**　伝導・対流・放射による熱の移動を防ぐこと

■ **日射**
① 南面した壁が受ける1日当たりの直達日射量
夏季 < 冬季
② 夏至の1日当たりの直達日射量
南面した壁 < 東（西）に面した壁
③ 冬至の南中時における直達日射量
水平面 < 南面した壁
※ 壁面はすべて垂直壁面

■ **熱容量**　大……温まりにくく冷めにくい（コンクリートなど）
小……温まりやすく冷めやすい（金属など）

【湿度と結露】

■ **相対湿度**　相対湿度（%）＝水蒸気圧/飽和水蒸気圧

換気と通風

【空気汚染の指標（清浄度の目安）】

■ **二酸化炭素**　……1000ppm（0.1%）以下

■ 一酸化炭素　……10ppm（0.001％）以下
■ ホルムアルデヒド
……0.5回/hの換気回数（住宅の居室）
シックハウス対策として24時間機械換気が必要

音環境

【音の三要素（音の強さ・音の高さ・音色）】
■ 音の強さ　人が聴くことのできる範囲：0 ～ 120デシベル
音源からの距離の２乗に反比例して減少
■ 音の高さ　人が認識できる周波数：20 ～ 20000ヘルツ
【室内の音環境】
■ 遮音性能　重くて硬い材料、厚みの厚いものほど遮音性能は上がる
■ 床衝撃音
- 重量床衝撃音の遮音性能：LH値（等級）
- 軽量床衝撃音の遮音性能：LL値（等級）

■ 残響　室の容積が大きく、吸音力が小さいほど長くなる

光環境

■ 均せい度　照度分布を表す指標……最低照度/最高照度
【照明計画】
■ 全般照明　室内全体を均一の明るさにするための照明
■ 局部照明　必要な部分だけを照明する方式

日照と採光

■ 昼光率　全天空照度に対する室内の受照点における水平面照度の割合……受照点照度/全天空照度

熱と湿気

1 熱の伝わり方

熱の伝わり方には、伝導、対流、放射がありますが、実際には単独で起こることはなく、これらが組み合わされてさまざまな熱の移動が起こっています。

① 伝導

金属製のスプーンを熱いお湯に入れると、お湯の中に入っていないスプーンの先端まで熱くなってきます。このように固体の中を熱が伝わる現象を伝導と呼んでいます。

また、陶器のコップよりもアルミ製のコップのほうがお湯の熱を伝えやすいなど、素材によって熱の伝わり方は変わってきますが、固体内の熱の伝わりやすさを示す値を熱伝導率といい、アルミのように熱が伝わりやすいことを熱伝導率が高いといいます。

※　アルミニウムの熱伝導率は、鉄の熱伝導率の約３倍といわれています。

※　逆に熱の伝わりにくさを示す値として熱伝導抵抗が用いられています。

② 対流

部屋の中にストーブを置いて暖めると、暖められた空気は上昇します。反対に冷たい空気は下降してきますが、これが繰り返されることによって、徐々に部屋が暖まっていくわけです。お湯を沸かす場合も同様で、空気や水などが上下に移動しながら混ざり合うことを対流と呼んでいます。

冬季に窓辺に立つと足もとに寒さを感じますが、これは窓付近で冷やされた空気が対流により下降して起こるコールドドラフトと呼ばれる現象です。

③　放射

太陽の光に当たると暖かく感じます。これは太陽が発する赤外線（電磁波）が熱を伝えているためで、これを**放射**（輻射）と呼んでいます。物体は表面から電磁波を放射していますが、放射による熱の移動は高温の物体表面から低温の物体表面に向かって起こっています。なお、放射による熱の移動は真空状態でも起こります。

④　熱貫流と熱貫流率

例えば、夏季において外部の高温の熱が壁を通じて内部に伝わってくる過程を考えてみましょう。

屋外側では主に放射（日射など）と対流（風など）の影響を受けながら外壁表面が熱を取得します。この伝熱の過程を**熱伝達**と呼びます。

伝達された熱は、壁体内を伝導により移動し、最終的に室内側の表面から放射と対流により室内空間へと移動していきます。

このように、壁をはさんで高温と低温の空気があると、熱は高温の空気側から伝達⇒伝導⇒伝達と、低温空気側に移動します。この伝熱の全過程を**熱貫流**と呼んでいます。

熱貫流の程度は、壁の種類や構成により変わってきますが、熱貫流における熱の伝わりやすさを示す値を**熱貫流率**といいます。

●暖房時や冷房時に扇風機を回して部屋の空気を混ぜ合わせると、部屋の中での温度差が小さくなりますが、これらを強制対流と呼んでいます。

●実際の壁や屋根などは、さまざまな材料の組み合わせで構成されています。このように、単独の物体だけではなく複合した物体の熱の伝わりやすさも熱貫流率と呼んでいます。

●単一の材料であれば、材料の厚さが厚いほど、熱貫流率は小さくなります。

2 室内の熱環境

① 断熱

例えば、魔法瓶に入れたお湯がなかなか冷めないのは、魔法瓶の内部が熱伝導率の低いガラスで作られ、またガラス表面を鏡面仕上げにすることで放射熱を反射（低減）し、さらに内部を真空の二重構造にすることで対流による熱の移動も防いでいるからです。

このように断熱とは、伝導・対流・放射による熱の移動を防ぐことといえます。

建物において断熱性を高めるということは、「各部位の熱貫流率を低くすること」と考えられます。

グラスウールやロックウールといった断熱材を壁の中に納める方法がよく使われますが、これは熱伝導率の低いグラスウールなどが壁の中に充填されることで、壁の中の空気の流れ（対流）も同時に防いでいるということになります。さらに断熱材表面にアルミ箔などを張って放射熱を反射（低減）するといった製品もあります。

また、開口部には２枚のガラスの間に乾燥空気が充填されている複層ガラスや、サッシを二重に設置する方法などが取られています。

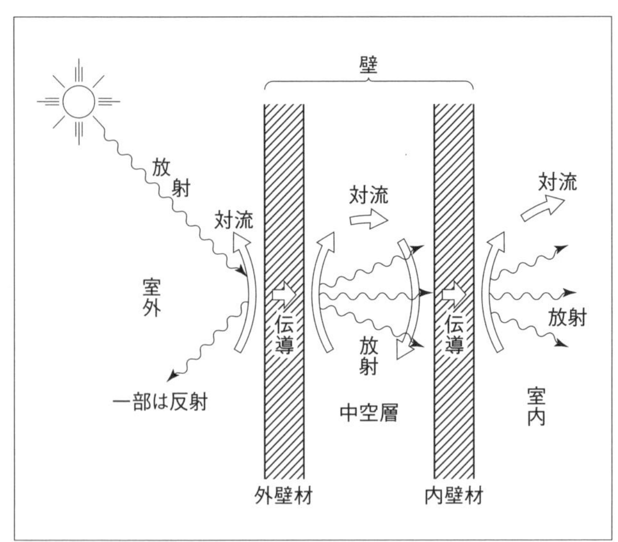

貫流における熱移動の三態

② 気密性

壁や天井、床などの隙間をなくして気密性を高めることは、室内の熱環境を向上させる重要なポイントになります。

気密性を高める方法には、防湿気密フィルムを隙間なく設ける方法などが考えられます。

③ 日射

季節によって太陽の高度は変化するため、季節ごとの日射量を知ることが大切になります。各方位面の日射量について以下に記します。

- 南に面した壁（垂直面）が受ける１日当たりの直達日射量は、夏季よりも冬季のほうが多くなります。
- 夏至の１日当たりの直達日射量は、南向きの垂直壁面よりも東（西）に面した垂直壁面のほうが大きくなります。
- 冬至の南中時における直達日射量は、水平面よりも南向きの垂直壁面のほうが多くなります。

これらのことから、南面する窓の上部には庇を設置したり、東（西）に面した開口部には、すだれやブラインドを取り付けて通風を確保しつつ日射を遮る工夫が必要になってきます。

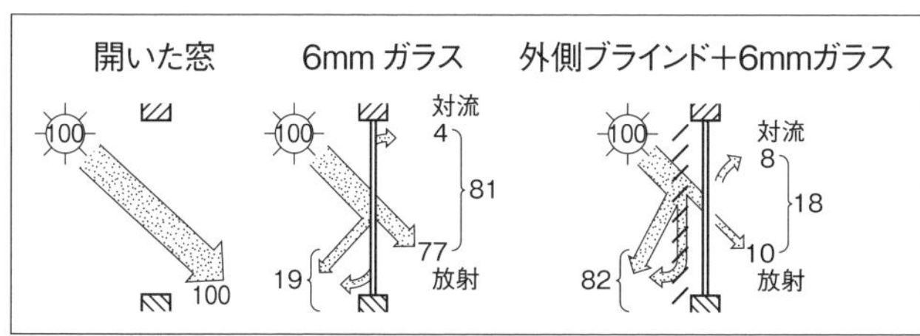

日射遮蔽効果

補足

●サッシを二重に設ける場合、サッシの間隔が一定の範囲内で小さいほうが断熱性は向上します。これは、サッシの間隔が広いと（4cm程度）、その間の空気が対流を起こして熱の移動が起こってしまうからです。

●全天空における日射量は太陽から直接受ける直達日射量と、太陽以外（青い空や白い雲など）から受ける散乱日射量の合計になります。

●日よけは窓ガラスの外側に取り付けるほうが効果が上がります。その際には、風にあおられたりしないような工夫が必要になります。

④　日射侵入率

窓面に入射する全日射量に対し、室内に入る熱量の比を**日射侵入率**と呼び、ガラスの種類や庇の有無などによってその数値は異なってきます。

ガラスの仕様	空気層	ガラス面の日射侵入率（%） 日射遮蔽物等の種類				
		なし	レースカーテン	内付ブラインド	紙障子	外付ブラインド
普通三層複層ガラス	12mm	71	50	44	38	16
普通複層ガラス	12mm	79	53	45	38	17
低放射複層ガラスB	12mm	62	48	43	39	15
低放射複層ガラスB	6mm	61	46	41	37	15
遮熱複層ガラスB	6mm	42	32	29	26	11
普通単板ガラス	−	88	56	46	38	19
熱線反射ガラス２種	−	55	41	36	32	13

窓と日除けの日射侵入率

⑤　熱容量

コンクリート製の壁は、金属性の壁に比べて温まりにくく冷めにくいといった特徴があります。これはコンクリートの壁は大量の熱を蓄えることができるためで、これを**熱容量**が大きいといいます。温まりにくく冷めにくい物体は熱容量が大きく、温まりやすく冷めやすい物体は熱容量が小さいと考えられます。

熱容量の大きな材料で作られ、さらに断熱性が良い建物の室温は外気温の影響を受けにくいため、より快適な室内環境が保たれることになります。

熱容量の大小と、断熱性の良し悪しの組み合わせによって室温の変化がどのようになるかのイメージを以下に図示します。

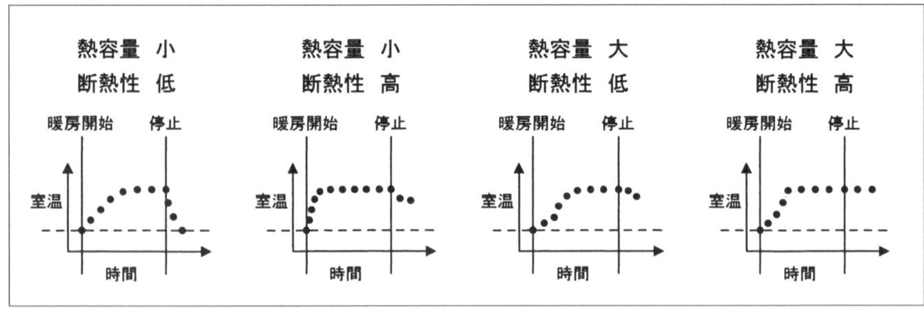

3 湿度と結露

湿度とは、空気中の水蒸気量のことですが、よく私たちが天気予報などで耳にする湿度とは、正式には相対湿度と呼ばれるもののことです。

① 相対湿度

ある温度の空気中に最大限含むことができる水蒸気量（飽和水蒸気量）に対して、どの程度の割合の水蒸気が含まれているかをパーセントで示したものが相対湿度です。

相対湿度(%)＝水蒸気圧/飽和水蒸気圧

※ 水蒸気の量は圧力で表されます。

なお、飽和水蒸気量は空気の温度により変化し、温度が高くなるほど大きくなります。

② 結露

飽和水蒸気量は空気の温度により変化し、温度が高くなるほど大きくなることから、ある温度では飽和状態でなかったとしても、温度を下げていくことで、やがて相対湿度が100%になる状態になります。この温度を露点温度といい、さらに温度を下げると、空気に含みきれない水蒸気が水滴となって現れてきます。この現象が結露です。

窓ガラスの室内側や、冷えたガラスのコップの表面に水滴がつくことがありますが、これらはガラス表面に空気が触れて局所的に露点温度以下に下がり、結露を起こしているためです。

補足

●湿度を表す指標には相対湿度と絶対湿度（1kgの乾き空気中に含まれる水蒸気の重量割合）があります。

●住宅や事務所などの居室に対する室内温湿度設計条件によると、夏季では温度が26℃で湿度50%、冬季には温度が22℃で湿度が50%となっています。なお、クールビズを採用するオフィスでは、冷房設定温度を28℃とし、室内気流を高めて快適性を保つようにしています。

●結露には建物の室内壁面やガラス窓表面に生じる表面結露と壁体内に生じる内部結露があります。内部結露を防ぐためには断熱材の室内側に防湿層を設けると効果的です。

換気と通風

1 室内空気の汚染源

室内の空気を清浄に保つことは、快適な住環境を作り出すだけでなく、健康被害の防止にもつながります。

室内空気の汚染源としては、二酸化炭素、一酸化炭素、ホルムアルデヒドなどの化学物質などが考えられます。

① 二酸化炭素

人は酸素を吸って、二酸化炭素を排出しています。二酸化炭素自体は無害なのですが、二酸化炭素の量が増えるということは、同時に他の汚染物質も増えることにつながるため、二酸化炭素濃度が空気汚染の指標として使われています。

一般に、二酸化炭素濃度が４～５％以上になると人体に悪影響が生じますが、室内清浄度の目安は、1000ppm（0.1％）以下が望ましいとされています。

② 一酸化炭素

燃焼器具の不完全燃焼などによって発生する一酸化炭素は極めて危険で、濃度を10ppm（0.001％）以下にしておく必要があります。

③ ホルムアルデヒド

建材などから発散されるホルムアルデヒドは、シックハウス症候群の原因の一つと考えられています。許容濃度は、0.1mg/㎥（0.08ppm）であり、居室には24時間機械換気システムの設置が義務づけられています。

2 換気量と換気回数

① 必要換気量

室内の空気汚染を許容範囲内に押さえるために必要な最小限の外気導入量を、**必要換気量**と呼んでいます。

例えば、二酸化炭素を基準に考えると在室者一人当たり30㎥/hとされています。

② 換気回数

室内の空気が1時間に入れ替わった回数を**換気回数**といい、換気量を部屋の容積で割って求めることができます。例えば、天井高が2.4mの6畳間で、必要換気量30㎥/hを確保しようとすると、部屋の容積は（幅）2.7m×（奥行）3.6m×（高さ）2.4m＝23.3㎥となるため、30÷23.3で約1.3回の換気回数が必要であることがわかります。一般的に住宅の居室では、換気回数が**1～3回**とされています。

従来の木造住宅は隙間などの影響もあり、自然換気で十分な回数が確保されていましたが、高気密化が進んでいる現在では、換気扇などによる機械換気の検討が必要になっています。

また、シックハウス対策のために、居室には必ず換気設備を設けなければならないことになっていますが、その場合の換気回数は住宅の居室で0.5回/h以上、その他の居室で0.3回/h以上となっています（24時間換気システムのことです）。

なお、換気方法に関しては、360ページを参照してください。

補足

●換気回数とは、換気量（Q）を室の容積（V）で除した値になります。

音環境

1 音の伝達

大きな音がすると、身の回りのものが振動することがあります。このことから音は空気の振動であることが想像できます。音はこの振動が縦波（空気の圧力の違い）となって空気中を伝わっていくことで生じます。

2 音の三要素（三属性）

音の強さ（大きさ）、音の高さ、音色を音の三要素と呼んでいます。

① **音の強さ**（大きさ）

音の強さは、音が伝わる方向に垂直な単位面積を単位時間に通過するエネルギーで表されますが、これをもとに人の聴力を数値化すると非常に桁数の多い数値となって不便なため、通常は音の強さのレベルで表し、単位はデシベル（dB）を用いています。人の耳は0～120dBの範囲で音を聞くことができるといわれています。

また、音の強さは音源からの距離の２乗に反比例して減少することがわかっています。すなわち、音源からの距離が2倍になると、音の強さは1/4になるということです。

② **音の高さ**

音の高低は音の周波数（１秒間に振動する回数）の大小で決まり、単位はヘルツ（Hz）で表されます。周波数が小さいと低い音、大きいと高い音として聞こえてきます。

人の耳は20～20000Hzの範囲で音の高低を判断でき、人の声は男性が100～400Hz、女性で150～1200Hz程度といわれています。

③ 音色

同じ強さや高さの音であっても、ピアノとバイオリンでは全く違った印象をもちます。この違いを音色と呼んでいます。

3 騒音

日常生活において不快に感じる音を騒音と呼んでいます。日常生活において望ましい騒音レベルの範囲は40～50dB程度であり、電車が通過時のガード下が100dB程度となっています。

騒音により会話が妨害されることをマスキングと呼び、騒音の中でも、聞きたい音だけを聞き分けることができる能力をカクテルパーティー効果と呼んでいます。

4 室内の音環境

室内の音環境を快適に保つためには、遮音、吸音、残響などへの対策が必要になってきます。

① 遮音

遮音性能は透過損失という数値で表され、数値が高いほど遮音性能が高いことを意味しています。

単位はデシベル（dB）で表されますが、例えば、部屋の外側の入射音と、壁などを通って内側に入った透過音の大きさの差が1/10になったとすると、透過損失は10dB、1/100の場合には、透過損失は20dBということになります。

●太鼓をたたくと、太鼓の皮は前後に振動します。その振動がそのまま空気に伝わり、空気も前後に動いて伝わっていきます。進行方向と同じ向きに振動する波を縦波といいます。一方、進行方向に対して垂直方向に振れる波を横波（光など）と呼んでいます。

●音程が1オクターブ上がると、周波数は2倍になります。

●一般的にコンクリートなど、重くて硬い材料、さらに厚みの厚いものほど遮音性能は高くなります。

●遮音性能は隙間があると著しく低下します。したがって、コンクリートの壁でも小さな穴やひびがあると遮音効果は期待できません。

共同住宅などには、各住戸のプライバシーを確保するために、各住戸間の壁（界壁）に一定の遮音性能が定められています。

周波数（ヘルツ）	透過損失（デシベル）
125	25
500	40
2000	50

共同住宅の隣戸間の遮音性能

また、共同住宅では床の衝撃音にも配慮する必要があります。床衝撃音には、スプーンなど硬くて軽い物を落としたときに伝わる**軽量床衝撃音**と、子供が飛び跳ねたときになどに伝わる**重量床衝撃音**があります。軽量床衝撃音はフェルト付きのカーペットを使用することなどで防ぐことができますが、重量床衝撃音については、コンクリートスラブを十分厚くするなど当初からの検討が必要になります。床の衝撃音は**L値**（L等級）で表され、数値が小さいほど遮音性は高くなります。

② 吸音

室内において会話などを聞き取りやすくするためには、遮音のほかに、壁や天井などが適度に音を吸収し、反響を押さえてくれることも重要なポイントになります。

入射した音のエネルギーに対して吸収＋透過した音のエネルギーの比率を**吸音率**といい、吸音率の高い材料を**吸音材料**と呼んでいます。

吸音材料には、**多孔質材**、**共鳴型吸音材**、**板振動型吸音材**などがあります。

・ 多孔質材

ガラス繊維（グラスウールなど）や畳など、表面が軟らかく内部に空気の粒子を多数含んだ材料です。空気の粒子が振動することで、摩擦が生じ音のエネルギーを熱のエネルギーに変えて吸音します。一般的に高周波音の吸収率は高く、低周波音の吸収率は低くなっています。

・　共鳴型吸音材

コンクリート壁などの前面にわずかなすき間をあけて有孔板を設置する方法です。音によって孔とすき間が共鳴し、小さな孔の周囲の空気が振動して音のエネルギーが熱に換わって吸音されます。音楽スタジオなどに多く採用されている方法です。

・　板振動形吸音材

板は音を反射する反射材ですが、波長の合う音には共鳴し板自体が振動します。この振動による変形で熱エネルギーが生じ、結果として吸音することになります。

③　残響

室内で反射した音が響き続けることを残響といいます。残響の程度は、室内で発生された音が止まってから、音の強さのレベルが60dB下がるまでの**残響時間**（秒）で表されます。

残響時間は、部屋の容積が大きいほど、また吸音力が小さいほど長くなります。

残響時間には、目的により適切な長さがあります。例えば、音楽ホールでは1～2秒（室内楽で1～1.5秒、教会音楽は1.5～2秒など）、一般住宅では0.5秒程度となっています。

●吸音は音のエネルギーを熱エネルギーに変えているわけですが、そのエネルギーはごくわずかですので、吸音することで壁が熱くなったり、部屋の温度が高くなることはありません。

●重量床衝撃音の遮音性能は、LHで表され、LH-50とは、2階の床に自動車用タイヤを約1mの高さから落としたときに、1階の部屋で約50ホンに聞こえる床の遮音性能です。また軽量床衝撃音の遮音性能は、LLで表され、LL-50とは、2階の床に500gのハンマーを約4cmの高さから連続的に落としたときに、1階の部屋で約50ホンに聞こえる床の遮音性能になります。

光環境

1 人の視覚

太陽光のうち、人の目で見える光の領域のことを可視光域といって、電磁波の波長で表すと380～780ナノメータの範囲になります。なお、これよりも短い波長が紫外線、長い波長が赤外線といい、いずれも人の目では感知することができません。

また、人の視覚には、暗い所では波長の長い赤は暗く、波長の短い青は明るく感じるといった特徴があります。これをプルキンエ現象と呼んでいます（57ページも参照してください）。

2 明るさの尺度

明るさを表す尺度には、光束、光度、照度、輝度などがあります。

① **光束**（lm　ルーメン）

光源から全ての方向に放出される単位時間あたりの光の量のことです。

② **光度**（cd　カンデラ）

光源から、ある特定の方向へ放出される光束（光の量）のことです。

③ **照度**（lx　ルクス）

単位面積あたり、どれだけの光束（光の量）が当たっているかを表しています。光源によって照らされている平面状の面の明るさの程度を表す言葉です。

④ **輝度**（cd/㎡　カンデラ毎平方メートル）

ある個所を見たときのその個所の輝きやまぶしさを表しています。

3 適正な視環境

まぶしさや疲労の軽減には、適正な光環境を計画することが必要になります。以下にそのポイントを記します。

① **グレア**（物が見えにくくなるような不快なまぶしさ）の防止

同一視野の中に、まぶしい部分（輝度が高い部分）があると、その周囲が見えにくくなることを**グレア**といいます。輝度の差が大きな場合に起こる現象です。

車のヘッドライトなど、視野から30度以内に高輝度の光源があって感じるグレアを**直接グレア**、読書などをしているときに、照明などの光が紙面に反射して感じるグレアを**反射グレア**と呼んでいます。

直接グレアは光源を遮る、反射グレアは照明器具などの位置に注意し、光が視線方向に正反射しないようにするといった対策を講じます。

見ようとする対象物と周囲との**輝度比**は、**1：3〜1：5**程度が適当とされています。

② **均せい度**

同一作業面でも、明るい部分と暗い部分が生じることがありますが、教室や事務室ではできるだけ均一な照度であることが望ましいといえます。この照度の分布を表す指標が**均せい度**で、**最低照度/最高照度**で表されます。例えば、教室や事務室の均せい度は照明による場合**1/3**以上が望ましいとされています。なお、同一作業面上で**1/1.5**以上ならば一様な明るさと感じられ、作業上の支障がなくなります。

補足

●鏡やパソコンの画面に太陽や照明器具の光が当たって生じるまぶしさを**間接グレア**と呼んでいます。

●側窓採光（自然採光）の場合の均せい度は1/10以上が望ましいとされています。

●最近の事務所などでは、パソコンを使った作業が増えていますが、キーボード照度は500〜1500ルクス、画面照度は100〜500ルクスが適当とされています。

●輝度は、同じ明るさのものを見たときには、光っている部分の面積が小さい点光源のもののほうが高く（明るく、まぶしく感じる）なります。

4 照明計画（照明の機能）

照明の機能は、明視照明と雰囲気照明に大別されます。明視照明は視作業を効率よく行うために、視対象の見やすさに重点を置いた照明で、明るさがポイントになります。また、雰囲気照明は、快適性、意匠性、精神性など、美しく、楽しく見せるための照明で、明るさよりもデザイン性を重視しています（適度な暗さも重要になります）。

5 照明計画（照明の方式）

照明方式には、全般照明と局部照明および全般局部併用照明があります。

① 全般照明

室内全体を均一の明るさにするための照明で、照明器具は分散して取り付けられます。教室や事務室などで採用されている方式です。均一な明るさは確保できますが、単調な雰囲気になりやすいといえます。

② 局部照明

必要な部分だけを照明する方式で、ドラマチックな雰囲気を創り出すことができますが、周囲との明暗差が大きいため視作業が中心の部屋には向いていません。

③ 全般局部併用照明

一般的な住宅で採用される方式で、必要な明るさを確保しながら生活場面に応じた雰囲気の演出も可能になります。例えば、LDKでは部屋全体を全般照明により50～100ルクス程度とし、テーブルや調理台などの部分は、局部照明によって200～500ルクス程度確保するといった照明計画を行います。

日照と採光

1 日照

春分と秋分には太陽は真東から昇り真西に沈みますが、夏至には日の出・日の入りの位置が最も北寄りに、冬至には最も南寄りに移動します。

これに伴って、南中時の太陽高度も変化し、夏至には78°、冬至には31°（東京の場合）となります。

南面の日照時間を比較すると、春秋分では最大12時間、冬至で9時間半、夏至では7時間程度となります。したがって、南向きの住宅は日照時間が秋から春にかけては長く、夏には短くなるため、日本の気候には適した配置だということがわかります。

また、東（西）面の日照時間は、冬至が最短で、夏至が最長（7時間程度）となるため、夏季における西日対策は快適な住環境を保つための重要なポイントとなります。

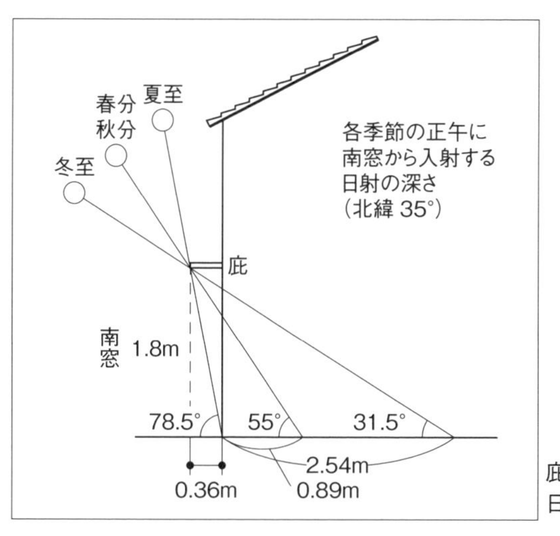

庇による日射の遮蔽

補足

●春秋分では太陽は真東から昇って真西に沈みますが、夏至では日の出と日の入りは方位角で春秋分よりも30度程度北寄りに、冬至は30度程度南寄りになります。

●東西方向に長い団地の日照時間を検討する場合、冬至において4時間の日照確保が目安に用いられる場合があります。

●吉田兼好は、「徒然草」において、「家のつくりようは夏をもって旨とすべし」として、家を造る際に最も留意すべき季節として夏をあげています。

●ZEH（ゼッチ）とは、高効率省エネルギー設備と太陽光発電などの創エネルギーを組み合わせて、年間のエネルギー消費量をゼロにすることを目指した住宅で、Net Zero Energy House の頭文字をとった略称です。

2 採光

採光する位置には、壁の開口部（窓）から採光する**側窓採光**と、天窓（トップライト）から採光する**天窓採光**が考えられます。天窓採光は開放的な雰囲気を創り出すとともに、北側に設けた洗面・脱衣室やトイレなどに外部からの視線を遮断しながら十分な採光をもたらす手段としても役立ちます。

また、天窓は天頂からの明るい天空光をほぼ鉛直に取り入れることで、室内の照度分布を比較的均等にできるといった特徴もあります。

北側の屋根面に設けられたトップライトにより明るい室内空間

3 全天空照度

太陽からの直射日光を遮る建物などの影の中に入っても明るさを感じるのは、太陽光線が空気や雲などにより拡散・乱反射されて地表に降り注ぐ**天空光**があるからです。

全天空からくる天空光による屋外水平面照度を**全天空照度**といい、快晴の青空よりも薄雲や雲の多い晴天時のほうが大きいことがわかっています。

●晴天時の空気による散乱光と曇天時の雲による散乱光を天空光と呼んでいます。

●全天空照度は、直射日光の影響を考えずに、天空光のみによる照度で表されます。

条件	全天空照度（lx）
特に明るい日（薄曇、雲の多い晴天）	50000
明るい日	30000
普通の日	15000
暗い日	5000
非常に暗い日（雷雲、降雪中）	2000
快晴の青空	10000

全天空照度

4 昼光率

室内のある点における照度の、全天空照度に対する割合を**昼光率**といい、室内の採光計画の目安としています。

昼光率＝受照点照度/全天空照度

また、昼光率は天空光が直接受照点を照らす直接昼光率と、天空光が壁面などで反射して受照面を照らす間接昼光率の合計として表されます。

チャレンジ問題

設問の正誤を答えて下さい。

問1 アルミニウムの熱伝導率は、鉄の熱伝導率の約３倍である。

問2 冬季に窓辺に立つと足もとに寒さを感じるが、これは窓付近で冷やされた空気が対流により下降して起こる現象でヒートブリッジと呼んでいる。

問3 コンクリートの壁は、熱貫流率が大きいため、外気温の変化に伴う室内の温度変化に遅れが生じる。

問4 断熱とは、伝導・対流・放射による熱の移動を防ぐことといえる。

問5 熱容量の大きな材料で作られた室内を暖房すると、短時間で暖まるが、暖房停止後は急激に室温が低下する。

問6 南に面した壁（垂直面）が受ける１日当たりの直達日射量は、夏季よりも冬季のほうが多い。

問7 夏至の１日当たりの直達日射量は、南向きの垂直壁面よりも東（西）に面した垂直壁面のほうが大きくなるため、東（西）に面した開口部には、すだれやブラインドを取り付けて通風を確保しつつ日射を遮る工夫が必要になってくる。

チャレンジ問題 解説

		[解答]
解説1	正しい記述内容です。熱伝導率は、温度によって異なってきますが、アルミニウムの熱伝導率が約230W/(m・K) に対して鉄は80W/(m・K) 程度になります。	○
解説2	設問の内容は、コールドドラフトに関する内容になっています。コールドドラフトを避けるためには、放熱器を部屋の窓下付近に設置すると効果的です。	×
解説3	コンクリートの壁は熱容量が大きいため、室内温度の変化に遅れが生じます。	×
解説4	正しい記述内容です。	○
解説5	熱容量が大きい場合、暖まるまでの時間はかかりますが、いったん暖まると暖房を停止しても室温はあまり下がりません。	×
解説6	正しい記述内容です。	○
解説7	正しい記述内容です。	○

チャレンジ問題

設問の正誤を答えて下さい。

問8　絶対湿度とは、ある温度の空気中に最大限含むことができる水蒸気量（飽和水蒸気量）に対して、どの程度の割合の水蒸気が含まれているかをパーセントで示したものである。

問9　飽和水蒸気量は空気の温度により変化するが、温度が高くなるほど小さくなる。

問10　室内の湿り空気が、冷たい外気で冷やされたガラス面などに触れると、その部分が露点温度以下に冷やされて、内部結露が生じる。

問11　外壁の内部結露を防止するには、断熱材の防湿層を室外側に施工すると効果的である。

問12　一般に、二酸化炭素濃度が４～５％以上になると人体に悪影響が生じるが、室内清浄度の目安は、10000ppm（１％）以下が望ましいとされている。

問13　一酸化炭素は極めて危険で、濃度を10ppm（0.001％）以下にしておく必要がある。

問14　シックハウス対策のために、居室には必ず換気設備を設けなければならないことになっているが、その場合の換気回数は住宅の居室で0.5回/h以上となっている。

チャレンジ問題 解説

		[解答]
解説8	設問の内容は、相対湿度に関する内容になっています。絶対湿度とは、1kgの乾燥空気に含まれる水蒸気の重量割合を表しています。	×
解説9	温度が高くなるほど大きくなります。	×
解説10	窓ガラスの室内側や、冷えたガラスのコップの表面に水滴がつくことがありますが、これらはガラス表面に空気が触れて局所的に露点温度以下に下がり、結露を起こしているためです。これらを表面結露と呼んでいます。	×
解説11	防湿層は断熱材の室内側に設けると、室内から壁体内への湿気の侵入を抑え、内部結露を防ぐことができます。	×
解説12	1000ppm（0.1％）以下が望ましいとされています。	×
解説13	正しい記述内容です。	○
解説14	正しい記述内容です。	○

チャレンジ問題

設問の正誤を答えて下さい。

問15 音源からの距離が2倍になると、音の強さは1/2になる。

問16 音の高低は音の周波数の大小で決まり、周波数が小さいと低い音、大きいと高い音として聞こえる。

問17 床衝撃音には、軽量床衝撃音と重量床衝撃音があるが、床の衝撃音はL等級で表され、数値が大きいほど遮音性は高くなる。

問18 グラスウールなどの多孔質な吸音材料は、一般的に高周波音の吸収率は低く、低周波音の吸収率は高くなっている。

問19 残響時間とは、音の響きの長さを表す量で、部屋の中に音を充満させた後、音を止めてから音の強さのレベルが60dB下がるまでの時間をいう。

問20 残響時間は、部屋の容積が大きいほど、また吸音力が小さいほど長くなる。

問21 人の目は可視光線によって明るさを感じるが、人の目で見える光の波長は、おおむね450～850ナノメータの範囲である。

問22 太陽光の電磁波の波長のうち、700ナノメータの光エネルギーは人の目で青色に見える。

チャレンジ問題 解説

		[解答]
解説15	音の強さは音源からの距離の2乗に反比例して減少するため、音源からの距離が2倍になると、音の強さは1/4になります。	×
解説16	正しい記述内容です。	○
解説17	床の衝撃音はL値（L等級）で表され、数値が小さいほど遮音性は高くなります。L-40、L-50、L-60などと表示されます。	×
解説18	一般的に高周波音の吸収率は高く、低周波音の吸収率は低くなっています。	×
解説19	正しい記述内容です。	○
解説20	正しい記述内容です。	○
解説21	人が明るさを感じる光の波長は、380～780ナノメータの範囲になります。	×
解説22	380～780ナノメータより短い波長が紫外線、長い波長が赤外線になります。700ナノメータは赤色に見えます。	×

チャレンジ問題

設問の正誤を答えて下さい。

問23 光源から全ての方向に放出される単位時間あたりの光の量を光束といい、単位はlm（ルーメン）になる。また、単位面積あたりに入射する光束の量を輝度（cd/㎡　カンデラ）と呼んでいる。

問24 同一の明るさであれば、光っている部分の面積が小さいほうが高い輝度をもつことになる。

問25 照明による場合、教室や事務室の均せい度は１/３以上が望ましいとされている。

問26 太陽は、春秋分には真東から昇って真西に沈むが、夏至では日の出と日の入りが方位角で春秋分よりも30度程度北寄りになる。

問27 東西方向に長い団地の日照時間を検討する場合、冬至において４時間日照の確保が目安に用いられる場合がある。

問28 天窓は天頂からの明るい天空光をほぼ鉛直に取り入れることで、室内の照度分布を比較的均等にできる。

問29 全天空からくる天空光による屋外水平面照度を全天空照度といい、快晴の青空の時が最も大きくなる。

問30 室内のある点における照度の、全天空照度に対する割合を昼光率という。

チャレンジ問題 解説

		[解答]
解説23	光束（lm ルーメン）に関する記述は正しい内容ですが、単位面積あたりに入射する光束の量は照度（lx ルクス）になります。	×
解説24	正しい記述内容です。	○
解説25	正しい記述内容です。	○
解説26	正しい記述内容です。冬至には日の出と日の入りが方位角で春秋分よりも30度程度南寄りになります。なお、方位角とは、水平面上で真南を基準として表したものです。	○
解説27	正しい記述内容です。	○
解説28	正しい記述内容です。天窓は、同じ面積の側窓よりも昼光率や均せい度を高くすることができます。	○
解説29	快晴の青空よりも薄雲や雲の多い晴天時のほうが大きいことがわかっています。	×
解説30	正しい記述内容です。	○

2 給水・給湯・排水設備

まとめ & 丸暗記　この節の学習内容とまとめ

給水設備

【給水方式】

- 水道直結直圧方式……戸建住宅など
- 水道直結増圧方式……中・高層建物など
- 高置水槽方式…………中・高層建物など（高置水槽より自然流下）
- ポンプ圧送方式

【クロスコネクションの禁止】

クロスコネクション……水道の給水管と水道以外の管（井戸水など）が直接連結されていること

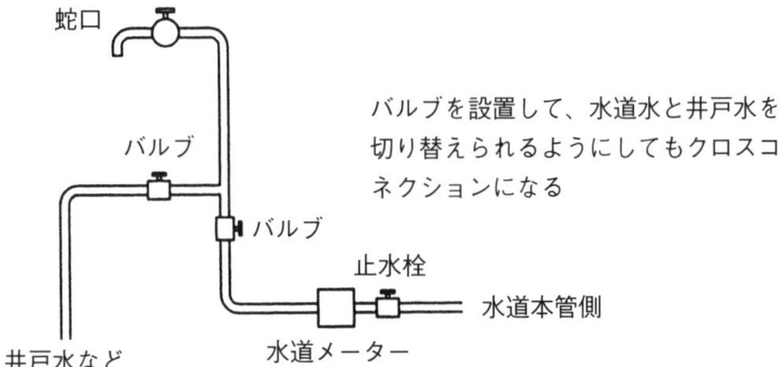

【節水】

- 節水こま……………止水部分のパッキンを平型から円錐型に交換
- 節水型便器…………洗浄水量が旧来の 1/3 程度
- 節水型水洗金具……節水型シャワーヘッド、定量止水栓、自動水栓

給湯設備

【給湯能力と給湯量】

■ **ガス給湯器の号数**……水温＋25℃の湯を１分間に何リットル出せるかを示した数値

【省エネルギー型給湯器】

- エネファーム……都市ガスに含まれる水素と空気中の酸素を反応させて発電し、発電時の熱を利用
- エコウィル………ガス燃料で発電し、発電時の熱を利用
- エコジョーズ……排気ガス中の熱を回収し再利用
- エコキュート……大気中の熱エネルギーで湯を沸かす

【配管方式】

■ **先分岐配管方式**

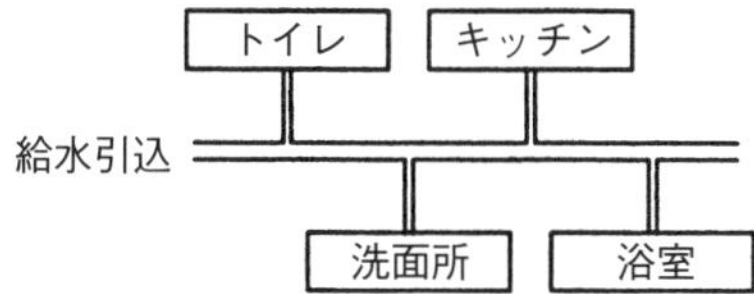

■ **ヘッダー方式**

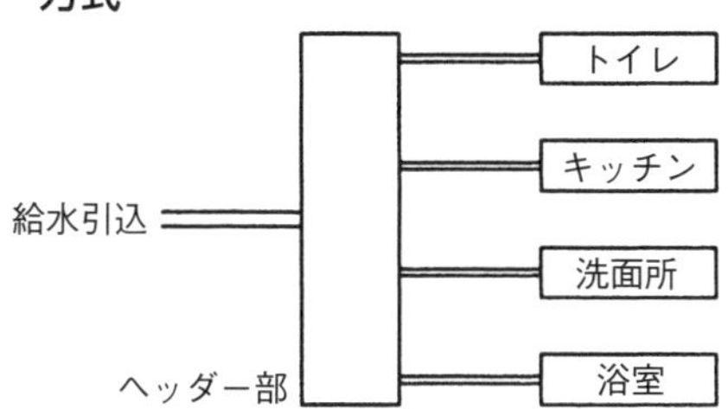

排水設備

【破封現象の主な原因】　破封現象……トラップ内の封水がなくなること

- 自己サイホン現象
- 毛管現象
- 蒸発
- 吸い出し・跳ね出し

給水設備

1 給水方式

給水方式には、**直結給水方式**（水道直結直圧方式、水道直結増圧方式）と、**貯水槽水道方式**（高置水槽方式、ポンプ圧送方式）があります。

① **水道直結直圧方式**

道路内に埋設された水道本管（配水管）内の水圧を利用して、各住戸に直接給水する方法です。戸建住宅など、**低層の建物**で採用される方式です。

② **水道直結増圧方式**

配水管内の水圧と増圧ポンプを利用して、受水槽を設けることなく、各住戸に直接給水する方式です。**中・高層の建物**で採用される方式です。

③ **高置水槽方式**

いったん受水槽にためた水を、ポンプを使って、屋上の高置水槽へくみ上げ、自然流下によって、各住戸に給水する方式です。**中・高層の建物**で採用される方式です。

④ **ポンプ圧送方式**

いったん受水槽にためた水を、ポンプを使って、各住戸に給水する方式です。高置水槽は使用しません。

2 必要水圧と管径

① 必要水圧

給水設備は、適正な水圧を確保していなければなりません。水圧を示す単位の一つに、kPa（キロパスカル）という単位が使われますが、台所や洗面所の一般的な水栓で30kPa、シャワー水栓で70kPa必要とされています。また、2階にシャワー水栓を設ける場合には水を2階まで上げる水圧も加わりますので100kPa程度は必要になります。

ただし、水圧は高すぎても好ましくありません。水圧が高く、水道管内を流れる水の速度が速いと、水栓を急に閉じたときに水の圧力の逃げ場がなくなり、衝撃音が発生するウォーターハンマー現象を起こし故障の原因にもなるからです。

② 管径

住宅の場合、通常水道管の口径は、13、20、25mmが使われています。

地域によって異なってきますが、水栓の数が7個以下の場合は13mm、15個以下で20mmなどとされています。

●給水方式は、給水する建物の階数などにより異なってきますが、地域ごとに適用する建物の階数が異なっていますので、各水道局において確認する必要があります。

3 水質汚染の原因

① クロスコネクション

水道の給水管と、井戸水など水道以外の管が直接連結されている状態をクロスコネクションといい、水道法により禁止されています。

バルブや逆流防止装置を設置し、水道水と井戸水などを必要に応じて切り替えて使用する場合もクロスコネクションになります。

② 逆サイフォン現象

水栓金具に取り付けたホースなどを通じて洗面ボウルなどに溜まった水が、給水管中に生じた負圧による吸引作用のため、給水管内に逆流する現象です。

したがって、キッチンのシンク、洗面器、浴槽などに給水する水栓は、吐水口とシンクなどの水受け容器のあふれ縁との間に一定の吐水口空間を確保することが必要になります。

4 メンテナンス

現在では、給水（給湯）管の交換をあらかじめ考慮して、さや管工法が採用されています。以前は一本のメイン管からそれぞれの設備器具部分で枝分かれして給水する先分岐配管方式でしたが、さや管工法は、あらかじめ給水（給湯）個所まで一本一本独立したさや管の中に給水管を通す二重構造になっているため、古くなった給水管のみを引き抜いて交換ができる仕組みです。

木造の場合には、さや管は床下に露出して配管されていますが、鉄筋コンクリート造などの場合には、さや管自体はコンクリート中に埋設される場合があります。その場合でも給水管などの交換はできる仕組みです。

5 節水

一般的な住宅の場合、１日に１人当たり200～250リットルの水を消費しているとされています。近年の設備機器においては、節水に配慮したものが増え、水不足解消に役立っています。以下に代表的な節水器具を紹介します。

① 節水こま

水栓金具の止水部分に付いている平型のパッキン（こま）を、円錐型などに交換することで、吐水量を減らすことができる部品です。地方自治体によっては無料で配布しているところもあります。

② 節水型便器

従来の大便器は、１回の洗浄水量に13リットル要していましたが、現在の**節水型便器は４リットル程度**と１/３になっています。

③ 節水型水栓金具

シャワーヘッド部分で、シャワーの吐水、止水ができたり、水量は減らしつつ水圧は確保するなどした節水型シャワーヘッドや、設定した水量で自動的に止水する定量止水栓、センサーで自動的に吐水、止水する自動水栓などがあります。

④ その他

トイレで使われる流水擬音装置、洗濯機用のふろ水揚器、ドラム式洗濯機、食器洗い機などがあります。

●さや管には、ブルーとピンクがありますが、ブルーは給水用、ピンクは給湯用として使われています。

給湯設備

1 給湯温度と給湯器の能力

① 給湯温度

住宅における用途別の給湯温度は以下のとおりですが、一般的には給湯器で60～70℃に熱した湯と水を混合水栓で混ぜて供給しています。なお、給湯負荷が一番大きいのは風呂用になります。

- 飲料用……90～95℃
- 浴用………成人42～45℃　小児40～42℃
- 暖房用……45℃
- 洗濯用……33～52℃（素材による）

※　用途別の湯の使用温度で、最も高い給湯温度が必要なのは飲料用になります。

② 給湯能力と給湯量

ガス給湯器の場合、給湯能力を示す単位に号数を使います。これは水温+25℃の湯を１分間に何リットル出せるかを示すもので、号数が大きいほど一度に大量の湯を使うことができます。例えば、24号の場合は、水温+25℃の湯を１分間に24リットル出せる能力ということになります。以下にガス給湯器の号数と使われ方の目安を記します。

- 32号……シャワー２か所と水栓１か所の給湯の同時使用
- 24号……シャワー１か所と水栓２か所の給湯の同時使用
- 20号……シャワー１か所と水栓１か所の給湯の同時使用
- 16号……シャワー１か所の給湯

※　４～5人家族で24号、２～３人家族で20号が一つの目安になります。
※　住宅の給湯負荷のうち、最も大きいのは浴用になります。

2 省エネルギー型給湯機器

代表的な省エネ給湯機器には、エネファーム、エコウィル、エコジョーズ、エコキュートがあります。

① エネファーム

電気と湯を同時につくりだすシステムです。都市ガスに含まれる水素と空気中の酸素を反応させて発電し、発電時に生まれた熱で湯を沸かします。二酸化炭素の発生を大幅に削減できます。貯湯タンクが必要になります。

② エコウィル

ガスを燃料として発電機を動かし電気を作り、発電時に生まれた熱で湯を沸かします。貯湯タンクが必要になります。

③ エコジョーズ

従来のガス給湯器では、給湯時に発生する熱を捨てていましたが、その排気熱を回収して再利用し、高効率化した給湯器です。

④ エコキュート

大気中から取り込んだ熱エネルギーをヒートポンプユニットで圧縮することで高温化し、その熱で湯を沸かします。夜間電力を利用できるメリットがあります。貯湯タンクが必要になります。

●ガス給湯器には、先止め式と元止め式があります。先止め式は、水栓を開くと給湯器が燃焼して、温水が出るタイプで現在では主流になっています。元止め式は、給湯器本体で操作するタイプで家庭用の小型瞬間湯沸かし器などに見られます。

●エネファーム、エコウィル、エコジョーズはガス会社が、エコキュートは電力会社が供給しているシステムで、名称はいずれも愛称です。

●エコジョーズのようなシステムを潜熱回収型給湯器と呼んでいます。

●ヒートポンプは、エアコンに使われている技術で、空気中の熱を集めて暖めたり、冷やしたりしています。熱は、多い所から少ない所に移動するという性質を利用しています。

3 給湯配管方式

配管方式には、先分岐配管方式とヘッダー方式があります。

① **先分岐配管方式**

一本のメインの管からそれぞれの設備器具部分で分岐して給水する方式です。湯待ち時間が長い、管内の圧力バランスが一定で無いなどの欠点があります。

② **ヘッダー方式**

給湯器の近くにヘッダーと呼ばれる分岐管を設け、そこから給湯個所まで一本一本独立した給湯管で配管する方式です。ヘッダー方式の場合は、さや管工法とする場合が多くなります。

4 水栓金具の種類

① **壁付水栓（横水栓）**

壁に取り付けられた水栓です。洗濯機用で、ホースが外れても瞬時に止水する緊急止水弁がついたものもあります。

② **台付水栓**

キッチンカウンターや洗面カウンターなどの台に取り付けられた水栓です。ハンドル型、シングルレバー型などがあります。

③ **単水栓**

水または湯だけがでる水栓です。壁付水栓、立水栓（庭などの外部に設けられている水栓）などがあります。

④　２ハンドル混合水栓

水と湯の二つのハンドルで温度と水量を調整します。壁付、台付水栓どちらにもあります。

⑤　シングルレバー混合水栓

一つのレバーを上下左右に動かすことで温度と水量を調整します。台付水栓に使われています。ハンドルを回す必要が無いので、高齢者なども使いやすい水栓といえます。

⑥　ミキシング混合水栓

温度調節ダイヤルで温度を調整します（具体的な温度ではなく、オレンジ色・黄色・水色などで温度を表示しています）。同じ色でも、季節によっては温度が変わる場合があります。

⑦　サーモスタット混合水栓

温度調節ダイヤルで温度を調整します（ダイヤルに温度が記してあるものと無いものがあります）。季節や水圧、水流が変化しても、ダイヤルで設定した温度が変化しない水栓で、主に浴室で使われています。

⑧　その他

吐水、止水を押すだけでできるタッチスイッチといった水栓や、ハンドシャワー付（主にキッチンや洗面所用）、浄水機能付水栓（キッチン用）などがあります。

●現在ではセンサー部に手をかざすだけで吐水、止水できるタッチレス水栓などバリアフリーに配慮した器具もあります。

排水設備

1 排水の種類

排水は、汚水（人間の排泄物など）、雑排水（厨房器具、浴室などからの排水）、雨水排水、特殊排水（病院、工場、研究所などからの排水で直接下水道に放流できないもの）に分類できます。

2 排水方式

公共下水道における排水方式には、**合流式**と**分流式**があります。

① **合流式**

「汚水・雑排水・雨水」を同じ下水道管で終末処理場に導く方式です。

② **分流式**

「汚水・雑排水」を終末処理場へ導く下水道管と、「雨水」を河川などへ導く下水道管がある方式です。現在、新設される下水道は分流式を採用しています。

3 排水管の口径と勾配

各器具につながる排水管の口径は、その器具に設けられているトラップの口径以上のものにします。また、建物内における排水管の勾配は排水管の口径が**65mm以下で１/50以上、100mm以下で１/100以上**となっています。

※　トラップの最小口径

大便器：75mm　小便器：40～50mm　浴槽：40mm　台所：40mm　洗面器：30mmなど

4 トラップ

(1) トラップの種類

トラップとは、流しや洗面台の排水管に設ける「水を溜めておく部分（封水部分）」で、下水道管や排水管からの臭気や虫の侵入を防ぐための装置です。トラップの種類には、S形、P形、碗（ベル）形などがあります。S形、P形は、小型で自浄作用があります。

また、排水から配管の詰まりの原因物質や汚染物質を取り除いて水だけを排出する機器があります。これを阻集器（そしゅうき）といって、業務用厨房に設けるグリーストラップ、美容院などに設けるヘアートラップ、歯科医院に設けるプラスタートラップなどが該当します。

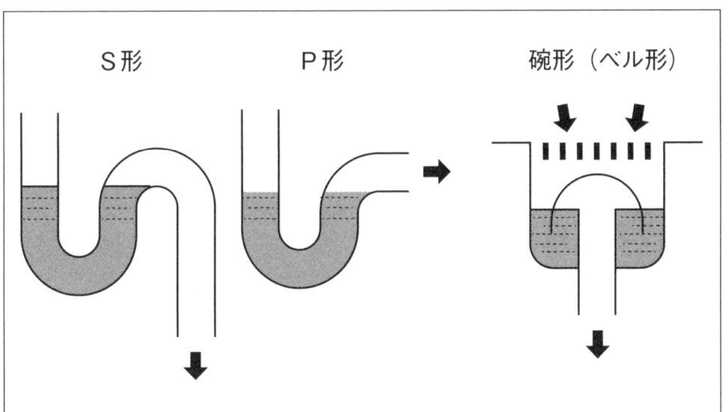

トラップの種類

補足

●合流式の排水方法は、大雨が降ったときに、終末処理場で処理できなくなった排水を河川に放流せざるを得ません。したがって、そこに希釈された汚水や雑排水が混ざることになりますので、水質汚染の原因になる場合があります。分流式であれば、その心配がなくなります。

●封水の深さは50～100mmが適切であるといわれています。

●S形、P形トラップをサイホン式水封トラップ、碗形トラップを非サイホン式トラップに分類しています。碗形は、浴室洗い場の床排水口部分などに使用されています。

●水洗便所からの排水の種類は汚水に分類され、新築住宅の場合、公共下水道が整備されていない地域では、汚水と雑排水を処理する合併処理浄化槽で処理したのち、都市下水路に放流されます。

(2) 破封現象（はふうげんしょう）

トラップ内の封水がなくなること破封現象といい、室内に臭気が上がってくることがあります。S形、P形などのサイホン式水封トラップは、比較的封水がなくなりやすいといわれています。主な原因を以下に記します。

① 自己サイフォン現象

洗面ボールなどの中に溜めた水を一気に流すと、同時に封水まで流れてしまう現象です。

② 毛管（毛細管）現象

トラップ内に溜まった糸くずなどから少しずつに封水が流れ出てしまう現象です。

③ 蒸発

長期間使用しなかった場合など、蒸発して封水がなくなる現象です。

④ 吸い出し・跳ね出し

3階と2階などで、同じ排水縦管を使用していると、排水縦管内を流れる排水の圧力で、別の階にあるトラップの封水が吸い込まれたり、跳ね出したりする現象です。

5 通気管

① 通気管の設置

破封現象のうち、吸い出しや跳ね出しを防ぐためには、管内の圧力を均等化する通気管を設置することが有効です。通気管には、各個通気方式、ループ通気方式、伸頂通気方式、特殊通気継手方式などがあります。

② 伸頂通気方式

縦方向の排水管を、最上部にある器具のあふれ面よりも上方まで伸ばし、その頂部に通気管を設けて外気に開放する方法です。

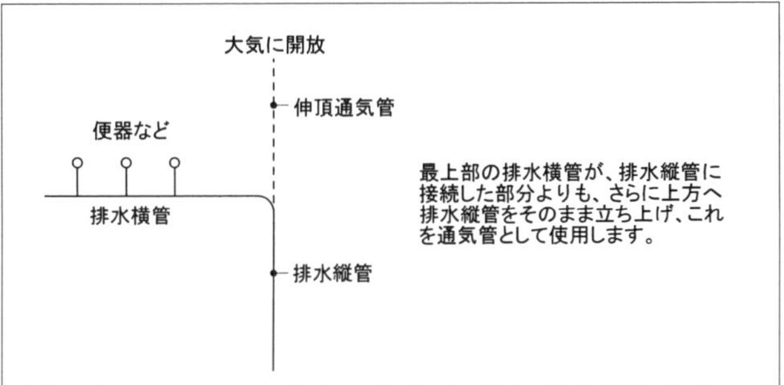

伸頂通気管

6 メンテナンス

トイレや風呂、台所などから出る排水は、敷地内にある公共ますに集められた後、道路に埋設された下水道本管に流れていきます。この公共ますまでの間は、それぞれ個人で管理しなければなりません。

大規模なメンテナンスは、専門の業者に依頼することになりますが、日頃から排水口回りなど、定期的な清掃を行うことは重要です。

補足

●通気の目的は、排水を円滑にするとともに、排水によって生じる気圧変動からトラップの封水を保護する目的で空気を流通させることにあります。

チャレンジ問題

設問の正誤を答えて下さい。

問1　水道直結直圧方式は、配水管内の水圧と増圧ポンプを利用して、受水槽を設けることなく、各住戸に直接給水する方式で、主に低層の戸建住宅に給水する方式である。

問2　受水槽にためた水を、ポンプを使って屋上の水槽へくみ上げ、自然流下によって、各住戸に給水する方式を高置水槽方式という。

問3　給水設備は、適正な水圧を確保していなければならないが、台所や洗面所の一般的な水栓で30kPa、シャワー水栓で70kPa必要とされている。

問4　ウォーターハンマー現象とは、給水管内を流れる水が瞬間的に停止されることで、水の流れる圧力が逃げ場を失い、配管内の圧力が急上昇して、配管が振動したり衝撃音を発することである。

問5　クロスコネクションは水道法により禁止されているが、バルブや逆流防止装置を設置し、水道水と井戸水などを必要に応じて切り替えて使用する措置をとれば問題ない。

問6　水栓金具に取り付けたホースなどを通じて洗面ボウルなどに溜まった水が、給水管中に生じた負圧による吸引作用のため、給水管内に逆流する現象を自己サイフォン現象という。

チャレンジ問題 解説

		[解答]
解説1	水道直結直圧方式は、道路内に埋設された水道本管（配水管）内の水圧を利用して、各住戸に直接給水する方法です。戸建住宅など、低層の建物で採用される方式です。	×
解説2	正しい記述内容です。中・高層の建物で採用される方式です。	○
解説3	正しい記述内容です。	○
解説4	正しい記述内容です。ウォーターハンマー現象は、給湯器などのセンサーに損傷を与えたり、水道管の破損の原因になります。	○
解説5	バルブなどを設置し、水道水と井戸水などを必要に応じて切り替えて使用する場合もクロスコネクションになります。	×
解説6	設問の内容は逆サイフォン現象に関する記述になっています。自己サイフォン現象は、洗面ボールなどの中に溜めた水を一気に流すと、同時に封水まで流れてしまう現象です。	×

チャレンジ問題

設問の正誤を答えて下さい。

問7 ガス給湯器の給湯能力を示す単位に「号数」が用いられるが、これは「水温＋25℃」の湯を１分間に何リットル出せるかを示すもので、号数が大きいほど一度に大量の湯を使うことができる。

問8 潜熱回収型給湯器は、エコキュートと呼ばれ、従来捨てていた給湯時に発生する排気熱を回収して再利用し、高効率化した給湯器である。

問9 住宅からの排水には、汚水、雑排水、雨水があるが、現在では、汚水と雑排水を終末処理場へ導く下水道管と、雨水を河川などへ導く下水道管がある分流方式が用いられている。

問10 屋内の排水横管の標準的な排水勾配は、管径が65mm以下の場合は１/100以上の勾配が必要である。

問11 トラップの種類には、Ｓ形、Ｐ形、碗（ベル）形などがあるが、浴室の洗い場の床排水には、Ｓ形が用いられる。

問12 トラップ内に溜まった糸くずなどから少しずつに封水が流れ出てしまう現象を毛管現象という。

問13 トラップの破封現象のうち、吸い出しや跳ね出しを防ぐためには、管内の圧力を均等化する通気管を設置することが有効である。

チャレンジ問題 解説

		[解答]
解説7	正しい記述内容です。24号の場合は、水温＋25℃の湯を1分間に24リットル出せる能力ということになります。	○
解説8	設問の内容はエコジョーズに関する記述になっています。	×
解説9	正しい記述内容です。	○
解説10	口径が65mm以下で1/50以上、100mm以下で1/100以上となっています。	×
解説11	一般的には、碗形のトラップが使われます。	×
解説12	正しい記述内容です。	○
解説13	正しい記述内容です。縦方向の排水管を、最上部にある器具のあふれ面よりも上方まで伸ばし、その頂部に通気管を設けて外気に開放する伸頂通気方式などがあります。	○

3 換気・空調設備

まとめ & 丸暗記　この節の学習内容とまとめ

換気設備

【機械換気】

■ **第1種機械換気**……機械給気＋機械排気
室内を正圧、負圧に設定可能

■ **第2種機械換気**……機械給気＋自然排気
室内は正圧……病室など

■ **第3種機械換気**……自然給気＋機械排気
室内は負圧……トイレなど

【24時間換気システム（シックハウス対策）】

■ **住宅の居室**…………0.5回/h以上

■ **その他の居室**………0.3回/h以上

【機械換気機器の種類と特徴】

■ **プロペラファン**……軸流送風機
風量は多いが、静圧は低い
台所・トイレの壁付けファン

■ **シロッコファン**……水車型
羽根車に、前向きの羽根
静圧が高い
深型レンジフード・空調ダクト

■ **ターボファン**………水車型
羽根車に、後向きの羽根
高効率
空調ダクト・高速ダクト

空調設備

【暖房方式】

- 対流式暖房 ―― ファンヒーターなど
- 輻射式暖房
  - パネルヒーターなど
  - 床暖房

自然エネルギーの活用（パッシブソーラーシステム）

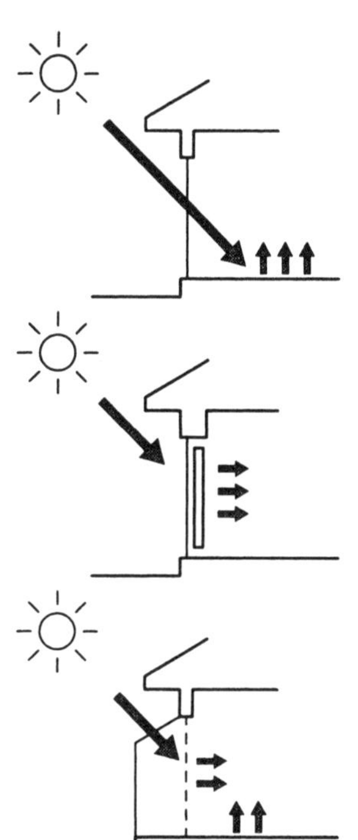

ダイレクトゲイン

床や壁に蓄熱し、夜間や曇天時に放熱

トロンプウォール

建物の一部に集熱部位をつくり
そこを通じて、熱の授受を行う
直接日射は導入しない

付設温室

建物の南面に温室をつくる

換気設備

1 局所換気と全般換気

（1）換気の方法

換気には、ガスや異臭などの発生源の近くに設けた換気扇などで排気する**局所換気**（厨房のコンロ周辺やトイレなど）と、建物全体の空気を常に新鮮なものにするための**全般換気**（24時間換気など）に分けられます。

また、換気の方法には**機械換気**と**自然換気**の２種類があります。

（2） 機械換気

換気機器を用いる換気方法で、換気機器の設置方法により**第１種機械換気**、**第２種機械換気**、**第３種機械換気**の３種類に分けられます。

① 第１種機械換気（機械給気＋機械排気）

給気、排気ともに機械を使用する方法で、室内気圧を正圧にも負圧にも設定できるので、安定した換気を行うことができます。

② 第２種機械換気（機械給気＋自然排気）

給気機により新鮮空気を室内に取り込み、排気口から自然に排気する方法です。室内が正圧になるため、病院の手術室などで用いられます。

③ 第３種機械換気（自然給気＋機械排気）

排気機により室内の汚染空気を屋外に排出し、給気口から新鮮空気を室内に取り込む方法です。臭気や水蒸気が他の部屋に漏れ出ないためトイレ、厨房、浴室などに適しています。

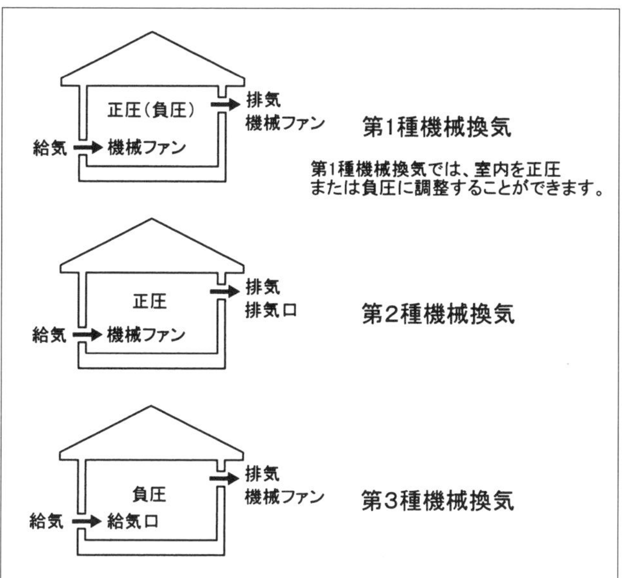

機械換気方式

2 換気回数

居室の必要換気量は、１人当たり１時間に30㎥程度必要だとされています。

換気回数は、室内の空気が１時間に入れ替わる回数のことを表していますが、以下に部屋の種類ごとの必要換気回数の目安を記します。

住宅の居間：1～3回/h　厨房：30回/h　浴室：15～20回/h
便所：5～10回/h などです。

また、シックハウス対策のために、居室には必ず換気設備を設けなければなりませんが、その場合の換気回数は住宅の居室で0.5回/h以上、その他の居室で0.3回/h以上となっています（24時間換気システムのことです）。

補足

●換気における正圧とは、室内の気圧が外の気圧よりも高いことをいい、負圧とは室内気圧が外の気圧よりも低いことを意味します。

●自然換気には、室内の温度差を利用する温度差換気や、外部の風を室内に入れることで換気する風力換気などがあります。

●機械換気による計画換気では、建築物の気密性が高いことが重要になります。

●室内の内装材や家具などに使われている、接着剤などから発散するホルムアルデヒドなどの汚染物質を取り除くために24時間換気が義務づけられています。

3 換気機器の種類と特徴

① **プロペラファン（軸流ファン）**

扇風機のような羽根の形状で、外壁面に直接取り付ける換気扇です。風量は多いのですが静圧が低いため、ダクトへの接続には向いていません。

② **シロッコファン（遠心力ファン・多翼送風機）**

水車のように、多数の小型の前向き（回転方向と同じ向き）の羽根が付いた円筒形の換気扇です。静圧が高くできるので排気口が外壁に面さないキッチンやアイランドキッチンに使用することができます。

③ **ターボファン**

水車型ですが、幅の広い羽根が後ろ向き（回転方向と反対の向き）に付いています。最も効率の高い換気扇です。

4 全熱交換器

全熱交換器は、換気をしながら同時に熱の回収を行うことができる省エネタイプの換気用機器のことです。

室内を冷房や暖房をしていても、換気扇によって空気の入れ替えを行うと冷暖房の効果がなくなってしまいます。そこで、排気する室内の空気と、給気する屋外の空気を、混ざらないように接触させて熱の交換を行う機器（全熱交換器）の使用が有効になります。

5 換気扇の種類

① **厨房**

コンロ上部の外壁面に取り付けるプロペラファンや、レンジフードと一体になったシロッコファン、ターボファンなどが使われます。プロペラファンを使用する場合も、フードを設けると効果的に排気できます。調理機器の使用に連動して作動するタイプもあります。

② **浴室**

外壁面に取り付けるパイプファンや天井面に取り付けるダクト式などがあります。ダクト式は浴室に隣接する洗面室などに吸込み口を設けることで、２室同時に換気することもできます。また、乾燥機能付きの換気扇もあります。

③ **便所**

外壁面に取り付けるパイプファンや天井面に取り付けるダクト式などがあります。人感センサー付き、照明器具と連動するものなどさまざまなタイプがあります。

6 メンテナンス

換気扇前面につくガラリやフィルター、屋外のウエザーカバーについている防虫網などにほこりが付着して換気能力が低下する場合がありますので、日頃からの清掃が必要になります。

●静圧とは、一般的に、ゴム風船がしぼまないように、中の空気が外へ押しつける圧力(外側の圧力に抵抗する力) などとたとえられています。
ここでは、換気扇をダクトにつないで排気する場合に、ダクト内をスムーズに空気が流れる圧力と考えてください。

空調設備

1 冷房負荷と暖房負荷

冷暖房負荷とは、室内をある一定の温度に保とうとするとき、室内の空気から取り除く熱量や、供給する熱量のことをいいます。この値が小さいほど、省エネルギー性能が高い建物といえます。

① 冷房負荷

冷房のために、室内から取り除く熱量です。屋根や窓などから室内に侵入する熱や、室内で発生する照明器具や人体の熱などが該当します。

② 暖房負荷

暖房のために室内に供給する熱量です。屋根や窓などから室外に逃げていく熱量のことで、この熱量は補給していく必要があります。

2 暖房方式

（1） 対流式暖房（温風暖房など）

最も単純なシステムとしては、室内の空気を利用して燃焼させ、排気ガスもそのまま室内に排気する開放型のファンヒーターがあります。ただし、このタイプは換気上の点で問題があるといえます。

また、密閉型（FF式温風暖房機など）は屋外の空気を取り入れて燃焼させ、排気も屋外に捨てるタイプで安全性は高まりますが、給排気管の詰まりや老朽化などによる事故が続き、使用が減少しています。

したがって、住宅では手ごろさと安全面からヒートポンプ式エアコンの使用が一般的になっています（冷房にも使用できます）。

(2) 輻射式暖房(パネルヒーター・床暖房など)

太陽の光と同様に、器具から出される赤外線に当たっている部分が暖まるシステムです。温風式などの対流暖房と比較して、部屋全体を暖める力は弱くなりますが、室内での温度差が小さい、からだに直接風があたらないなど、快適性が高く、住宅の暖房には適したシステムだといえます。

① パネルヒーター

ボイラーで温めた温水などの循環液をパネル状の器具に配るシステムです。温まるまでは比較的時間がかかりますが、停止後も暖房効果が期待できます。

また、電気で循環液を温める個別式のパネルヒーターもあります。

② 床暖房

床面を30～40℃に加熱して、室温を20℃程度に維持する暖房です。温水式と電気式があり、電気式はフィルム状になった発熱装置を床下に敷きこむタイプなどがあります。

温水式床暖房の熱源には、ガス(石油)給湯器を使って温水をつくるタイプと、大気中の熱で温水をつくるヒートポンプ式があります。

また、循環水の温度を一般的なものより低い50℃前後(床面温度が30℃以下)とした低温水式床暖房(無垢のフローリングやタイルなどでも利用でき、低温やけどの防止にもつながる)なども販売されています。

●室内の空気を利用して燃焼させ、排気ガスは屋外へ捨てるタイプを半密閉型(FE式)と呼んでいます。

●ヒートポンプは、エアコンなどに使われている技術で、空気中の熱を集めて暖めたり、冷やしたりしています。

●密閉型燃焼器具には、ファンで強制的に給排気するタイプのFF式と自然対流で給排気するBF式があります。

3 空調方式

空調設備は室内空気の温度、湿度、気流、チリや埃をコントロールして、快適な環境を保つ設備のことです。熱源機器の設置形式によって、**中央熱源方式**と**分散熱源方式**に分かれます。

① 中央熱源方式

中央機械室に空調機や熱源機器を設置する方式で、代表的なものに**ファンコイルユニット（FCU）方式**があります。

ファンコイルユニット方式は、中央機械室で冷水（温水）をつくり、各室に設置されたファンコイルユニットに冷温水をパイプで供給します。ファンコイルユニット内には、エアフィルターとファンが付いており、清浄な冷風や温風で冷暖房する方式です。ユニットごとに風量の調節ができるため、各室ごとに制御が可能になっています。

② 分散熱源方式

各室ごとに空調機や熱源機器を設置する方法で、代表的なものにヒートポンプ式のルームエアコンがあります。

気体や液体は圧力を高くすると温度が上がり、圧力を低くすると温度が下がる性質があります。ヒートポンプはこういった性質を利用して「冷媒」の圧力（温度）を調整して、冷媒に接する空気などの温度を上下させる仕組みです。

冷媒の流れを変えることで、暖房時には屋外の熱を室内に運んで暖め、冷房時には屋内の熱を屋外へ放出して冷やすことができます。

※ 冷媒には、かつてはフロンガスが使われていましたが、オゾン層破壊の原因となることから、ノンフロン化が進められています。

③　コールドドラフトを防ぐ方法

コールドドラフトとは、冬季に外壁に面した窓辺から発生する下降冷気のことで、快適性を損なうだけでなく、身体的にも悪影響を及ぼすと考えられています。これを防ぐためには、暖房器具（床置型のファンコイルユニットなど）を、窓下に置き、温風を上方に吹き出す方法を検討します。

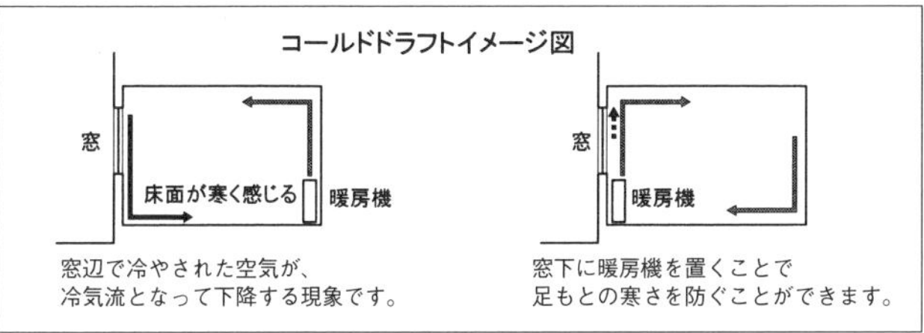

コールドドラフト

自然エネルギーの活用

1 太陽熱利用

太陽熱を利用した建物に、アクティブソーラーハウスとパッシブソーラーハウスがあります。機械設備を使用して太陽熱を利用する方式をアクティブソーラーシステム、自然力のみで、太陽熱を利用する方法をパッシブソーラーシステムと呼んでいます。

2 パッシブソーラーシステム

南向きの窓などから入射する太陽熱を、コンクリートなどの蓄熱性能のある室内の床や壁で直接蓄熱し、その熱を夜間などに利用する方法をダイレクトゲインシステムと呼んでいます。

補足

●エアコンなどに利用されるヒートポンプの性能は「成績係数」という指標で表されます。これは、冷暖房能力を消費電力で割ったもので、この数値が高いほど効率が良いことを示します。

●パッシブソーラーシステムには、ダイレクトゲイン、トロンプウォール、付設温室といった手法があります。

●自然エネルギーの一つとして、地中熱があります。地下10m以深では年間を通じてほぼ一定の値となり、その地域の年間の平均気温に相当するといわれています。

チャレンジ問題

設問の正誤を答えて下さい。

問1 排気のみを送風機で行い給気には自然給気口を用いる換気設備を、第２種機械換気設備という。

問2 室内気圧を正圧にも負圧にも設定でき、安定した換気を行うことができるのは、第１種機械換気方式である。

問3 居室の換気量に関して、在室者による空気汚染を防止するためには、１人当たり毎時20㎥を目安に設定する。

問4 温度差換気とは、開口部の上下にできた空気温度差によって循環力が生まれ、自然に空気が移動して換気が行われることである。

問5 換気機器のうちプロペラファンは、風量は多いが静圧が低いため、ダクトへの接続には向いていない。

問6 換気機器のうち、水車型で羽根が回転方向と同じ向きに付いているタイプをターボファンという。

問7 レンジフードには、調理機器の使用に連動して換気扇が作動するタイプもある。

チャレンジ問題 解説

		[解答]
解説1	第2種機械換気設備は、給気機により新鮮空気を室内に取り込み、排気口から自然に排気する方法で、病院の手術室などで用いられます。	×
解説2	正しい記述内容です。第1種機械換気は給気、排気ともに機械を使用する方法です。	○
解説3	居室の必要換気量は、1人当たり1時間に30㎥程度必要だとされています。	×
解説4	正しい記述内容です。自然換気には、このほかに風力換気などがあります。	○
解説5	正しい記述内容です。	○
解説6	水車型で羽根が回転方向と同じ向きに付いているタイプをシロッコファンといいます。ターボファンは、幅の広い羽根が回転方向と反対の向きに付いています。	×
解説7	正しい記述内容です。	○

チャレンジ問題

設問の正誤を答えて下さい。

問8 冷暖房負荷とは、室内をある一定の温度に保とうとするとき室内の空気から取り除く熱量や、供給する熱量のことをいい、この値が大きいほど、省エネルギー性能が高い建物といえる。

問9 半密閉型燃焼器具は、燃焼に必要な空気は室内空気を使用し、排気ガスを屋外に放出するタイプである。

問10 屋外の空気を取り入れて燃焼させ、屋外に排気する密閉型燃焼器具のうち、給排気を自然対流により行うタイプをFF型（式）と呼んでいる。

問11 床暖房は、床面を30～40℃に加熱して、室温を20℃程度に維持する暖房で、温水式や電気式がある。

問12 ファンコイルユニット方式は、中央機械室で冷水（温水）をつくり、各室に設置されたファンコイルユニットに冷温水を供給するため、各室ごとに室温設定することはできない。

問13 南向きの窓などから入射する太陽熱を、コンクリートなどの蓄熱性能のある室内の床や壁で直接蓄熱し、その熱を夜間などに利用する方法をダイレクトゲインシステムと呼んでいる。

問14 アクティブソーラーハウスとは、一般的に機械に頼らず自然の力のみによって太陽熱を利用する方法である。

チャレンジ問題 解説

		[解答]
解説8	値が小さいほど、省エネルギー性能が高い建物といえます。	×
解説9	正しい記述内容です。	○
解説10	給排気を自然対流により行うタイプはBF型（式）と呼ばれています。FF型（式）は給排気を強制的にファンにより行うタイプです。	×
解説11	正しい記述内容です。	○
解説12	風量調整が可能であるほか、冷温水の制御も可能なタイプがあり、室温設定が可能となっています。	×
解説13	正しい記述内容です。	○
解説14	アクティブソーラーハウスは、太陽熱集熱器と集熱ポンプを設けて、暖房や給湯に利用する方式です。自然力のみを利用する方式はパッシブソーラーハウスといいます。	×

4 電気・照明設備

まとめ & 丸暗記　この節の学習内容とまとめ

電気設備

【電流・電圧・電力】

■ **電流**……電気の流れる量
A（アンペア）

■ **電圧**……電気を流そうとする圧力
V（ボルト）

■ **電力**……単位時間内に発生するエネルギー（電流×電圧）
W（ワット）

【屋内配線の方法】

■ **単相3線式100V/200V**

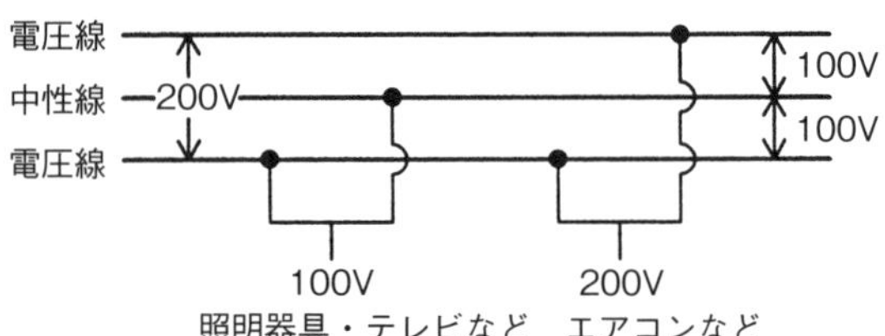

■ **単相2線式100V**

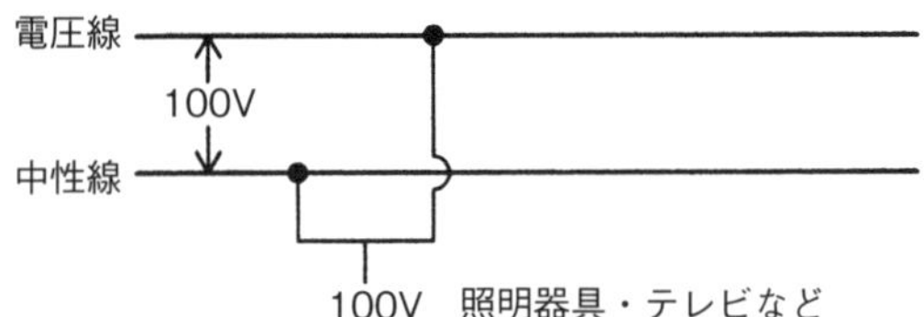

【住宅用火災警報器】

■ **設置場所（義務づけ）は、寝室と階段**

照明設備

【光源の種類】

■ **白熱電球**　エネルギーの光変換効率は低く、省エネ性は劣る
暖かみのある光色
調光が最も容易

■ **蛍光灯**　光の拡張性が高く、全体を一様に明るくできる
調光可能な電球型蛍光灯もある

■ **LED（発光ダイオード）**
直流電気を通すことで光る半導体
エネルギーの光変換効率が高く、長寿命
調光、調色機能も可能

【間接照明】

■ **コーブ照明**　天井の段差を利用して光源を隠し、天井面を広く照らす

■ **コーニス照明**　壁と天井が接する部分に遮光板を設けて光源を隠し、壁面やカーテンを照らす

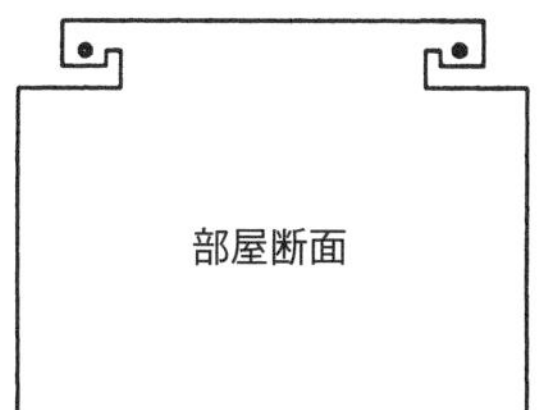

コーブ照明：光を天井面に反射させる

部屋断面

コーニス照明：光を壁面に反射させる

電気設備

1 電気の単位

① 電流・電圧・電力

電気関連の用語には、電流、電圧、電力といった言葉があります。

電流：「電気の流れる量」のことでA（アンペア）で表示します。

電圧：「電気を流そうとする圧力」のことで、V（ボルト）で表示します。

電力：「単位時間内に発生するエネルギー（電流×電圧）」のことで、W（ワット）で表示します。

② 高速道路にたとえると

一本の高速道路を想像してください。その道路を同じ方向に走っている自動車の台数が「電流」で、自動車のスピードが「電圧」、「電力」はそれらを掛け合わせることで生じるエネルギーということになります。

2 配線方式

① 引込み方式（電柱から屋内へ）

電気は引込み線を使って、電柱から建物に供給されます。引込み方式には架空引込み方式、地中引込み方式、架空地中併用引込み方式の３種類があり、一般的には架空引込み方式が採られています。ただし、建物の軒下や外壁に電線が取り付くので景観的にはあまり美しくありません。

そこで、庭先などに小柱を立てて、電線のほか電話線なども含めて、電柱から小柱まで架空で引き込み、そこから先は地中で建物内に引き込む架空地中併用引込み方式が使われることがあります。

② 屋内配線（分電盤から末端へ）

電気は、電力量計を経由して屋内の分電盤に流れていきます。この分電盤で電気は分岐され、それぞれの場所に運ばれていきます。

分電盤には、アンペアブレーカー（契約容量以上の電気を使用したときに遮断するためのもので地域によって有無があります）、漏電遮断機、配線用遮断機が付いています。配線用遮断機は分岐する回路ごとにあり、1回路で使用できる電気は20Aが目安となっています。

分岐回路には、電灯・コンセント用の一般回路と、エアコンや電子レンジ用などの専用回路のほか予備回路があり、必要に応じて回路数を設定します。

③ 屋内配線の方法（単相3線式）

住宅には、100Vを使用する照明器具やコンセントのほか、200Vを使用するエアコンやIHヒーターなどがあります。

そこで、どの器具にも対応できるように赤、黒、白色の3本の電線から構成され、その組み合わせによって100Vと200Vが、適宜選択できる単相3線式が主流になっています。

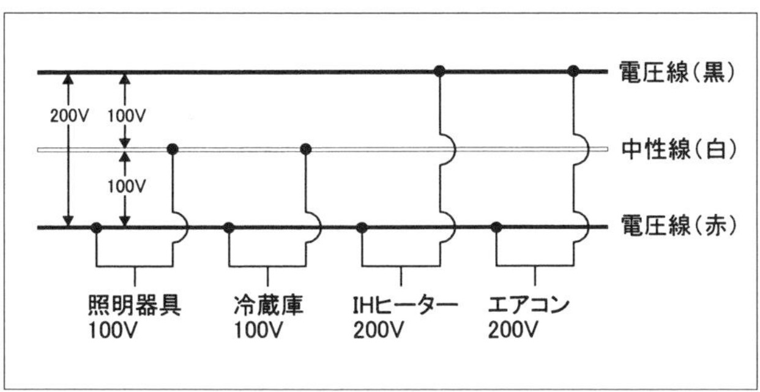

単相3線式

補足

●電流と電圧を説明する際、川を例にして、流れる水の量を電流、流れる水の速さを電圧とする場合も良くあります。これもイメージしやすい例だと思います。

●引込み方式のうち、地中引込み方式は、道路の掘削など手間と費用がかかるため、大規模な建築物などで採用されています。

●室内に配線する方法に、ケースウェイを利用する方法があります。ケースウェイは、幅木や回縁、建具枠などに似せたプラスチックの箱で、その中にコードを通すシステムです。コンセントやスイッチの取り付けが任意の場所に後付けで設置できるなどのメリットがあります。

3 スイッチ・コンセント

（1） スイッチ

主なスイッチとその機能について以下に記します。

① 3路スイッチ

2か所で、照明器具の点灯と消灯を行うことができるスイッチです。階段の上り口と下り口などで利用すると便利です。3か所でON/OFFできる4路スイッチもあります。

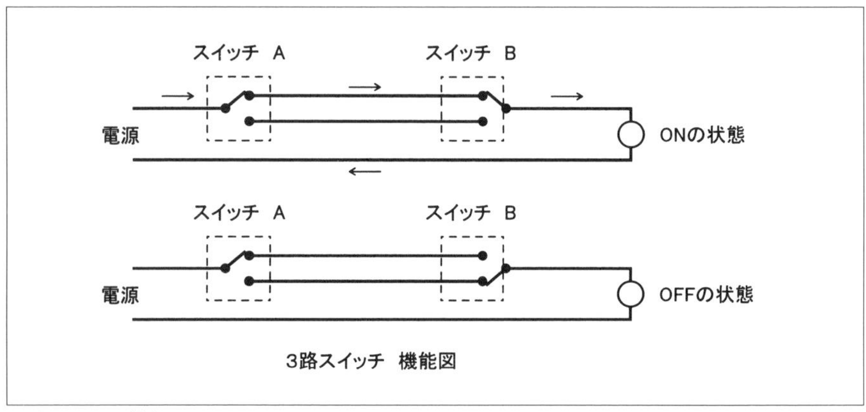

3路スイッチ機能図

② パイロットランプ付きスイッチ（消し忘れ防止スイッチ）

照明器具が点灯しているときや換気扇が作動しているときに、スイッチに付いているパイロットランプが点灯するタイプです。トイレの入り口などで使用すると、ドアが閉まっていてもトイレ内の照明器具の点滅状況を判断することができます。オンピカなどと呼ばれている商品もあります。

③ ホタルスイッチ（表示灯付きスイッチ）

暗い場所でも、スイッチの位置がわかるように消灯時にスイッチに付いているパイロットランプが点灯し、照明器具が点灯している時には消えています。オフピカなどと呼ばれている商品もあります。

④　**タイマー付きスイッチ**

一定時間が経過すると、自動的にスイッチが切れるタイプで、浴室やトイレの換気扇などに使われます。つまみを回して自分で時間を設定できるタイプもあります。

⑤　**調光スイッチ**

つまみを回すことで、照明器具の明るさを調節します（照明自体が調光可能なものでないと使えません）。

⑥　**明るさ感知式スイッチ**（光センサースイッチ）

暗くなると自動的に点灯し、明るくなると消灯する機能です。玄関や屋外灯などに用いられます。

⑦　**人感センサー付きスイッチ**

人の気配を感じて点灯し、人がいなくなると自動的に消灯します。

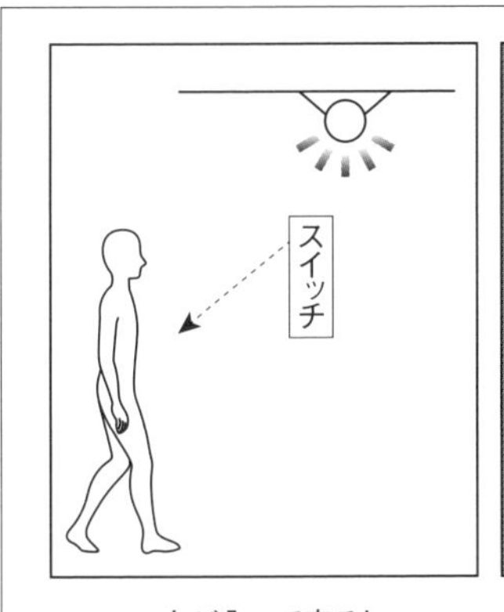

人が入って来ると
人を検知して点灯

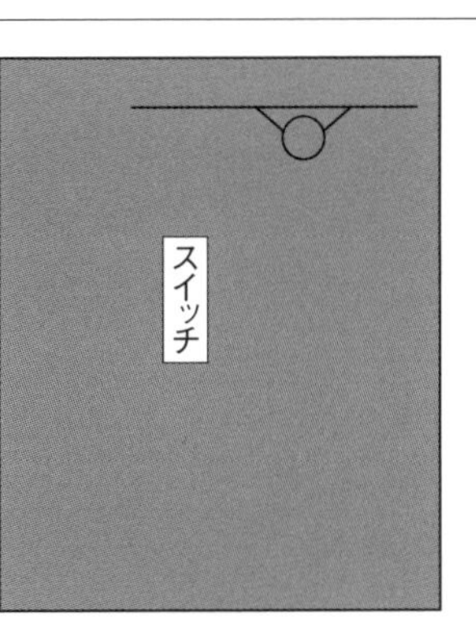

人がいなくなると
自動的に消灯

補足

●スイッチには、照明器具などがOFFの時に緑色、ONの時に赤色に点灯するものもあります。

●人感センサーは、赤外線を感知して作動します。

●センサーは、照明器具部分に付いている場合も多く、パイロットランプ付きスイッチと組み合わせて、スイッチは常にONの状態としておき、照明器具が自動点灯した場合には、同時にスイッチのパイロットランプが点灯するといったシステムもあります。

●スイッチには、指でON/OFFする部分の面積を広くし、高齢者などにも使いやすくしたタイプもあります。またプレートの色にも数種類があり、洋風、和風に合わせて選択できます。

(2) コンセント（アウトレット）

コンセントの数は、3.3㎡（畳２帖）につき１か所（２口以上）を目安とします。また、一般的な取り付け高さは、洋室で床面＋250mm、和室では床面＋150mm程度となります。ただし、車いす利用者などの場合には、車いす座面とほぼ同じ高さの床面＋400mmと高めに設置します。

また、冷蔵庫用は床面＋1900mm、電子レンジ用は床面＋1200mm、洗濯機用は床面＋1000mmなどとされていますが、実情に応じて高さを決定します。

主なコンセントとその機能について以下に記します。

① アース付きコンセント

家電製品に付いているアース線が接続できるようになっているコンセントで、漏電防止などに役立ちます。

② 抜止めコンセント

差し込んだプラグを回転させてロックし、簡単に抜け落ちないようにするコンセントです。

③ マグネット付きコンセント

プラグがマグネットで付いている構造で、足を引っ掛けた場合などに簡単に外れて転倒を防ぎます。

④ マルチメディアコンセント

同じプレートの中に、電源用、テレビ用、電話用、LAN用などの接続口がまとめられたコンセントです。

⑤ 防水（防雨）コンセント

外壁面などに取り付けるカバー付きのコンセントで、コンセントが下向きになっています。

4 住宅用火災警報器

全ての住宅に住宅用火災警報器等の設置が義務付けられています。設置場所は、寝室と階段ですが、地域によっては台所などにも設置が必要となる場合もあります。

煙感知式と熱感知式があり、これらを天井や壁の上部に取り付けます。

台所は、通常の調理時に煙や水蒸気が発生しますので誤作動を起こさないよう熱感知式が適しています。

警報の発し方には、音声式、ブザー式、発光式などがあります。

5 テレビ放送の種類

現在テレビ放送には、地上デジタル放送、BSデジタル放送、CSデジタル放送があります。

地上デジタル放送は、UHFアンテナの設置またはケーブルテレビ（CATV）、BSデジタル放送とCSデジタル放送は、通信衛星からの受信用アンテナの設置またはCATVにおいて視聴することができます。

6 ホームエレベーター

2～4階建ての個人住宅用のエレベーターで、店舗などに設置するものとは規格が異なります。

建築基準法によって、昇降行程が最大10m、昇降速度30m/分以下、積載量200kg以下、エレベーター内の床面積1.1㎡以下とされています。

●プラグをコンセントに差し込んでいる時に、プラグの刃と刃にたまった埃を通じて電気が流れ、発火する可能性があります。これをトラッキング現象と呼びますが、定期的に清掃するなどの注意が必要になります。

●昇降行程とは、エレベーターが上下する最下階の床から、最上階の床までの高さのことです。

●Wi-Fiルーターは、ネットワークに対応したパソコンやタブレットを無線通信でネットワークと接続する機器のことです。

照明設備

1 光と感覚

① 照度

光源によって照らされている平面状の面の明るさの程度を表わす言葉で、単位はlx（ルクス）です。

② 順応

暗い所から明るい所に移動したときに周囲の明るさに慣れることを明順応、反対に明るい所から暗い所に移動したときの暗さに慣れることを暗順応といいます。暗順応に要する時間のほうが長くかかります。

③ 均せい度

明るい所と暗い所の差の比率のことで、事務室などは差が少なく均一な照度が望ましいといえます。

④ 色温度

光源が発している光の色を温度で表現したものです。赤色は色温度が低く、白色は色温度が高くなります。色温度の低い白熱電球と、色温度の高い蛍光灯では部屋全体の雰囲気が変わるなど、空間の印象を左右する重要な要素になります。単位はK（ケルビン）です。

⑤ 演色性

同じ洋服を着ていても、光源（照明）の違いによって雰囲気が変わる場合があります。演色性とは、本来その物が持っている色の再現性を表すもので、太陽光に近いほど演色性は良いとされています。

⑥　輝度

光を発散する面を特定の方向から見たときの明るさのことです。物が明るく見えるかどうかを表すようなときに使われます。

⑦　グレア

輝度が高いとまぶしさを感じますが、このまぶしさのことをグレアと呼んでいます。

2 光源の種類

①　白熱電球

白熱電球は、電気エネルギーの大半が熱に変わるため、光として利用できるエネルギー変換効率は低くなっています。したがって、省エネ性では蛍光灯やLEDよりも劣っています。

ただし、暖かみのある光色で落ち着いた雰囲気が演出でき、材質や立体感なども強調できます。ランプ寿命はおおよそ1000～3000時間となっています。

②　蛍光灯

光の拡張性が高く、全体を一様に明るくすることができます。蛍光灯にも昼白色や電球色などがあり、雰囲気を変えることができます。ランプ寿命はおおよそ6000～12000時間（長いものでは25000時間）となっています。

③　LED（発光ダイオード）

直流電流を通すことで発光する半導体の性質を利用しています。

●色温度が低い光源は暖かな感じ、色温度が高い光源はクールな感じを演出できます。

●照明器具はランプの寿命のほか、照明器具自体にも寿命があり、一般的に10年程度といわれています。

●蛍光灯の点灯方式の一つである高周波点灯方式は、すぐに点灯し、ちらつきが少ない効率の高い点灯方式です。

●LEDは、電気エネルギーの光交換効率が高く、寿命は4万時間程度と推定されています。

●住宅用のLEDシーリングライトには色温度を変えられる調色機能を備えたものもあります。

●ビニールクロスには蛍光灯を消灯後も20分程度発光している蓄光タイプもあります。

3 配光の種類

① 全般照明（均一照明）

光源から光が全方向へ拡がる照明で、空間全体を明るくする場合に適しています。

② 局部照明（不均一照明）

スポットライトなど、光源の光をそのまま特定個所にあてる照明方法です。空間に明暗のコントラストを付けることができます。

③ 間接照明

光源を直接見せないで、光を周囲に反射させて照明する方法です。

④ タスクアンビエント照明

事務空間などに用いられる方法で、作業面の局部照明とそれより低い照度の全般照明を併用する方法です。省エネルギー性を向上することができます。

効果的な照明計画は全般照明と局部照明を組み合わせるなど、一室多灯が良いとされています。理由は、暮らしのシーンに合わせてさまざまな雰囲気を演出することが可能になるからです。

4 照明器具の種類

① シーリングライト

天井に直付けされた照明器具です。天井からの拡散光が室内全体を照らします。乳白色の樹脂カバーや和紙などのシェードで、光源が直接眼に入らないようにしているものが代表的なタイプです。

②　スポットライト

天井や壁面に直付けされた照明器具です。光の角度を変えることができるので主に局部照明に利用しますが、設置数を増やしたり設置角度を変えることで全般照明としても利用できます。

③　ダウンライト

天井面に埋め込まれた照明器具です。傾斜天井用などもあり、全般照明や局部照明に利用されています。

④　ペンダントライト

吊り下げ型の照明器具で、ダイニングテーブルの上などに用いられています。

⑤　ブラケット

壁付けタイプの照明器具です。実用性だけでなく装飾性を兼ね備えたものもあり、リビング、寝室、廊下、階段、浴室などさまざまな場所で使用されています。

⑥　フットライト

埋め込み型の足もと灯です。壁面の下部に付け、歩行時の安全性を高めます。夜間など自動的に点灯する明るさ感知式のセンサーが付いた器具もあります。

5　照度の計算方法

室内全体の照度をlxは、以下の計算式で求めます。

平均照度(lx)＝
[ランプ光束(lm)×照明器具数×照明率×保守率]÷面積(㎡)

●間接照明には、天井の一部を二重にして光源を隠し、天井面を明るくするコーブ照明、天井と壁が接するところに、遮光板を設け光源を隠して壁やカーテンを照明するコーニス照明、壁面に取り付けた照明器具の光源を遮光板で隠し、光を上下に出すバランス照明があります。

●照明器具にはさまざまな種類がありますが、いずれもLED（発光ダイオード）を使用した照明器具が増えてきています。

●平均照度を求める場合に、ランプ光束、照明率、保守率はメーカーカタログで確認することができます。

チャレンジ問題

設問の正誤を答えて下さい。

問1 単相３線式は３本の線のうち２本を選択して取ることにより、100Vまたは200Vの電源を得ることができる。

問2 寝室の照明を、入り口とベッドサイドで点灯や消灯ができるように３路スイッチを採用した。

問3 蓄光タイプのビニールクロスは、白熱灯を使用している部屋では照明を消灯後も20分程度であれば発光を続けることができる。

問4 LEDランプは白熱ランプや蛍光ランプより寿命が長いので、ランプ交換の手間が軽減されるが、演色性が高い電球色がないので、暖かな雰囲気を出したい場所には適さない。

問5 トイレの照明計画で、人の気配を感じて点灯し、人がいなくなると自動的に消灯するように、人感センサー付き照明器具を選択した。

問6 玄関ポーチの照明計画で、18時に点灯し24時頃自動的に消灯できるように、光センサースイッチ付き照明器具を選択した。

問7 オフィス照明では作業性と省エネルギー性の観点から全般照明を抑えたタスクアンビエント照明を採用することが多くなった。

チャレンジ問題 解説

		[解答]
解説1	正しい記述内容です。	○
解説2	正しい記述内容です。	○
解説3	蓄光タイプのビニールクロスは、光を蓄える硫化亜鉛を含んだインクで描いた模様が、蛍光ランプ消灯後も20分程度発光するものです。	×
解説4	LEDランプは、白熱ランプや蛍光ランプよりも長寿命で、電球色のランプも市販されています。	×
解説5	正しい記述内容です。	○
解説6	一定時間が経過すると、自動的にスイッチが切れるタイプのタイマー付き照明器具を選択します。	×
解説7	正しい記述内容です。	○

章末問題

問題 環境と設備に関する次の記述の（　　）部分に、それぞれの語群の中から最も適当なものを選びなさい。

1 固体の中を熱が伝わる現象を（　　）と呼んでいる。
【語群】 ア　伝導　　イ　対流　　ウ　放射

2 コンクリート製の壁は、金属製の壁に比べて温まりにくく冷めにくいといった特徴があるが、これはコンクリートの壁は大量の熱を蓄えることができるためで、これを（　　）が大きいという。
【語群】 ア　熱貫流　　イ　熱伝達　　ウ　熱容量

3 給湯時に発生する排気熱を回収して再利用し、高効率化したガス給湯器を（　　）と呼んでいる。
【語群】 ア　エコキュート　　イ　エコジョーズ
ウ　エネファーム

4 LED電球の明るさの単位は（　　）値で表されている。
【語群】 ア　カンデラ　　イ　ワット　　ウ　ルーメン

解答

1ーア　　2ーウ　　3ーイ　　4ーウ

第7章

インテリア関連の法規・規格・制度

主な関連法規と制度

まとめ & 丸暗記　この節の学習内容とまとめ

建築基準法

【建ぺい率・容積率】

■ **建築面積** ……建築物の外壁又はこれに代わる柱の中心線で囲まれた部分の水平投影面積

■ **延べ面積** ……建築物の各階の床面積の合計

■ **建ぺい率** ……建築面積の敷地面積に対する割合

$$\frac{\text{建築面積}}{\text{敷地面積}}$$

■ **容積率** ………延べ面積の敷地面積に対する割合

$$\frac{\text{延べ面積}}{\text{敷地面積}}$$

【高さ制限】

■ **道路高さ制限**
- 住居系：1.25×L
- 非住居系：1.5×L

L＝建築物の高さを求めたい部分から道路の反対側の境界線までの水平距離
※　Lの測り方は、上記以外に緩和される場合がある

■ **北側高さ制限**
- 第1種、第2種低層住居専用地域、田園住居地域：5m＋1.25×L
- 第1種、第2種中高層住居専用地域：10m＋1.25×L

L＝建築物の高さを求めたい部分から真北方向の隣地境界線までの水平距離
※　Lの測り方は、上記以外に緩和される場合がある

【一般構造】

■ 採光に有効な開口部面積　≧　住宅の居室の床面積×1/7
■ 換気に有効な開口部面積　≧　住宅の居室の床面積×1/20
■ 居室の天井高さ　≧　2100mm
■ 住宅の階段の踏面　≧　150mm
■ 住宅の階段の蹴上げ　≦　230mm

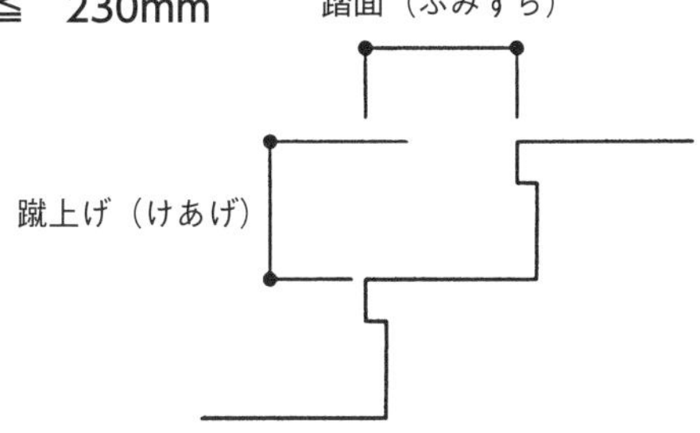

【シックハウス対策】

■ 規制対象はホルムアルデヒド：使用制限または使用面積制限
■ 居室には24時間機械換気設備の設置義務

消防法

■ 住宅用火災警報器の設置義務：寝室および階段

住宅の品質確保の促進等に関する法律

■ 住宅を新築する場合、引き渡し後の10年間、瑕疵に対して担保の責任を負う

バリアフリー法

■ 2000㎡以上の特別特定建築物には、建築物移動等円滑化基準への適合義務を課す

※　特別特定建築物：病院、劇場、百貨店など

建築基準法・建築基準法施行令

1 用語の定義

建築基準法には、建築法規に関する基本的な内容が規定されています。建築基準法施行令には、建築基準法に基づいたより具体的な細かい技術的基準が規定されています。

インテリア計画においても、さまざまな建築用語を理解しておく必要があります。以下に代表的な用語を記載します。

① 居室

居住、執務、作業、集会、娯楽その他これらに類する目的のために継続的に使用する室のことで、住宅の居間や学校の教室などが該当します。

② 不燃材料

不燃性能を有する建築材料をいいます。不燃性能とは、火災による加熱が20分間加えられたときに、燃焼や防火上有害な変形をおこさないことなどの要件を満たした性能のことです。

③ 準不燃材料

火災による加熱が10分間加えられたときに、燃焼や防火上有害な変形をおこさないことなどの要件を満たした性能をもつ建築材料のことです。

④　**難燃材料**

火災による加熱が**5分間**加えられたときに、燃焼や防火上有害な変形をおこさないことなどの要件を満たした性能をもつ建築材料のことです。

⑤　**主要構造部**

建築物の**壁**、**床**、**はり**、**屋根**または**階段**を主要構造部と呼んでいます。

⑥　**耐火建築物**

主要構造部を、耐火構造などとし、かつ所定の範囲内にある窓や扉を防火設備と呼ばれる火災に強い開口部にした建築物のことです。鉄筋コンクリート造の建物をイメージしてください。

⑦　**準耐火建築物**

耐火建築物以外の建築物で、主要構造部を、準耐火構造などとし、かつ所定の範囲内にある窓や扉を防火設備と呼ばれる火災に強い開口部にした建築物のことです。鉄骨造などの建物をイメージしてください。

⑧　**建築**

建築物を**新築**し、**増築**し、**改築**し、又は**移転**することをいいます。

⑨　**大規模の修繕・大規模の模様替え**

建築物の**主要構造部の一種以上**について行う過半の修繕・模様替えを行うことをいいます。

●耐火構造
火災が発生したときに、主要構造部の種類や階数により、30分から3時間、損傷しないという性能などをもつ構造をいいます。

●準耐火構造
火災が発生したときに、主要構造部の種類により、30分から45分間、（あるいは、30分から1時間）損傷しないという性能などをもつ構造をいいます。

2 建築確認申請など

建築物の工事に着手するには、計画した建築物が現行の建築基準法などの法律に従っているかの確認を受ける必要があります。また、工事中にも工事内容の適否の検査を受ける中間検査、さらに工事完成時には計画通りの建築物になっているかなどを検査する、完了検査を受ける必要があります。完了検査を受け、問題がなければ検査済証が交付され、その後建築物の使用ができるようになります。

3 用途地域に関する規定

都市計画区域内には、用途地域という地域の指定があり、その地域ごとに建築することができる建築物や、建築することができない建築物が決められています。

たとえば、第１種低層住居専用地域という地域では、住宅や小学校などは建築できますが、専用の飲食店や事務所などは建築できないといった決まりです。また、用途地域ごとに建築できる建物の面積や高さなどの規模も規定されています（次項を参照してください）。

● 用途地域

住居系が８種類、商業系が２種類、工業系が３種類の計13種類の用途地域があります。

住居系
・第１種低層住居専用地域
・第２種低層住居専用地域
・第１種中高層住居専用地域
・第２種中高層住居専用地域
・第１種住居地域
・第２種住居地域
・準住居地域
・田園住居地域

商業系
・近隣商業地域
・商業地域

工業系
・準工業地域
・工業地域
・工業専用地域

4 形態制限に関する規定

① 敷地面積

敷地の水平投影面積をいいます。

② 建築面積

建築物の外壁又はこれに代わる柱の中心線で囲まれた部分の**水平投影面積**をいいます。建築物の真上から太陽の光をあてた時にできる影の部分の面積をイメージしてください。

なお、軒やはね出しバルコニーなどで、壁の中心線から1m以上突き出たものがある場合は、その先端から**1m後退した線で囲まれた部分**の水平投影面積になります。

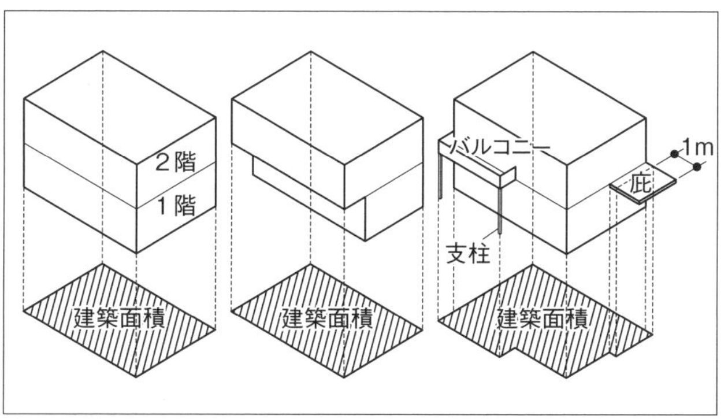

建築面積

補足

●確認申請は、防火・準防火地域以外で、増築等の面積が10㎡以内であれば不要になります（新築の場合は必要です）。

●用途地域
建物の計画地がどの用途地域に属しているかは、市役所の都市計画課などに行って調べることができます。

●都市計画区域
計画的に街づくりを行う区域で、都道府県知事が指定します。

●都市計画区域内において、建築物を建てる場合には、その敷地は道路に2m以上接していなければならないという規定があります。なお、地方により条令で敷地が道路に接していなければならない長さが別途定められている場合があります。

③　床面積

建築物の各階又はその一部で壁その他の区画の中心線で囲まれた部分の水平投影面積のことをいいます。階段部分の面積も床面積に算入されます。

④　延べ面積

建築物の各階の床面積の合計のことをいいます。

⑤　建ぺい率

建築物の建築面積の敷地面積に対する割合をいい、用途地域ごとに都市計画で細かく規定されています。たとえば、5/10のように分数で示されますが、これは敷地面積を10としたときに建築面積の最高限度が5までであるといった割合を意味します。

⑥　容積率

建築物の延べ面積の敷地面積に対する割合をいい、用途地域ごとに都市計画で細かく規定されています。たとえば、20/10のように分数で示されますが、これは敷地面積を10としたときに延べ面積の最高限度が20までであるといった割合を意味します。

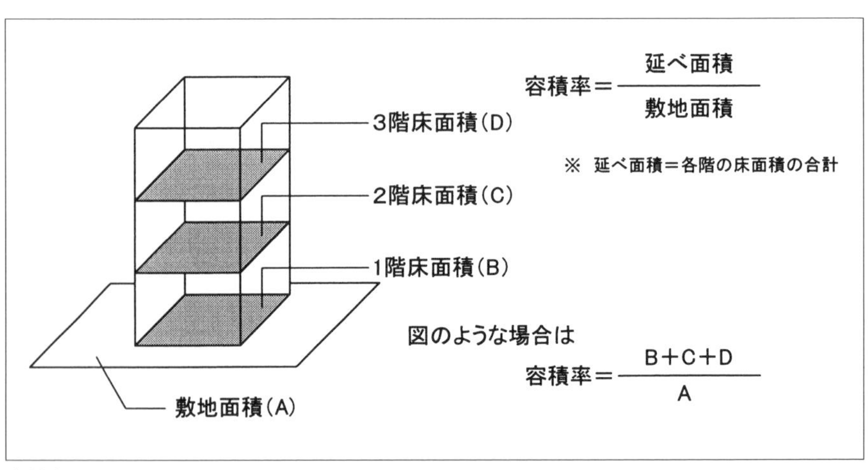

容積率

⑦　高さ制限

第１種・第２種低層住居専用地域は、良好な住環境を維持することを主な目的としているため、建物の高さに関しても厳しい規定があり、10mまたは12mを超える建築物は原則として建てられないことになっています。

その他にも、用途地域の違いにより、敷地が接する道路の幅員によって決まる高さの限度、建築物から北側隣地境界線までの距離によって決まる高さの限度などがあり、それぞれ**道路高さ制限**、**北側高さ制限**と呼んでいます。

●高さ制限
建築基準法第56条に、道路高さ制限、隣地高さ制限、北側高さ制限が規定されています。

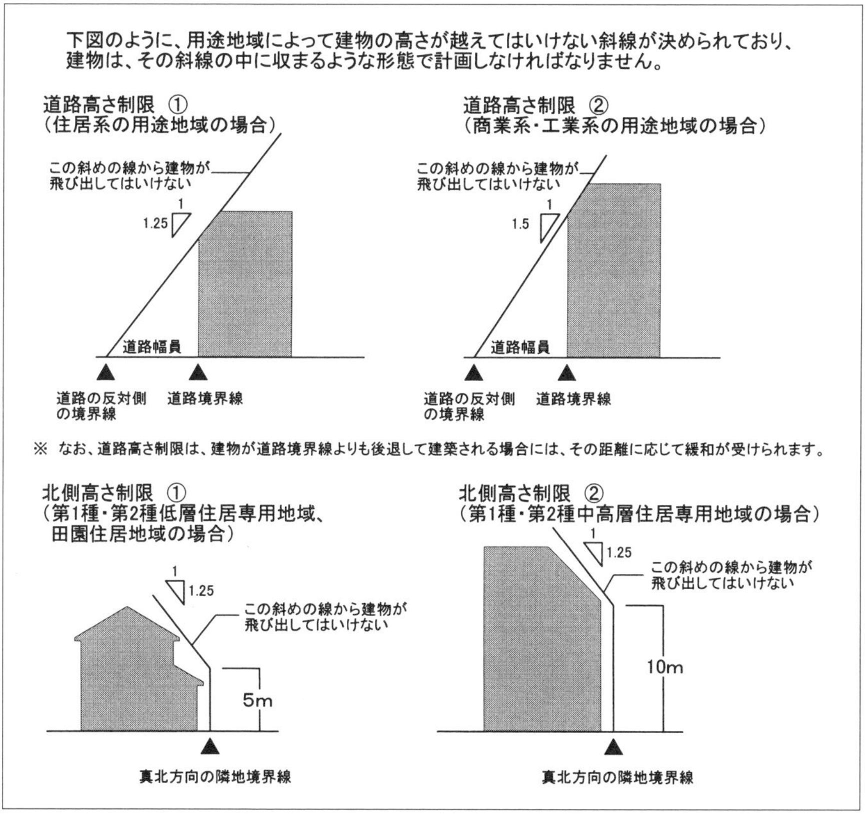

下図のように、用途地域によって建物の高さが越えてはいけない斜線が決められており、建物は、その斜線の中に収まるような形態で計画しなければなりません。

道路高さ制限 ①
（住居系の用途地域の場合）
この斜めの線から建物が飛び出してはいけない
1
1.25
道路幅員
道路の反対側の境界線
道路境界線

道路高さ制限 ②
（商業系・工業系の用途地域の場合）
この斜めの線から建物が飛び出してはいけない
1
1.5
道路幅員
道路の反対側の境界線
道路境界線

※ なお、道路高さ制限は、建物が道路境界線よりも後退して建築される場合には、その距離に応じて緩和が受けられます。

北側高さ制限 ①
（第1種・第2種低層住居専用地域、田園住居地域の場合）
1
1.25
この斜めの線から建物が飛び出してはいけない
5m
真北方向の隣地境界線

北側高さ制限 ②
（第1種・第2種中高層住居専用地域の場合）
1
1.25
この斜めの線から建物が飛び出してはいけない
10m
真北方向の隣地境界線

高さ制限

5 地下室に関する規定

地下室とは床が地面（地盤面）よりも下にある部屋で、その部屋の床面から地面までの高さがその部屋の天井高さの１/３以上のものをいいます。

地下室付き住宅は延べ面積がお得！

住宅の地下室部分は、容積率を算定する際、住宅全体の床面積の1/3を限度として算入しなくても良いという規定があります。

下図のような住宅の場合

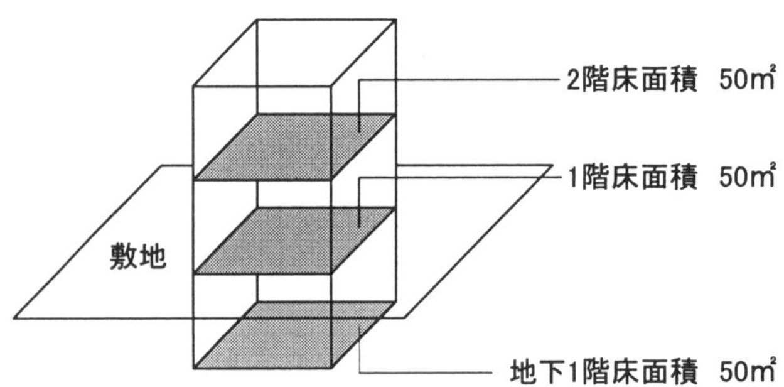

延べ面積	50＋50＋50＝150㎡
容積率算定上の延べ面積	(50＋50＋50)－150/3＝100㎡

仮に、敷地面積が100㎡で、容積率の限度が10/10という場所があったとします。
容積率が、10/10ですから、延べ面積は最大で100㎡の建物しか建てられません。

しかし

住宅の地下室の場合は、住宅全体の延べ面積(150㎡)の1/3(50㎡)までは
容積率算定上加えなくても良いという規定がありますので
上図の場合も容積率を計算する場合の延べ面積は、100㎡ということになり
容積率の限度(10/10)を満足していることになります。

6 一般構造・環境衛生に関する規定

① 採光

居室には、その床面積に対して一定割合以上の採光に有効な開口部（窓など）を設けることが義務づけられています。

たとえば、住宅の居室の場合は、居室の床面積に対して**1/7以上**の面積の採光に有効な開口部、小学校の教室は、教室の床面積に対して**1/5以上**の面積の採光に有効な開口部を設けなければならないとされています。

採光に有効な開口部とは

建築基準法施行令では、部屋の床面積に対して、一定割合以上の「開口部」が必要という言い方ではなく、「採光に有効な開口部」が必要という表現になっています。これはいくら大きな窓があっても、窓のすぐそばに隣家などが建っている場合には、採光が期待できないため、実際に採光が確保できている窓を設けなければならないという考え方です。採光に有効な開口部の面積は、用途地域ごとに計算方法が決まっています。

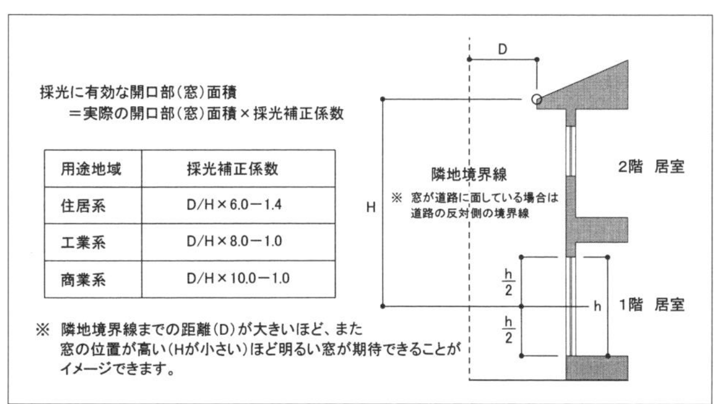

用途地域	採光補正係数
住居系	D/H×6.0−1.4
工業系	D/H×8.0−1.0
商業系	D/H×10.0−1.0

補足

●小学校の教室、幼稚園の教室、保育所の保育室は床面積に対して1/5以上の、病院や診療所の病室は1/7以上の採光に有効な開口部の面積が必要になります。

●住宅のキッチンは、採光が必要な居室からは除外されています。

② 換気

居室には、その床面積に対して1/20以上の換気に有効な開口部（窓など）を設けることが義務づけられています。ただし、所定の換気設備を設けた場合は、その必要がなくなります。また、調理室などの火気を使用する部屋には、窓の有無にかかわらず原則として、換気設備を設けなければならないとされています。

なお、シックハウス問題が社会問題化したため、シックハウス症を防止するために、居室には24時間換気が可能となる機械換気設備の設置が義務づけられました。

③ 天井高

居室の天井高さは、居室の種類や床面積にかかわらず2.1m以上でなければならないと規定されています。また、１室で天井の高さが異なる部分がある場合には、その平均の高さを天井の高さとします。

④ 居室の床の高さ

最下階の居室の床が木造である場合には、直下の地面からその床の上面までを45cm以上としなければならないと規定されています。ただし、床下をコンクリートなどで覆って湿気を防ぐ措置を講じた場合には、45cmよりも低くすることができます。

⑤ 便所

便所には、採光および換気のため直接外気に接する窓を設けなければなりません。ただし、水洗便所で換気設備や照明器具が付いていれば、窓はなくてもかまいません。

7 一般構造・避難に関する規定

① 階段・スロープ

建築物の用途や面積により、階段の踏面と蹴上げの寸法が決められています。住宅用の階段（共同住宅の共用階段を除く）は、踏面を150mm以上、蹴上げを230mm以下としなければならないと規定されています。また、高さが１ｍを超える階段には手すりを設けることが義務づけられています。

なお、住宅の階段の幅は750mm以上と定められていますが、手すりの出幅が、取り付けてある壁面より10cm以下であれば、その手すりはないものとみなして階段幅を計測することができます。

階段に代わる傾斜路を設ける場合の勾配は1/8を超えないこととされています。ただし、高齢者や車いす使用を考慮すると1/12～1/15程度の緩い勾配が望まれます。

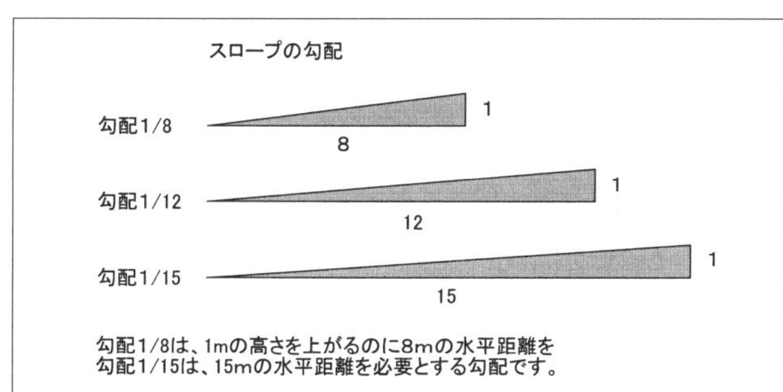

スロープの勾配

② ２以上の直通階段

映画館や病院、ホテルなどの特殊建築物には、階段を２つ以上設けなければならないという規定があります。

補足

●建築基準法では、住宅の階段の踏面を150mm以上、蹴上げを230mm以下と規定していますが、踏面150mm、蹴上げ230mmの組み合わせでは、かなり急な勾配となり現実的ではありません。建築基準法を満足していれば良い、という考え方では不十分で、より安全で快適な環境をめざすことが必要であるということがわかります。

●２以上の階段を設けるのは、火災が発生しても安全に避難できるようにするための規定です。建築物の用途、面積、構造の組み合わせで、階段を２以上設けなければならないか否かが決まります。

●特殊建築物
不特定多数の人が集まったり、火災の危険性が高い建物のことをいいます。

8 内装制限に関する規定

① 壁と天井

火災が発生した場合に、初期火災の拡大を遅らせたり、避難上有害なガスや煙の発生を防ぐための規定で、建築物の**壁**と**天井**（天井がない場合は屋根）の室内面に規制がかかっています。

② 一戸建て住宅の場合

調理室（台所）などの火を使用する室内の壁と天井を**準不燃材料**以上の材料で仕上げることになっています。なお、２階建ての２階など最上階に調理室がある場合や、耐火建築物内の調理室であれば、内装の制限は受けません。

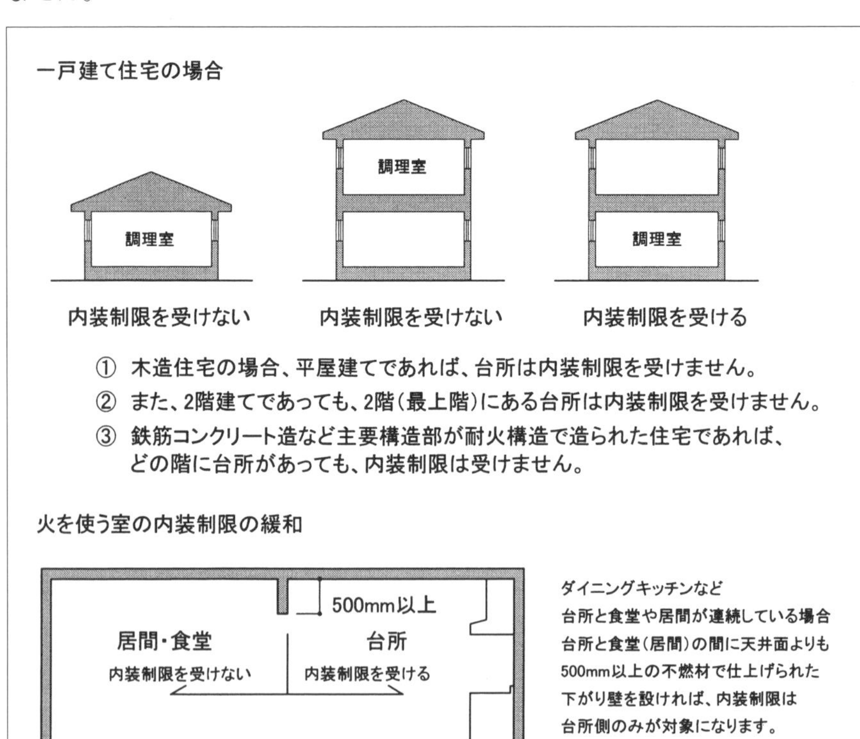

火気使用室の内装

③　共同住宅の場合

調理室だけでなく、その他の居室や廊下も、内装制限の対象になります。なお、耐火建築物や準耐火建築物で、200㎡以内ごとに防火上有効な区画がしてあれば、内装制限の対象から外すことができます。

④　内装制限の対象となる建築物と仕上げ材料のまとめ

内装制限を受ける建築物の区分		対象となる規模等		
		耐火建築物等	準耐火建築物等	その他
①	劇場・映画館・演芸場など	客席の床面積400㎡以上	客席の床面積100㎡以上	客席の床面積100㎡以上
②	病院・ホテル・共同住宅など	３階以上の床面積300㎡以上	２階の床面積300㎡以上	床面積200㎡以上
③	百貨店・飲食店など	３階以上の床面積1000㎡以上	２階の床面積500㎡以上	床面積200㎡以上
④	自動車車庫・自動車修理工場	床面積にかかわらず全て		
⑤	地階や地下工作物内に上記①～③に該当する居室を有する特殊建築物	床面積にかかわらず全て		
⑥	①～⑤に該当しなくても右の規模に当てはまると内装制限を受ける	階数が３以上で延べ面積が500㎡を超えるもの		
		階数が２で延べ面積が1000㎡を超えるもの		
		階数が１で延べ面積が3000㎡を超えるもの		

①②③の居室は難燃材料、通路は準不燃材料（ただし、３階以上に居室がある場合は、天井は準不燃材料）
④⑤の居室は準不燃材料、通路は準不燃材料
⑥の居室は難燃材料、通路は準不燃材料
①②③⑥の居室の壁で床からの高さが1.2m以下の部分は内装制限の対象にならない

●内装材の不燃性能は、インテリア計画において重要な意味を持つ場合もありますので、カタログ等で性能を確認、把握する必要があります。

9 小屋裏物置に関する規定

小屋裏、天井裏、床下等の余剰空間を利用して設ける物置（小屋裏物置等）は、以下の内容に該当する場合には、階とみなさず床面積にも算入されません（該当項目の一部を記載してあります）。

① 小屋裏物置等の水平投影面積が、小屋裏物置等のある階の床面積の1/2未満であること（固定階段を設置する場合は、その部分の面積を含む）。
② 小屋裏物置等の最高の内法高さが1.4m以下であること。
③ 原則、小屋裏物置等の外壁の開口部は認めないが、換気が目的の開口部であれば、小屋裏物置等の水平投影面積の1/20かつ0.45㎡以下であること。
④ 小屋裏物置等の内部の設備は最低限必要なものにする（電話やテレビのジャックを設置しない）。

などとなっています。

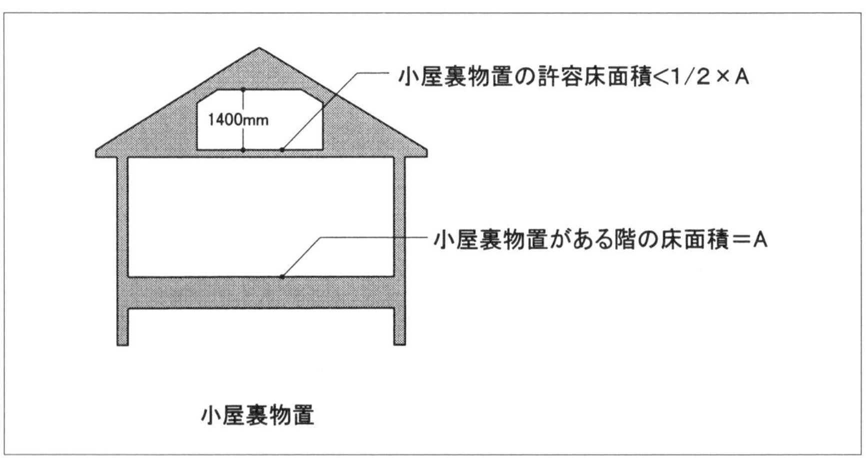

小屋裏物置

10 シックハウス対策に関する規定

① ホルムアルデヒド

シックハウス症候群の原因物質に、家具や建材、壁紙を貼る接着剤などに含まれる**ホルムアルデヒド**があります。このホルムアルデヒドにより、目や鼻に刺激を感じ、最悪の場合には呼吸困難などを起こす場合もあります。

そこで、ホルムアルデヒドを発散する建築材料を使用する場合には、居室の換気回数などに応じて、使用できる面積の制限が決められています。

② F☆☆☆☆（エフ・フォースター）

建材や塗料、接着剤などのラベルに**F☆☆☆☆**といった表示を見ることがあります。

建築基準法では、ホルムアルデヒドの発散量により、建築材料を4つの等級に分けています。F☆☆☆☆は、ホルムアルデヒドの放散量がきわめて低い建材を意味し、使用する面積の制限がありません。

建材には、その他にF☆☆☆、F☆☆などの等級があり、これらは使用できる面積に制限がかかっています。

③ 24時間換気

内装材をすべてF☆☆☆☆で仕上げたとしても、家具などからホルムアルデヒドが発散している可能性があります。したがって、居室には**24時間換気**が可能となる機械換気設備の設置が義務づけられています（361ページを参照してください）。

補足

●小屋裏物置に取り付ける階段は、可動式にしなければならない場合もあります。また、開口部に関しても規定が別途定められていますので、実際には個別に市町村等に確認する必要があります。

●シックハウス症候群の原因物質には、ホルムアルデヒドのほかに、クロルピリホスという物質もあります。シロアリ駆除剤などに使用されていましたが、現在は使用が禁止されています。

●24時間機械換気に使う換気扇を、トイレや浴室に設置する換気扇と兼ねて、そこから空気を排気し、居室に設けた給気口から新鮮な空気を入れるといった方法があります。

消防法

1 防炎規制

① 火災の防止

カーテンや劇場のどん帳などは、火災時に火が燃え移って火災の拡大につながる恐れが考えられます。したがって、これらを**防炎防火対象物**で使用する場合には、一定の基準以上の防炎性能を持った**防炎対象物品**としなければなりません。

② 防炎防火対象物

防炎規制を受ける防火対象物を**防炎防火対象物**といいます。防炎防火対象物は具体的に、特定防火対象物、高層建築物、工事中の建築物、テレビスタジオ・映画スタジオが該当します。

③ 防炎防火対象物に該当する理由

特定防火対象物は、劇場、旅館、病院、地下街など不特定多数の人が出入りしたり、避難が難しい人がいる施設のことで、防火に留意する必要があるからです。また、高層建築物や地下街は、構造や形態上、防火に特に留意する必要があり、工事中の建築物は工事用シートを、テレビスタジオや映画スタジオは暗幕や舞台装置などを大量に使用するために、防炎防火対象物に指定されています。

④ 防炎対象物品

カーテンや布製のブラインド、どん帳や暗幕、展示用や舞台の大道具に使用する合板、工事用シート、じゅうたん　などが防炎規制の対象となる物品となります。

2 住宅用防災警報器の設置義務

① 設置義務

すべての住宅に住宅用火災警報器等の設置が義務付けられています。設置場所は、寝室と階段ですが、地域によっては台所などにも設置が必要となる場合もあります。

② 火災警報器の種類

原則として煙感知式を設置しますが、台所は、熱感知式も使えます。これらを天井や壁の上部に取り付けます（台所は、通常の調理時に煙が発生することもあるので、誤作動を起こさないよう熱感知式も認められています）。

●防火対象物
火災予防の対象となる建築物などのことです。

●高層建築物
高さが31mを超える建築物で、用途は規定されていません。

●火災では、熱よりも煙のほうが先に発生します。また煙に巻かれて逃げ遅れることが多いため、より早く感知できる煙感知式が使われます。

その他の法律

1 住宅の品質確保の促進等に関する法律

① 瑕疵保証制度

住宅の品質確保の促進等に関する法律（住宅品質確保法）は、**瑕疵保証制度**と**住宅性能表示制度**の２本柱で構成されています。

住宅を新築する請負契約や、新築住宅の売買契約においては、引き渡し後の**10年間**は、構造耐力上主要な部分等の瑕疵に対して担保の責任を負うことが義務づけられています。なお、この保証期間は20年まで伸長する特例もあります。

② 住宅性能表示制度

住宅の購入予定者が、その住宅がどのような性能を持っているか、ということをあらかじめ理解しておくことは、購入者にとって非常にメリットがあります。そこで、住宅の性能を契約前に判断できるように、第三者機関（登録住宅性能評価機関）が性能評価を行い、評価書を交付することで、住宅の品質の確保を図り、購入者を保護することを目的とする制度です。

新築住宅における性能評価項目

1　構造の安定に関する性能
2　火災時の安全に関する性能
3　劣化の軽減に関する性能
4　維持管理更新への配慮に関する性能
5　温熱環境に関する性能
6　空気環境に関する性能
7　光・視環境に関する性能
8　音環境に関する性能
9　高齢者等への配慮に関する性能
10　防犯に関する性能

住宅性能表示制度は、設計図書（設計図や仕様書）の段階でチェックを受ける**設計住宅性能評価**と、その設計住宅性能評価で評価を受けた設計図書のとおりに施工されているかを工事中に現場でチェックする**建設住宅性能評価**があります。

●住宅性能表示制度は義務化されている制度ではありません。工務店などの業者と住宅取得者が利用するかどうかを選択する制度です。

2 特定住宅瑕疵担保責任の履行の確保等に関する法律（住宅瑕疵担保履行法）

建設業者や宅地建物取引業者には、住宅品質確保法により、住宅の引き渡し後10年間は瑕疵保証責任が義務づけられていますが、その事業者が倒産などにより、保証ができなくなった場合にも、住宅取得者を保護するための法律で、事業者に対して「**保証金の供託**」か「**保険の加入**」を義務付けた法律です。仮に、倒産後に瑕疵が生じた場合であっても、期間内であれば保証金や保険で修理費用をカバーすることができます。

●構造耐力上主要な部分等には、住宅の基礎や壁、柱などの構造耐力上主要な部分と、窓などの建具や屋根などの雨水の侵入を防止する部分が定められています。

3 高齢者、障害者等の移動等の円滑化の促進に関する法律（バリアフリー法）

建築物を特定建築物と、特別特定建築物に分類し、2000㎡以上の特別特定建築物には、**建築物移動等円滑化基準**の適合義務、その他の建築物には努力義務を課しています。

建築物移動等円滑化基準は、出入り口の幅を80cm以上、スロープの勾配を１/12以下（段差が16cm以下であれば1/８以下）としなければならないなどの高齢者や障害者に対する配慮項目が決められています。

●特別特定建築物とは、高齢者や障害者が移動や利用がしやすいように配慮すべき建築物で、病院、劇場、百貨店、ホテル、飲食店などが指定されています。

4 建物の区分所有等に関する法律

区分所有法では、建物を**専有部分**、**専用使用部分**、**共用部分**に分けています。一般的な分譲マンションの専有部分には以下の部分が該当します。

① 住戸内の床、壁、天井の駆体部分を除く部分

② 玄関扉の錠および室内側の塗装

③ ガス、給排水、電気などの配管で、専有部分にある枝管や枝線

したがって、窓のサッシとガラスは共用部分であり、バルコニーやルーフテラスは、専用使用部分（共用部分のうち、特定の区分所有者が使用できる部分）に該当します。

5 その他の関連する法律

① 家庭用品品質表示法

机やいすなど、日常使用する家庭用品の品質について事業者が表示すべき事項や表示方法を定めることで、適切な情報を消費者に提供することを規定した法律です。

② 製造物責任法（PL法）

製品を使用中に、けがをしたり、財産に損害を受けたときなどに、その原因が製品の欠陥であった場合には製造者から賠償が受けられるといった法律です。

③ 消費生活用製品安全法

消費者の生命や身体に対して特に危害を及ぼす恐れが多い製品に関しては、国の定めた技術上の基準に適合している旨のPSCマークがないと国内外の製品を問わず、販売や販売目的の陳列が禁止されています。

④ 特定家庭用機器再商品化法（家電リサイクル法）

廃家電の減量とリサイクルの促進を目的とした法律です。エアコン、テレビ（ブラウン管式、液晶式、プラズマ式）、冷蔵庫・冷凍庫、洗濯機・衣類乾燥機が対象となっています。

⑤ 工業標準化法（日本工業規格：JIS法）

製品の形状や寸法、材料などを標準化して、品質改善と生産効率の向上を図ることが目的となっています。これに基づいた規格が日本工業規格になります。

⑥ 農林物資の規格化及び品質表示の適正化に関する法律（JAS法）

一般消費者の飲食料品の選択に役立てるために、品質に関する表示を製造業者に義務づけたものです。

⑦ 電気用品安全法

民間事業者が、電気用品の安全性の確保について自主的な活動を促進することで、電気用品による危険や障害の発生を防ぐことを目的としています。

⑧ グリーン購入法

国、地方公共団体、事業者、国民が可能な限り環境を考慮して、環境に配慮した物品を購入するようにと呼びかけた法律です。

●以前は、１世帯１住宅の確保を目標としていた時代もありましたが、2006（平成18）年に住生活基本法が施行され、わが国の住宅政策は、「量の確保」から「質の向上」へと転換されました。

チャレンジ問題

設問の正誤を答えて下さい。

問1 居室とは居住、執務、作業、集会、娯楽その他これらに類する目的のために継続的に使用する室のことである。

問2 耐火建築物以外の建築物で、主要構造部を、準耐火構造とし、かつ所定の範囲内にある窓や扉を防火設備と呼ばれる火災に強い開口部にした建築物のことを防火建築物という。

問3 大規模の修繕及び大規模の模様替えは建築に含まれる。

問4 建築面積とは、建築物の外壁又はこれに代わる柱の中心線で囲まれた部分の水平投影面積をいう。

問5 床面積とは、建築物の各階又はその一部で壁その他の区画の中心線で囲まれた部分の水平投影面積のことをいい、階段部分の面積は床面積に算入されない。

問6 建ぺい率が50%とされている地域の場合、敷地面積が100㎡であれば建てることができる延べ面積の最大値は50㎡になる。

問7 地階（地下室）とは、床が地面（地盤面）よりも下にある部屋で、その部屋の床面から地面までの高さがその部屋の天井高さの1/2以上のものをいう。

チャレンジ問題 解説

		[解答]
解説1	正しい記述内容です。	○
解説2	設問の内容は準耐火建築物に関する記述になっています。	×
解説3	建築とは、建築物を新築し、増築し、改築し、又は移転することをいいます。	×
解説4	正しい記述内容です。	○
解説5	階段部分も床面積に算入されます。なお、吹抜けがある場合にはその部分は床面積から除かれます。	×
解説6	建ぺい率は、敷地面積に対する建築面積の割合のことです。したがって、建築面積の最高限度が50㎡ということになります。	×
解説7	床面から地面までの高さがその部屋の天井高さの1/3以上のものをいいます。	×

チャレンジ問題

設問の正誤を答えて下さい。

問8　建築物の工事に着手するには、建設地や規模、用途により、計画した建築物が建築基準法などを遵守しているかを確認するための建築確認申請があらかじめ必要になる。

問9　防火地域、準防火地域以外において20㎡以下の増改築については、建築確認申請は不要である。

問10　住宅の居室の場合、居室の床面積に対して1/5以上の面積の採光に有効な開口部を設けなければならないとされている。

問11　住宅の居室において、換気上有効な開口部の面積は、その居室の床面積の1/10以上としなければならない。

問12　居室の天井高さは、居室の種類や床面積にかかわらず2.4m以上でなければならないと規定されている。

問13　最下階の居室の床が木造である場合には、直下の地面からその床の上面までを45cm以上としなければならないと規定されている。

問14　高さが1mを超える階段には手すりを設けなければならないが、手すりの出幅が、取り付けてある壁面より10cm以下であれば、その手すりはないものと見なして階段幅を計測することができる。

チャレンジ問題 解説

		[解答]
解説8	正しい記述内容です。	○
解説9	防火地域、準防火地域以外において10㎡以下の増改築については、建築確認申請は不要になります。	×
解説10	住宅の居室の場合、床面積に対して1/7以上の面積の採光に有効な開口部を設けなければならないとされています。	×
解説11	1/20以上としなければならないとされています。	×
解説12	居室の天井高さは、2.1m以上でなければならないと規定されています。また、1室で天井の高さが異なる部分がある場合には、その平均の高さを天井の高さとします。	×
解説13	正しい記述内容です。	○
解説14	正しい記述内容です。なお、階段の幅は建築物の用途や規模によりそれぞれ規定されていますが、一戸建ての住宅の場合は75cm以上とされています。	○

チャレンジ問題

設問の正誤を答えて下さい。

問15　木造2階建、延べ面積120㎡の一戸建て住宅の2階にある調理室は、内装制限を受けない。

問16　調理室（台所）などの火を使用する室内の壁と天井の仕上げは不燃材料で仕上げなければならない。

問17　シックハウス症候群の原因物質の一つに、家具や建材、壁紙を貼る接着剤などに含まれるホルムアルデヒドがあげられる。

問18　居室の内装材をすべてF☆☆☆☆で仕上げた場合には、24時間換気が可能となる機械換気設備は設置する必要がない。

問19　住宅を新築する請負契約や、新築住宅の売買契約においては、引き渡し後の3年間は、構造耐力上主要な部分等の瑕疵に対して担保の責任を負うことが義務づけられている。

問20　特定住宅瑕疵担保履行法により、建設業者や宅地建物取引業者が新築住宅を発注者や買主に引き渡す場合には、保証金の供託または保険への加入が義務付けられている。

チャレンジ問題 解説

		[解答]
解説15	正しい記述内容です。階数が２以上の住宅の最上階以外の階に設けた調理室が内装制限の対象になります。したがって、最上階の調理室は内装制限は受けません。	○
解説16	調理室（台所）などの火を使用する室内の壁と天井は、準不燃材料以上の材料で仕上げることになっています。なお、内装制限の対象となる部分は、壁と天井で、床は含まれていません。	×
解説17	正しい記述内容です。	○
解説18	内装材をすべてF☆☆☆☆で仕上げたとしても、家具などからホルムアルデヒドが発散している可能性があります。したがって、居室には24時間換気が可能となる機械換気設備の設置が義務づけられています。	×
解説19	住宅品質確保法により、引き渡し後の10年間は、構造耐力上主要な部分等の瑕疵に対して担保の責任を負うことが義務づけられています。	×
解説20	正しい記述内容です。	○

インテリア関連の制度と表示マーク

① エコマーク

製品が生産されてから廃棄されるまでのライフサイクル全体を通して環境への負荷が少なく、環境保全に役立つと認められた製品につけられるマークです。

② BLマーク

優良住宅部品認定制度に基づき、品質や性能などが、認定基準を満たしていると認められた住宅部品につけられるマークです。

③ SGマーク

消費生活用製品安全法に基づき、製品安全協会が製品の安全を保証するマークです。

④ CPマーク

防犯ガラスなどの防犯性能の高い建物部品につけられるマークです。

⑤ 電気用品安全法マーク（PSEマーク）

特定
電気用品

特定以外の
電気用品

電気用品安全法に基づき、一定基準を満たした電気製品につけられるマークです。

⑥ Gマーク

グッドデザイン賞を受賞した商品に付けられるマークです。

⑦　ISMマーク

化学物質の発散を最小限に抑えるなど、人の健康や環境に悪影響及ぼすおそれのない安全性を満たした壁紙につけられるマークです。

⑧　制電マーク

静電気防止機能のあるカーペットに付けられるマークです。

⑨　防ダニマーク

防ダニ加工された製品に付けられるマークです。

⑩　遮光マーク

一定の遮光性のあるカーテン用生地に付けられるマークです。

⑪　ホルムアルデヒド対策マーク

ホルムアルデヒド対策レベルを表示するマークで、カーペットやカーテン生地などに付けられます。

⑫　Cマーク

タフテッドカーペットに付けられる品質合格マークです。

⑬　優良断熱材認証マーク

製品の厚さ、熱伝導率、熱抵抗値が表示され断熱材の熱性能が優良である製品に付けられるマークです。

⑭　グリーン購入法適合マーク

グリーン購入法への適合を表すマークです。カーペット、カーテン、布団を対象としています。

⑮　室内環境配慮マーク（木製家具）

ホルムアルデヒドなどの発散を抑えた家具に貼られるマークです。

チャレンジ問題

設問の正誤を答えて下さい。

問1 機能・耐久性・施工性などの点で優良と認定された住宅部品に付けられる証紙を「BLマーク」という。認定された部品には、製品や施工に起因する事故に備えて、瑕疵保証と損害賠償の両面から保険が付けられている。

問2 「エコマーク」は製品が生産されてから廃棄されるまでのライフサイクル全体を通して環境への負荷が少なく、環境保全に役立つと認められた製品につけられるマークである。

問3 防犯ガラスなどの防犯性能の高い建物部品につけられるマークは「SGマーク」である。

問4 PSCマークは、消費生活用製品のうち、一般消費者の生命または身体に対して特に危害を及ぼすおそれが多いと認められる製品に国が定めた基準に適合したことを証明するマークのことです。

チャレンジ問題　解説

		[解答]
解説1	正しい記述内容です。	 ○
解説2	正しい記述内容です。	 ○
解説3	防犯ガラスなどの防犯性能の高い建物部品につけられるマークは「CPマーク」です。	 ×
解説4	正しい記述内容です。	 ○

章末問題

問題 インテリア関連の法規に関する次の記述の（　　）部分に、それぞれの語群の中から最も適当なものを選びなさい。

1 準不燃材料とは、火災による加熱が（　　）間加えられたときに、燃焼や防火上有害な変形をおこさないことなどの要件を満たした性能をもつ建築材料のことである。
【語群】 ア　5分　　イ　10分　　ウ　20分

2 住宅の居室の場合、居室の床面積に対して（　　）以上の面積の採光に有効な開口部を設けなければならないとされている。
【語群】 ア　1/3　　イ　1/7　　ウ　1/10

3 居室の天井高さは、居室の種類や床面積にかかわらず（　　）m以上でなければならないと規定されている。
【語群】 ア　2.0　　イ　2.1　　ウ　2.4

4 地階とは、床が地盤面よりも下にある部屋で、その部屋の床面から地盤面までの高さがその部屋の天井高さの（　　）以上のものをいう。
【語群】 ア　1/3　　イ　1/2　　ウ　2/3

解答

1－イ　2－イ　3－イ　4－ア

第8章

インテリア関連の設計図書

1 設計図書の種類と表現内容

まとめ & 丸暗記　この節の学習内容とまとめ

図面の種類

【1 意匠図関連】

■ **仕上げ表**………建築物内外の仕上げ材料と下地材料などが記載された表

■ **平面図**…………建物を窓の高さで水平に切り、壁等の切り口と床面を真上から見た図

■ **立面図**…………建物の外観を横から見た図

■ **断面図**…………建物を垂直に切り、切り口を横から見た図

■ **展開図**…………各部屋の内観を横から見た図

■ **天井伏図**………天井の仕上げ面を上から透過して見た図

■ **建具表**…………建築物に使用される外部・内部の建具が記載された表

■ **家具図**…………造り付け家具などの詳細図

【2 設備図関連】

■ **電気設備図**……照明器具・コンセント・スイッチ等の位置を示した図

■ **給排水衛生設備図**

……給水・給湯・ガス栓の位置や配管経路を示した図

図面の種類

企画・立案した計画を、建築主や工事関係者に正確に伝えるためには、さまざまな図面が必要になります。以下に主にインテリア設計に用いられる図面の種類を記していきます。

補足

●一般的に平面図は、住宅程度の大きさであれば、基本計画が縮尺1/100～1/50、実施設計の場合で1/50～1/20程度で作成されています。

① 平面図

インテリア設計において基本となる図面が平面図です。平面図は、**床面から1000mm程度上方の高さ**（窓の高さ）の部分を水平に切断した状態を、真上から見た図として作成されます。

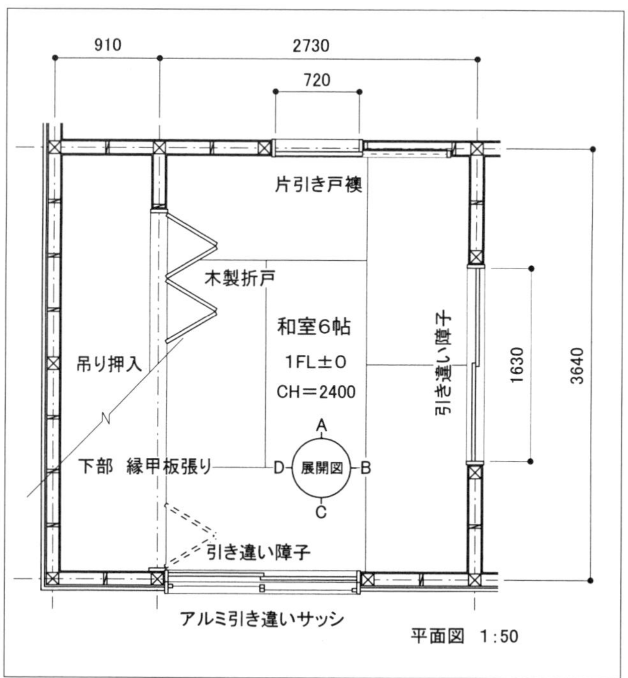

平面図

② 展開図

室内の中心に立って、周囲に見える壁面の形状を描いた図面です。一般的には、壁面を時計回りに、北⇒東⇒南⇒西の順で描いていきます。

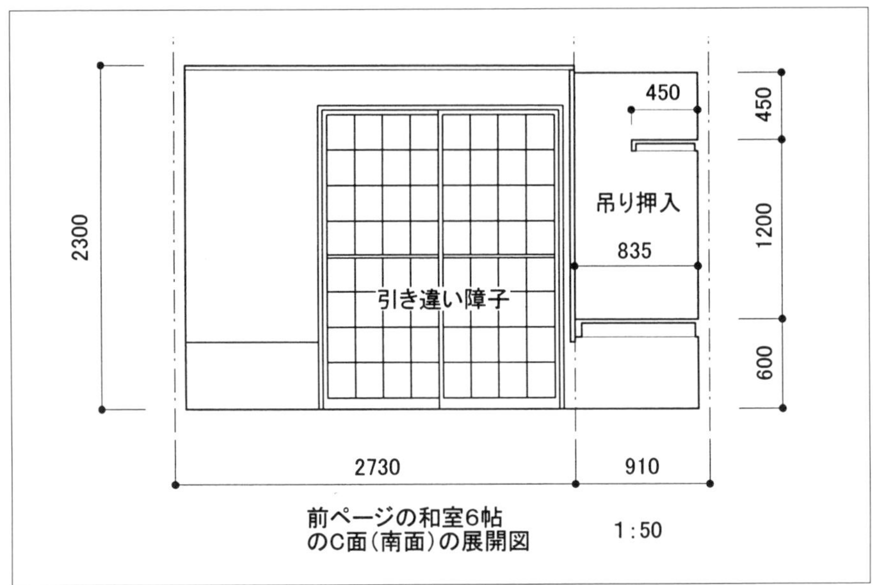

上記展開図で表現した実例

③ 家具図

家具は、置き家具と造り付け家具に分かれますが、造り付け家具の場合は、平面図や展開図に記入されるほか、詳細図も描いて床や天井と接する部分の納め方や、使用する材料の寸法などを記入します。

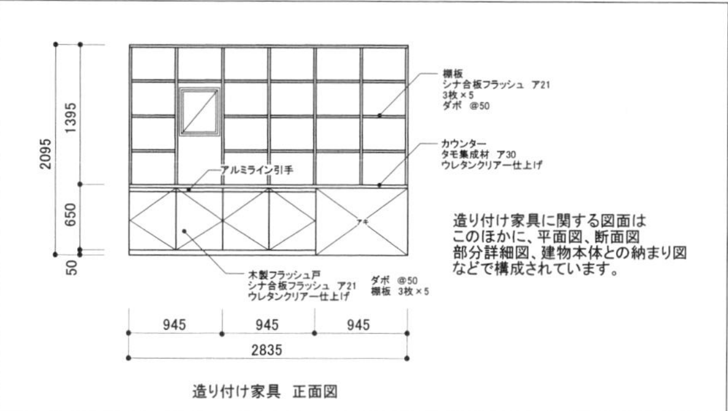

造り付け家具 正面図

上記家具図で表現した実例

補足

●展開図は、壁紙などの必要量を見積もる場合にも使われる図面です。

●平面図などに家具の寸法を記入する場合、一般的に「幅×奥行×高さ」で表されています。

④　建具表

建具表は、建具の姿図、取付け位置、材料、付属金物などが記載された図面です。一般的には、アルミサッシなどの**鋼製建具**と**木製建具**に分けて作成されます。

建具表　外部アルミ建具

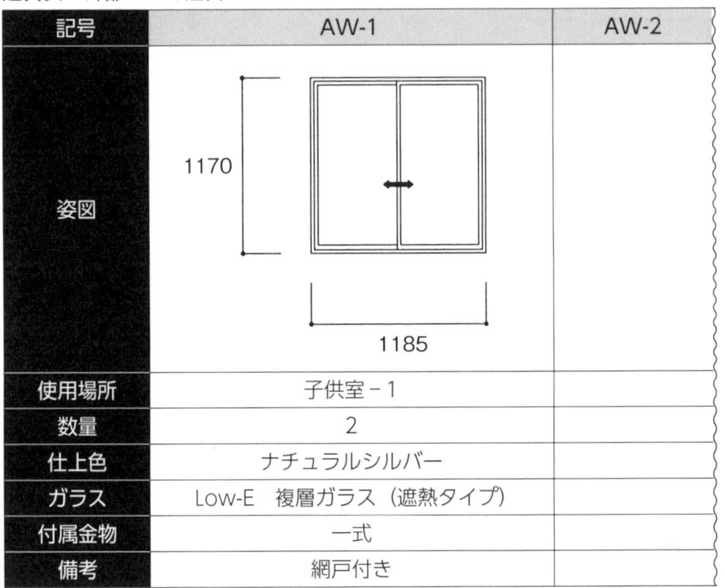

記号	AW-1	AW-2
姿図	1170 1185	
使用場所	子供室－1	
数量	2	
仕上色	ナチュラルシルバー	
ガラス	Low-E　複層ガラス（遮熱タイプ）	
付属金物	一式	
備考	網戸付き	

※建具表の一例（部分）

⑤ 仕上げ表

外部仕上げと内部仕上げに分かれます。内部仕上げでは、各部屋の床、壁、天井の**仕上げ材料**と**下地材料**が記載されます。また、その部屋に設置される設備機器なども記載される場合もあります。

室名		床	壁
玄関	仕上	100角磁器質タイル	ビニールクロス
	下地	土間コンクリート	石こうボード　ア12.5
居間	仕上	無垢フローリング　ア15	ビニールクロス
	下地	構造用合板　ア15	石こうボード　ア12.5
和室	仕上	畳　ア55	漆喰塗
	下地	構造用合板　ア15	ラスボード　ア12.5
子供室	仕上	無垢フローリング　ア15	ビニールクロス
	下地	構造用合板　ア15	石こうボード　ア12.5

※仕上表の一例（部分）

⑥ 天井伏図（ふせず）

天井の仕上げ面を表した図面で、天井面を上から透過した向きの内観の姿で描かれます

⑦ 立面図

建物の外観を横からみた姿が描かれています。一般的には、東西南北の4面の立面図が作成されます。

⑧ 断面図

建物を垂直に切った切り口を横から見た姿が描かれています。建物の高さや、階高、各室の天井高さなどが表現されています。

●建物の主要な外壁部の断面を1/30～1/20程度の縮尺で詳細に描いた図面を**矩計図**（かなばかりず）と呼んでいます。

●断面図などに表記される、GL（グランドライン）とは、設計上の地盤面の高さを表すもので、GL+150とあれば、地盤面よりも15cm高い位置を示しています。またFL（フロアーライン）とは、床仕上げ面の位置（高さ）を示す記号です。

電気・給排水・表示記号

① 電気設備図

照明器具、スイッチ、コンセント、テレビ、インターホン、エアコンなどの位置を示した図面です。

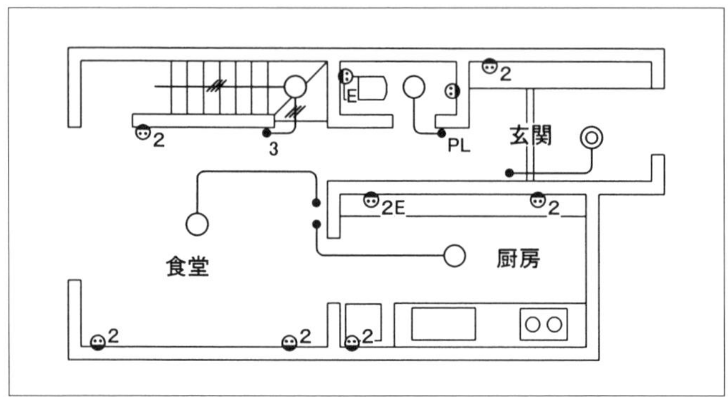

電気設備図（照明とコンセント）の一例

② 給排水衛生設備図

給水栓や給湯栓の位置、ガス給湯器の位置、給水管、排水管、ガス管の配置などが記載された図面です。

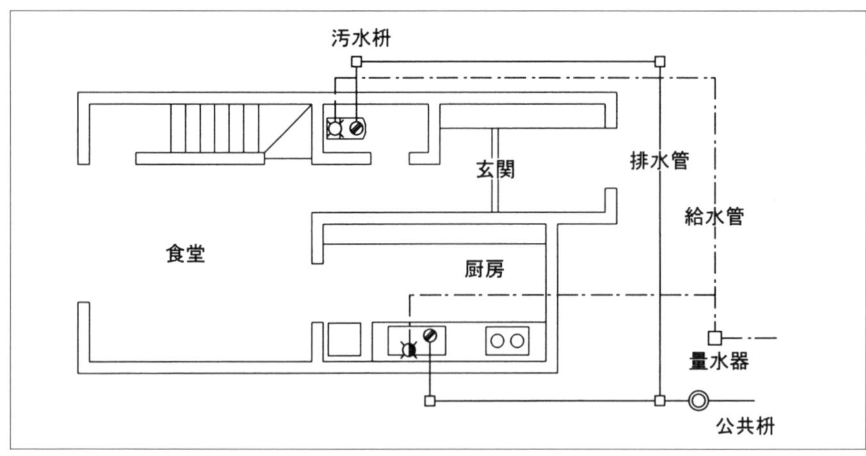

給排水衛生設備図の一例（他にガス配管・給湯配管あり）

③ 平面図や設備図の表示記号

平面図や設備図を正しく読むためには、図面に記載されている記号の意味を理解しておかなければなりません。以下に代表的な記号とその意味を記します。

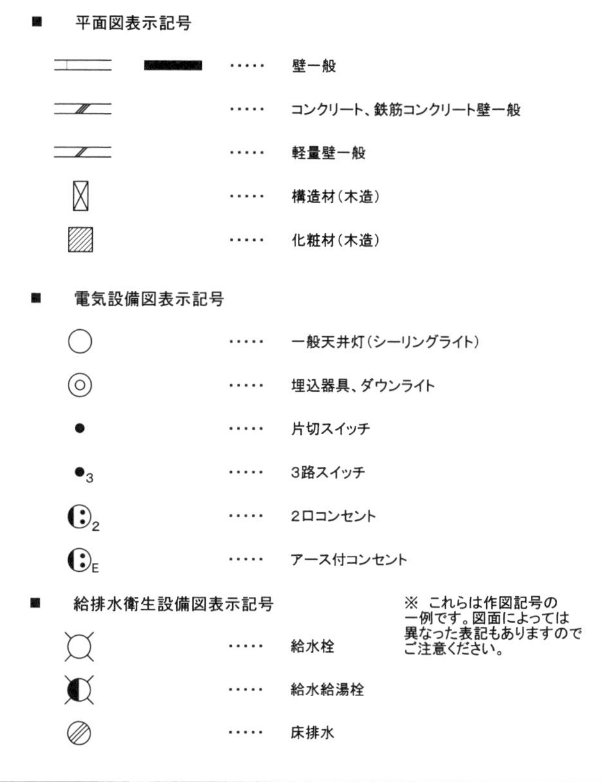

平面図表示記号

●表示記号は一般的に、図面に凡例として示されています。

チャレンジ問題

設問の正誤を答えて下さい。

問1　縮尺が1/100で作成されている図面では、1mに該当する長さは、1cm（10mm）で表現されている。

問2　平面図は、床面から200mm程度上方の高さの部分を水平に切断した状態を、真上から見た図として作成される。

問3　建物の主要な外壁部の断面を1/30～1/20程度の縮尺で詳細に作成した図面を、断面図と呼んでいる。

問4　断面図などにGLと付記してある線は、現況の地盤面を表すものである。

問5　断面図などにFLと付記してある線は、床仕上げの上端面のレベル（高さ）を表すものである。

問6　スロープの勾配が1/15と表現されていた場合の角度は、垂直に1移動する場合に水平に15移動する傾斜を意味している。

問7　家具の寸法は、一般的に「高さ×幅×奥行」で表現されることが多い。

チャレンジ問題 解説

		[解答]
解説1	正しい記述内容です。例えば縮尺1/50であれば、1mは2cmで表現されることになります。	○
解説2	平面図は、おおむね窓の高さに該当する、床面から1000mm程度上方の高さの部分を水平に切断した位置で作成されています。	×
解説3	設問の内容は矩計図（かなばかりず）に関する記述になっています。断面図はおおむね1/100程度の縮尺で描かれています。	×
解説4	図面上で示されるGLは、設計上の地盤面を表しています。	×
解説5	正しい記述内容です。また、1FLや2FLのようにFLの前に数字が記載されますが、これらは階数を示すもので、2FLとは2階フロアラインを示しています。	○
解説6	正しい記述内容です。スロープの勾配の多くは、1/8、1/12、1/15などで設計されています(399ページを参照してください)。	○
解説7	一般的に、「幅×奥行×高さ」で表されています。	×

2 透視・投影図法とCAD

まとめ & 丸暗記　この節の学習内容とまとめ

立体図法の分類

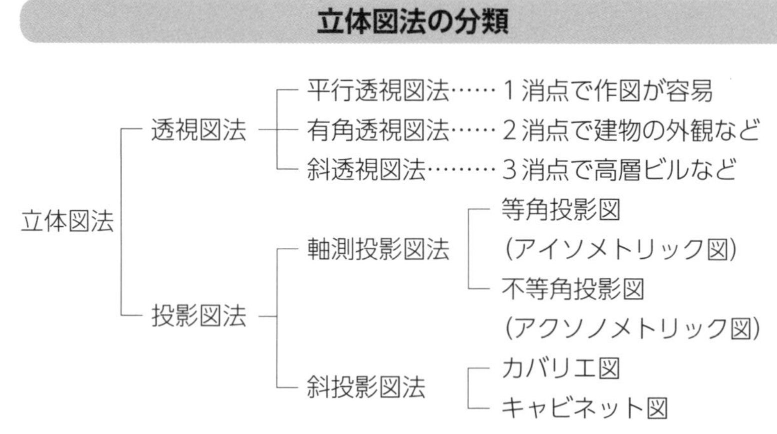

グリッドの分割法

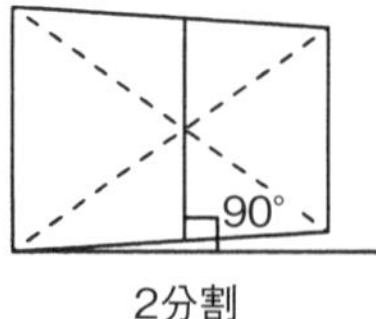

2分割

3分割

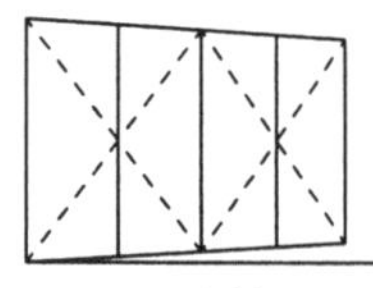
4分割

インテリアを立体的に表現する図法

1 透視図の役割

前節で紹介した平面図や展開図などがあれば、設計意図を十分に伝えることができますが、一般の人々には理解しにくい場合も考えられます。

このような場合、有効な手段として透視図（パース）が考えられます。透視図は室内の様子や建物形状などを遠近感のある立体図として表すことができるため、イメージが伝わりやすく、インテリア計画の表現手法として重要な役割を果たすことができます。

2 透視図法に使われる記号

透視図法に使われる記号を以下に記します。透視図を描く際の参考にしてください。

PP（Picture Plane）……画面（透視図が描かれる画面）
GL（Ground Line）……基線
SP（Standing Point）……停点（観察者の立つ位置）
HL（Horizontal Line）……水平線（地平線）
VP（Vanishing Point）……消点
EP（Eye Point）……観察者の目の位置
EL（Eye Level）……視点の高さ
VC（Center of Vision）……視心

補足

●CGを使ったプレゼンテーションが多く見受けられるようになりましたが、打合せ中に、簡単なスケッチパースが描けると、依頼主にタイムリーにイメージを伝えることができ、スムーズに仕事を進めることができます。

3 透視図法による表現

透視図法による表現には、平行透視図法（１消点透視図法)、有角透視図法（２消点透視図法)、斜透視図法（３消点透視図法）の３種類があります。

① **平行透視図法**（１消点透視図法）

遠近感を表す消点（VP）が一つなので、作図が容易で、インテリア空間のイメージを伝えやすいといった特徴があります。

② **有角透視図法**（２消点透視図法）

消点を二つにすることで、物体の奥行きを２方向に表現するので、平行透視図法よりも自然な立体感を表現することができます。

③ **斜透視図法**（３消点透視図法）

三つの消点をもつ図法で、高層ビルを上から見下ろす図などに使われます。

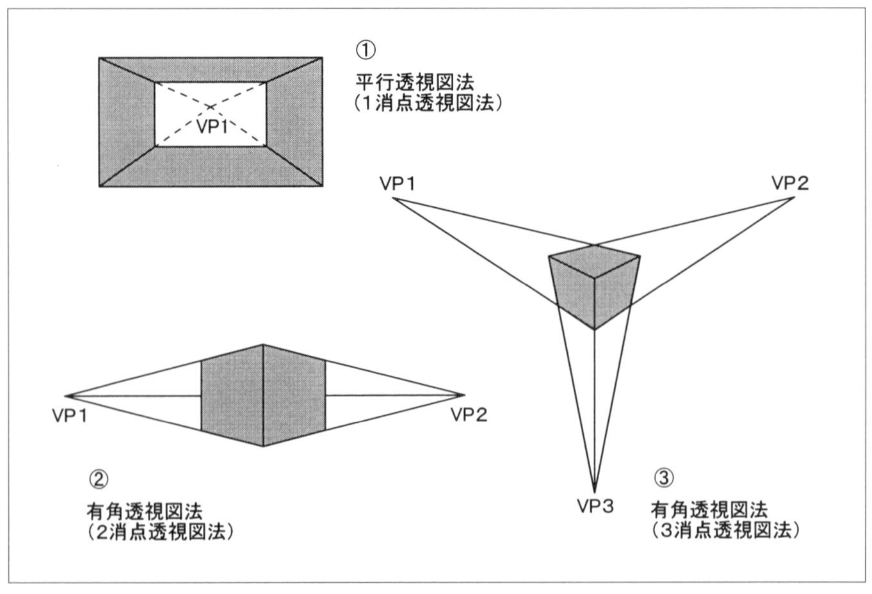

4 投影図法による表現

投影図法による表現には、**軸測投影図法**（アイソメ図、アクソメ図）、**斜投影図法**（カバリエ図、キャビネット図）などがあります。

① **軸測投影図法**（アイソメ図：等角投影図）

立方体を表現するときに、縦、横、高さの比率を1：1：1とし、3つの面がお互いに120°の角度で交わるように描かれる図法です。

② **軸測投影図法**（アクソメ図：不等角投影図）

平面図を任意の角度に傾けて描き、そのまま立体的に立ち上げた図面です。平面図をそのまま使用できるので作図が容易です。

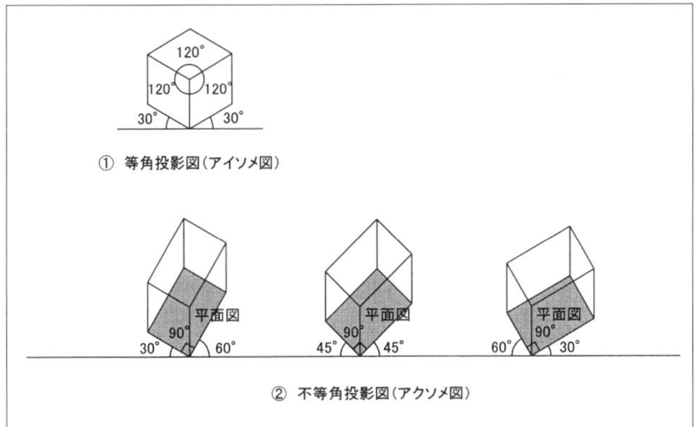

補足

●アイソメ図はアイソメトリック図、アクソメ図はアクソノメトリック図を略した呼び方です。

③　斜投影図法

正面図を見た通り実長で描き、奥行を45°の角度で描く表現方法です。カバリエ図は、幅、高さ、奥行がすべて実長で描かれますが、奥行が強調されて見えるため、幅と高さは実長で、奥行を実長の１/２としたキャビネット図もあります。

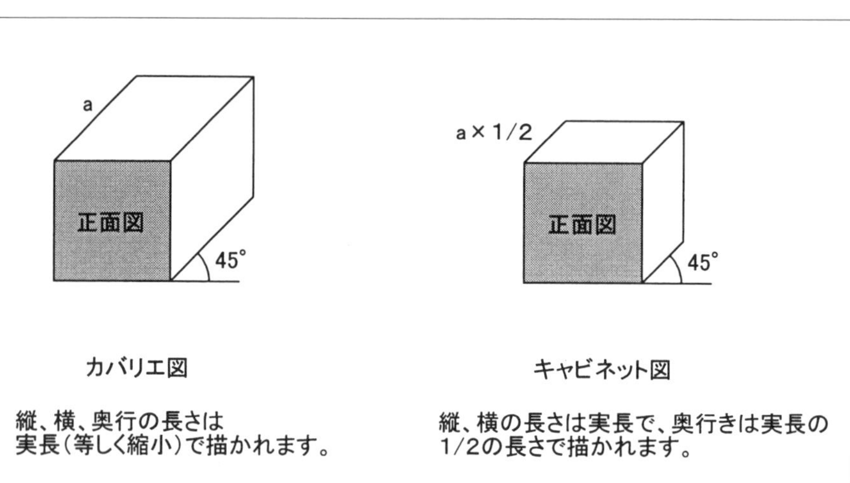

5 パースガイドを利用する

透視図は、あらかじめ部屋の床、壁、天井面に薄い線で一定の大きさのグリッドが引かれているパースガイド（透視図定規）を利用すると作成しやすくなります。消点の位置やグリッドの大きさをいくつか用意しておくと汎用性が増してきます。

また、フリーハンドで簡単なスケッチを描く場合には、グリッドの分割方法を身につけておくと役立ちます（本節のまとめ＆丸暗記を参照してください）。

CAD・CGを利用したプレゼンテーション

プレゼンテーションを行う場合に、有効な手段として透視図や模型などが考えられますが、近年ではCADやCGといったコンピュータソフトを活用して図面やインテリアパースを作成することが多くなりました。

(1) CAD (Computer Aided Design)

コンピュータ支援設計とも呼ばれています。

① 2D・CAD

二次元の図面を作成することができます。パソコンのマウスやキーボードを使用しながら、画面上に図面を描いていきます。

② 3D・CAD

二次元の図面作成機能に、三次元モデルが作成できるモデリング機能を加えたソフトです。

(2) CG (Computer Graphics)

コンピュータ処理を用いて作成した画像や動画で、二次元(2D・CG)と三次元(3D・CG)の表現があります。完成した建物の中を歩きながら見ているようなイメージが得られるウォークスルーといった動画表現も作成できます。

補足

●CADで作図をする場合は、図面を複数のレイア(層)に分けて作成することが一般的です。例えば、1枚の平面図を描く場合、壁、建具、家具などを別々のレイアに作成し、最後にそれを重ねて表示するといったイメージです。

●モデリングとは、3次元CGを作成する初期段階の物体形状を作成することを意味します。

●レンダリングとは、物体形状が完成したのちに、表面の材質や光源の位置を設定し、映像として描いていくことを意味します。

チャレンジ問題

設問の正誤を答えて下さい。

問1 透視図法において、VP（バニシングポイント）とは、消点を意味している。

問2 透視図法において、HL（ホリゾンタルライン）とは、水平線（地平線）を意味している。

問3 透視図法による表現には、平行透視図法、有角透視図法、斜透視図法の３種類があるが、消点の数が1点のものは斜透視図法に該当する。

問4 有角透視図法は、消点を二つにすることで、物体の奥行きを２方向に表現するので、平行透視図法よりも自然な立体感を表現することができる。

問5 軸測投影図には、アイソメ図とアクソメ図があるが、縦、横、高さの比率を１：１：１とし、３つの面がお互いに120°の角度で交わるように描かれる立体図は、アクソメ図である。

問6 正面図を見た通り実長で描き、奥行を45°の角度で描く表現方法を斜投影図法といい、幅と高さは実長で、奥行を実長の１/２で描いた図をカバリエ図と呼んでいる。

問7 モデリングとは、３次元コンピューターグラフィックを描く際の、物体形状を作成することを意味する。

チャレンジ問題 解説

		[解答]
解説1	正しい記述内容です。	○
解説2	正しい記述内容です。	○
解説3	透視図法による表現には、平行透視図法（1消点透視図法）、有角透視図法（2消点透視図法）、斜透視図法（3消点透視図法）の3種類があります。	×
解説4	正しい記述内容です。	○
解説5	設問の内容は、軸測投影図法のうちアイソメ図（等角投影図）に関する記述になっています。	×
解説6	設問の内容は、斜投影図法のうちキャビネット図に関する記述になっています。	×
解説7	正しい記述内容です。	○

章末問題

問題 三次元による立体表現に関する次の記述の（　　）部分に、それぞれの語群の中から最も適当なものを選びなさい。

1 三つの消点をもつ図法で、高層ビルを上から見下ろす図などに使われる透視図法は（　　）図法である。
【語群】 ア　平行透視　　イ　有角透視　　ウ　斜透視

2 平行透視図法は遠近感を表す（　　）が一つなので、作図が容易で、インテリア空間のイメージを伝えやすいといった特徴がある。
【語群】 ア　VP　　イ　SP　　ウ　HL

3 斜投影図法のうち、キャビネット図は幅と高さは実長で、奥行を実長の（　　）として描かれる。
【語群】 ア　1/5　　イ　1/3　　ウ　1/2

4 3次元コンピューターグラフィックを描く際の、物体形状を作成することを（　　）という。
【語群】 ア　レンダリング　　イ　モデリング
ウ　ペインティング

解答

1－ウ　2－ア　3－ウ　4－イ

索引

あ

い

う

え

お

か

き

く

け

こ

さ

し

す

せ

そ

た

と

な

に

ぬ

ひ

ふ

へ

ほ

ま

み

む

め

も

や

ゆ

よ

ら

り

る

O

P

R

S

V

W

【著　者】
古屋真一郎（ふるや・しんいちろう）

一級建築士、福祉住環境コーディネーター。1957年、山梨県生まれ。芝浦工業大学建築学科卒業。現在は建築設計室デザインノート代表。住宅を中心に事務所や店舗などの設計監理を行う傍ら、一級建築士養成講座、福祉住環境コーディネーター講座の講師を務める。

スッキリわかる　インテリアコーディネーター〔第2版〕

2015年3月1日　初　版　第1刷発行
2020年11月15日　第2版　第1刷発行

著　　者　古　屋　真　一　郎
発 行 者　多　田　敏　男
発 行 所　TAC株式会社　出版事業部
（TAC出版）

〒101-8383
東京都千代田区神田三崎町3-2-18
電 話 03(5276)9492（営業）
FAX 03(5276)9674
https://shuppan.tac-school.co.jp

組　　版　朝日メディアインターナショナル株式会社
印　　刷　株式会社ミレアプランニング
製　　本　株 式 会 社　常 川 製 本

ISBN 978-4-8132-8807-7
N.D.C. 520

(2018年5月現在)

書籍のご購入は

1 全国の書店、大学生協、ネット書店で

2 TAC各校の書籍コーナーで

資格の学校TACの校舎は全国に展開!
校舎のご確認はホームページにて

資格の学校TAC ホームページ
https://www.tac-school.co.jp

3 TAC出版書籍販売サイトで

TAC 出版 で 検索

24時間
ご注文
受付中

https://bookstore.tac-school.co.jp/

新刊情報を いち早くチェック!

たっぷり読める 立ち読み機能

学習お役立ちの 特設ページも充実!

TAC出版書籍販売サイト「サイバーブックストア」では、TAC出版および早稲田経営出版から刊行されている、すべての最新書籍をお取り扱いしています。
また、無料の会員登録をしていただくことで、会員様限定キャンペーンのほか、送料無料サービス、メールマガジン配信サービス、マイページのご利用など、うれしい特典がたくさん受けられます。

サイバーブックストア会員は、特典がいっぱい! (一部抜粋)

通常、1万円(税込)未満のご注文につきましては、送料・手数料として500円(全国一律・税込)頂戴しておりますが、1冊から無料となります。

専用の「マイページ」は、「購入履歴・配送状況の確認」のほか、「ほしいものリスト」や「マイフォルダ」など、便利な機能が満載です。

メールマガジンでは、キャンペーンやおすすめ書籍、新刊情報のほか、「電子ブック版TACNEWS(ダイジェスト版)」をお届けします。

書籍の発売を、販売開始当日にメールにてお知らせします。これなら買い忘れの心配もありません。

書籍の正誤についてのお問合わせ

万一誤りと疑われる箇所がございましたら、以下の方法にてご確認いただきますよう、お願いいたします。

なお、正誤のお問合わせ以外の書籍内容に関する解説·受験指導等は、**一切行っておりません。**
そのようなお問合わせにつきましては、お答えいたしかねますので、あらかじめご了承ください。

1 正誤表の確認方法

TAC出版書籍販売サイト「Cyber Book Store」の
トップページ内「正誤表」コーナーにて、正誤表をご確認ください。

URL:https://bookstore.tac-school.co.jp/

2 正誤のお問合わせ方法

正誤表がない場合、あるいは該当箇所が掲載されていない場合は、書名、発行年月日、お客様のお名前、ご連絡先を明記の上、下記の方法でお問合わせください。
なお、回答までに1週間前後を要する場合もございます。あらかじめご了承ください。

文書にて問合わせる

● 郵 送 先　〒101-8383 東京都千代田区神田三崎町3-2-18
TAC株式会社 出版事業部 正誤問合わせ係

FAXにて問合わせる

● FAX番号　**03-5276-9674**

e-mailにて問合わせる

● お問合わせ先アドレス　**syuppan-h@tac-school.co.jp**

お電話でのお問合わせは、お受けできません。

各種本試験の実施の延期、中止を理由とした本書の返品はお受けいたしません。返金もいたしかねますので、あらかじめご了承くださいますようお願い申し上げます。

(2020年4月現在)